JN061063

自治体元気印のレシピ

松浪流、地方創生＆再生への提言175項目

日本体育大学理事長
元衆議院議員
松浪健四郎

体育とスポーツ出版社

自治体元気印のレシピ

はじめに

ここ数年、東京人が地方に移住する傾向にあるらしい。働き方改革の影響もあるだろうし、地方の魅力も見直されているのだ。田舎暮らしが人間性を回復させ、ゆったりとした生活を満喫することができるとしたなら、都会で住む必要がなくなる。都市部人口の一極集中、それは地方自治体が移住の研究をせず、魅力づくりに成功せず、都市部の近代化や便利さに負けてしまった帰結であった。

つまり、最初から地方自治体の人たちは、都市に対抗できないと決めてかかり、諦めていた。人々を集めるためには、観光地でなければならないとも決めつけていた。知恵を出す、アイデアを出す、工夫する、特徴を作る、あらゆる角度から地方の特色を出す努力をした地方も全国にある。が、地方自治体は、往々にして横並びが好きで、独自性を発揮せずにいたのも確かだった。強烈な個性をもつ首長が好まれず、普通の首長が選出されてきた。

地方に移住するとなると、雇用問題に直面する。起業を手助けする自治体もあれば、職場の紹介、斡旋に熱心な自治体もある。また、企業誘致を成功させて労働者を供給する自治体も見られた。しかし、テレワークでこと足りる人たちも増加、どこに住んでも仕事ができるようにもなった。新型コロナウイルスの感染が社会のありようを変化させ、地方自治体への追い風ともなった。

流通文化の発展は、どこに住もうとも都会でしか手中にできなかった品々を調達できるようになり、不便さを克服できる社会に私たちは住んでいる。情報も全国どこにいても同時に入手できるようになり、地方生活のリスクは感じられない社会となっている。問題は、先進的な思考をもつ人々を地方自治体が満足させることができるかどうかだ。

「都会から移住してくれる人などいない」と決めつけ、積極的に広報してこなかった地方自治体も多い。政府が都市集中の状況から脱するために、各省庁がさまざまな政策を打ち出してきたが、その政策を利用する自治体と無視する自治体とに二分された。政府の政策を十分に理解、咀嚼できない自治体もあり、役人の能力差も散見できた。地方再生・創生は、自治体の知恵くらべであるという認識が欠如している印象を受けるが、自治体の執行部の本気度も試されている。

地方の風土、歴史、文化等は異なる。特産物も異なる。この相異点こそが売り物になる。アイデアがあれば、売る方法を改めることができるかもしれない。これらの処方箋は、知恵次第、工夫次第であろう。これらの挑戦こそが地方自治の醍醐味である。

私は衆議院議員として一一年間国政の場にいた経験をもつ。自治体からの陳情を受ける立場にいたため、自治体の苦労や問題点を理解することができるようになった。その体験は不十分であるかも知れないが、新聞、雑誌、その他のニュースソースなど多方面から、地方再生・創生を考えるようになった。『観光経済新聞』の平塚真喜雄氏より、新聞の連載の話をいただき五年前から毎週執筆させていただいた。一度も休むことなく、私は地方の活性化を夢見て書き続けてきた。

本書を上梓するにあたり、観光経済新聞社の積田朋子社長をはじめ編集局の皆さんに御礼を申し上げます。また、私の読みづらい手書きの原稿をタイプして送信してくださった大須賀雅美さんに心から感謝します。編集は何冊も私の本を刊行するに当たってお力添え下さった渡辺義一郎氏の協力を得た。御礼を申し上げる。三二万字の大作、大須賀さんと渡辺さんの支援なくしては陽の目を見なかった。ともあれ、私に地方再生・創生について書かせて下さった平塚氏は、私に新しいテーマ、研究の機会を与えて下さったのである。

最後に刊行するにあたり、英断を下していただいたＴＨＩＮＫフィットネスの手塚栄司社長と宮地克二氏に謹んで御礼を申し上げます。

私の発想は、長い外国生活、アスリートとしての経験、大学教授、代議士、外務大臣政務官、文部科学副大臣、自民党副幹事長、自民党外交部会長等の役職からきている。この著作が、自治体の元気のでるビタミン剤になってくれることを願っている。ともかく尖った自治体を創って欲しい。おもしろい自治体を創って欲しい。それが地方自治体の生きる道であると思う。合わせて、全国のどこかしこも安心して住める安全な地でなければならない。環境面、エネルギー面、そして防災や健康・保健面にいたるまで、思いつくままにペンを走らせてきた。御笑覧いただければ幸いである。

二〇二一年　夏吉日

松浪健四郎

自治体元気印のレシピ　目次

はじめに

Ⅰ　いかにして人を呼ぶか　13

一、観光業はスポーツ界にクサビを　14
二、笠間市の観光素材に触れて
三、観光資源としての樹木　17
四、ハーブ栽培で地域おこし
五、観光資源としての公園
六、「花」による集客のすすめ
七、スポーツ・ツーリズム
八、観光考えぬ首長はチェンジを　27
九、アイデアと工夫で人を呼ぶ
一〇、ご当地グルメを売ろう
一一、非日常の空間　33
一二、大学のコンテンツを地方社会で生かす
一三、「ふるさと人脈」を構築すべき
一四、国立青少年交流の家　39
一五、盛り上がった「パラ駅伝」
一六、新たなタイプが広がるアンテナショップ
一七、非日常を感じる露店　46
一八、人々を吸引する東根市の手法
一九、マスコミの「ゆるキャラ」批判に答える
二〇、日本の「トイレ革命」
二一、自由が丘の活性化に貢献する「東急コーチ」　55
二二、もう一度寄ってみたい「道の駅」とは
二三、魅力満載の観光地、郡上市
二四、地元の学校と積極的な交流を　62

Ⅱ　地域を変えるもの　65

一、教育面での地域支援　66
二、三笠宮さまと郷土史

三、首長のキャラが地域を変える　69
四、外国人の積極的な受け入れを
五、第二次民芸復興運動を
六、美しいチュニジアの街並み　75
七、体操の普及を考えよう
八、「クラブ」組織を見直そう
九、特産野菜の販売を増やす　81
一〇、町内組織の活性化を
一一、わが町の歴史を観光資源に
一二、埋もれている「宣伝すべきもの」　87
一三、獣害対策を考える
一四、日本風肉料理の専門店街がほしい
一五、自主独立の精神を持つ市川三郷町　94
一六、地域の植物研究を
一七、地酒の復活を考えよう
一八、樹木を大切にする意識を高めよ　101
一九、遺贈サポートセンターに学べ
二〇、夏の暑さを吹き飛ばす花火大会
二一、「何もかも」が観光資源　107
二二、コミュニティ局の重要性
二三、外国人への日本語指導
二四、獣害対策に有効な「わなオーナー制度」　114
二五、地域産品のブランド力向上
二六、特徴ある豚を売り出す
二七、小野市が取り組む「そろばんリユース事業」　121
二八、自治体にも〝迎賓館〟を
二九、郷土料理を前面に売り込め
三〇、芸術家が〝疎開〟する相模原市藤野地区　128
三一、「子供ファースト」で学校の統廃合を
三二、閉店を考えるデパートに何ができるか
三三、地方の郵便ポストを守れ　135
三四、先端技術で仕事改革に取り組むつくば市
三五、魅力度向上へ今治市に学べ
三六、歴史的建造物は遺すべきだ　142
三七、「ふるさと納税」で国と闘う泉佐野市
三八、タブーを除外しチャンスをつかめ
三九、認知症を予防する方策　148
四〇、専門技術の養成機関をいかに持つか
四一、歴史的遺産「城跡」の活用を
四二、緑地保護に熱心な大都市横浜に学べ
四三、大阪の「都構想」が投じた一石　157

Ⅲ　感性とアイデア　161

一、伝統技術の承継を！　162
二、五輪のレガシーは健康寿命
三、イスラムへもっと目を
四、国際交流のすすめ　168
五、ＪＩＣＡの力を生かせ
六、学校という学校に駅伝チームを作れ！
七、レプリカを生かす
八、日韓友好への布石
九、デンマークの国民体育文化祭に学ぶ　176
一〇、古い民家の保存活用を
一一、スポーツ合宿の誘致を考える　182
一二、時計がスイスに勝てない理由
一三、パリの自然史博物館に脱帽
一四、京の寺院の美しい紅葉
一五、公共建造物への寄付呼び掛けを　190
一六、自治体が謳う「宣言」
一七、古典園芸を再評価しよう
一八、元気なお年寄りのプログラムを盛んに
一九、変人を使い、組織を活性化させる　198
二〇、地元史を小中学校で教えよう
二一、慰霊祭を「住民の祭典」に　203
二二、ダンスの効用を見直そう
二三、自治体もアスリートの採用を
二四、トレンドを読むには京都を見よ　210
二五、地方の小中学校を私立化する
二六、コンプライアンス社会で求められること
二七、オリンピック招致問題を考える　217
二八、北山三村の「三本の矢」
二九、共生社会の構築を二〇二〇年のレガシーに
三〇、観光客が企業を呼ぶ時代
三一、「市民大茶会」の開催を望む　226
三二、外国人が暮らしやすい地域に
三三、厳粛な式典、中止は許されない
三四、家庭の不用品を再利用する　233
三五、若者を呼び戻すスポンサー制度
三六、イノベーションに活路あり
三七、自治体の責任と存在感　240
三八、オリーブに見る農業への熱意
三九、コロナ禍で空港の運営をどうする
四〇、鳥獣被害対策にハンター養成を　247

四一、全ての知的障がい者にもスポーツ教育を　249
四二、〝異教徒〟に安らぎの場を　253
四三、「都市鉱山」から資源を得る

Ⅳ　自治体がやるべきこと

257
一、四股名にみる地方の力士　258
二、自治体は国際交流に本気を
三、自治体はスポーツ振興に力を
四、大学の消滅は地方自治にも影響　263
五、ラップランドと日本
六、地方の文化伝える作家育てよ
七、地方の大学の果たす役割
八、自治体の〝外務省作り〟を　270
九、漁業での地域おこし
一〇、一匹目のどじょうであれ
一一、顔を隠す行為の愚かさ（コロナ禍以前の話）
一二、トランプ流を笑えない　278
一三、イランの「ズルハネ」に学べ
一四、健康寿命日本一を目指す松本市
一五、探知犬の養成を地方自治体で　284
一六、「書店ゼロ自治体」をなくそう
一七、墓地公園で土地を生かす
一八、バイオマス・ニッポン総合戦略　290
一九、「重老齢社会」を考える
二〇、地方議会が存続の危機に　295
二一、「移民法」の制定を訴えよ
二二、前例主義をやめ、新たな発想を
二三、規制強化が必要な太陽光発電パネル　302
二四、若者の流出をいかに食い止めるか
二五、資料館、博物館をもっと宣伝しよう
二六、災害多発時代を迎えて　309
二七、「ふるさと納税」で闘う泉佐野市
二八、街からガソリンスタンドが消える
二九、個人の住宅は個人で守る　316
三〇、ゴルフ場の利用促進で自治体の収入増を
三一、「スクールロイヤー制度」を活用すべき
三二、「国有林野管理経営法」の改正で生じる問題　322
三三、地方自治体の〝反乱〟を期待する
三四、空き家の増加に自治体はどう対応するのか
三五、豚コレラの蔓延防止に向けて　329
三六、「子育てに優しい町」明石市

三七、台風一五号が残した教訓 336
三八、自治体は教育にもっと力を入れよ
三九、盛り土造成地マップの作製、公表を望む 343
四〇、新しい年、自治体も「棚卸し」を
四一、問われる自治体の危機管理 350
四二、東京都の一斉帰宅抑制策に学べ
四三、災害に備え、ボランティア条例を
四四、「地域おこし協力隊」の活用と充実を 356
四五、「いじめ」の心にサヨナラを
四六、特色ある条例の制定 363
四七、自治体は「地方自治法」の研究を
四八、高層住宅に自治体はどう対応するか
四九、若いがん患者を支援すべきだ
五〇、『型破りの自治体経営』 370
五一、横浜にＩＲは必要か
五二、自転車利用者の保険加入義務化を
五三、政治が人の命を奪ってはならない
五四、「障害者」にかわる言葉「ＨＣＰ」を提案する
五五、戦死者の遺骨収集を一日も早く

Ⅴ　この人を見よ！ 379

一、先人たちのおもいをかみしめ 380
二、ベトナムとの友好に一役
三、ＩＯＣバッハ会長を迎えて 385
四、「無名の人たち」を顕彰すべき
五、小泉元首相の話
六、年賀状をやめる人が増加中
七、教え子の社長のアイデア 392
八、「がん発見日本一」を目指そう
九、ザ・デストロイヤー氏の功績
一〇、「地方の在り方」を歴史に学ぶ 399

あとがき 402
著者執筆刊行書籍一覧

I　いかにして人を呼ぶか

一、観光業界はスポーツ界にクサビを

地方再生・創生のプログラムは、各自治体がいかにして中央政府から補助金を獲得するかにかかっている印象を受ける。町おこし、村おこしのための知恵を絞り、地域社会の活性化に取り組んでいる。

本来の目的は過疎化防止であり、地域の行政サービスの向上などであろうが、私ども日本体育大学（日体大）は国民の健康維持増進の視点から地方自治体と協力協定を締結し、交流を密にしていて、すでに七五の自治体とさまざまな行事を実施中である。

二〇二〇年の東京オリンピック・パラリンピックは東京都民だけのイベントではなく、全国民のものだ。それらを盛り上げるため、オリンピックムーブメントを普及、定着させるためには、専門大学たる日体大が貢献しなければならないと考えた。

「子どもたちに夢を、お年寄りに健康を！」をキャッチフレーズにして魅力的なプログラムを提供させていただき、好評を博している。

五年前に「スポーツ基本法」が施行されたが、この法律は以前の「スポーツ振興法」よりも優れている。現実的な法律で、その中に「スポーツツーリズム」なる新しい項目がある。スポーツを通じて、人々の往来を、交流をさらに広げて盛んにしようというものだ。

国際大会の招致をすることによって、諸外国からのアスリートを招来する。経済的効果もあろうが、スポーツは平和を希求する文化財であるがゆえ、この国の文化向上にも資するに違いない。国際大会の積極的な

招致を推奨する法律、観光業界もスポーツ界にクサビを打ち込むべきである。

単に選手たちの海外遠征や合宿などの世話をするだけの業界に甘んじているが、スポーツ界とのコンタクトをとろうとしない姿勢は旧態依然。先の全国旅行業協会の五〇周年式典でも、二〇年のオリンピック・パラリンピックを控えているというのに、何の話題にもならなかったのは残念というしかあるまい。

さて、日体大の地方自治体との協定は、健康寿命を伸ばすためにも有効である。各種の催し物にとどまらず、大学の施設や人材を活用して交流を深めている。キャンパス内のゲストハウスの宿泊費は安く、全国から子どもやお年寄りがやってくる。

またその逆もあり、学生を多数地方に送り込んだり、合宿地として優先させている。これも立派な観光事業だと捉えている。

地方再生・創生は大きな政治課題ではあるが、観光業界にとってもチャンスでもある。この種の研究がなされていないのはなぜなのか、ただの観光だけに拘泥してきた悪癖がこびりついているのだろう。

日体大の例を引くまでもなく、大学と地方自治体を結びつければ、交流の波が起こる。

他大学は日体大をモデルにして地域社会発展のために貢献すべきである。観光業界の関係者が仲立ちし、中央と地方を結びつけてはどうか。その担当者を決めることからスタートすべし。　（二〇一六・一〇・一）

二、笠間市の観光素材に触れて

茨城県笠間市に行ってきた。東京駅から特急で1時間と少し。小旅行にちょうどいい。陶器で有名なのに加え、合気道の聖地でもある。いや、筑波海軍航空隊記念館にも驚かされる。

本当は栃木県の益子よりも陶器の歴史は古いという。益子のあの詩情あふれる雰囲気には勝るとは言い難いけれど、笠間の陶芸の里としての雰囲気もいい。おそらく、輩出した作家数や窯の数が違うのかもしれないが、とても楽しさを満喫できる街だ。

御影石の産地で、国会議事堂や最高裁判所の建築に用いられている。日体大の慰霊碑も御影石、ライオン像の台座も御影石。

石屋さんに講義してもらったが、御影石にも種類が多々あり、価格もピンキリだそうだ。笠間の御影石は「ピン！」だと胸を張られた。

笠間市の花は菊、木は桜、鳥はウグイス。菊の栽培が盛んであること、あちらこちらも桜だらけ、春に訪問すれば、さぞかし美しいだろうと容易に想像できる。

しかし、多くの畑には栗が植えられている。栗の名だたる産地であるらしい。

街の木を桜にしたのは、おそらく栗の花よりも美しいからだろうが、産地を売ることを誇って栗にした方が……。よけいなせっかいはともかく、郊外の林は素晴らしく、どこにでもウグイスがいると説明される。

特急停車駅は友部駅。笠間市と友部町、岩間町が合併して現在の笠間市に二〇〇六年になったが、常磐線の友部駅下車がいい。すぐに名だたる笠間稲荷神社へ。

日本三大稲荷の一つだけあって、門前通りのスケールが違う。

稲荷神社といえばキツネ。キツネといえば油揚げ。油揚げといえば日本人なら子どもの頃から大好物の「いなり寿司」だ。笠間には、「いなり寿司いな吉会」なる会があって、一五の店が味を競う。名物に「うまいものなし」なる表現もあるけれど、笠間の「いなり寿司」は、幾つでも胃袋が受けつける感じ。

キツネで思い出したことがある。愛知県の豊川稲荷（日本三大稲荷）のキツネを製作されていた加藤卓男先生（一九一七〜二〇〇五年）の作品を見せていただいたことがある。純白の頸の長い美しいキツネ。さすがに人間国宝の作だと見惚れたのは、もうずいぶん昔のこと。

さて、合気道開祖の植芝盛平翁が一九四一年に設置した道場へ足を運ぶ。聖地という印象を受ける。心の安らぎを覚えたのが不思議。開祖の暮らした質素な部屋にも感動、物欲のなき偉人に再敬礼するしかなかった。

この地で、私の友人であるアメリカの国務次官補のダニエル・ラッセル氏が修行したと聴く。彼は大阪総領事時代から私と武道談義をしてきた仲。留学時代、この笠間でダニエル氏は合気道と奥さまを手中にしたという。

最後に「筑波海軍航空隊記念館」を訪れた。日本人なら、平和を愛するのなら、ぜひ行くべきだと痛感した。この建物はどんなことがあろうとも保存すべきだ。貴重な資料施設、若者が国のために特攻隊員として飛んで行った……。合掌。

（二〇一六・一一・五）

三、観光資源としての樹木

ときに「趣味」を記入せねばならない書類や原稿がある。決まって「サボテン栽培」と書く。自宅に温室をもち、日本大理事長室は植物園よろしくサボテンの鉢が並べられている。

植物が好きなのである。先日、竜美大島と徳之島へ旅をした。驚いたのは、蘇鉄の群生。それも大きく立派だ。日体大の同窓会に「寄付して欲しい」と申し込んだところ、早速、三〇本も船便で送って下さった。役所、病院、寺院、学校等、公共施設に蘇鉄が植えられている。ただし、日本列島にあっては、北限は千葉県のようだ。一説によると「聖なる樹」ゆえ、公共施設に昔から植えられてきたという。奄美大島や徳之島では、田畑の区切りに植えられていたし、山や丘は蘇鉄だらけ。

気候風土が蘇鉄にピッタリなのだろうが、徳之島の「蘇鉄トンネル」には腰を抜かした。私は、そこでせっせと蘇鉄の実を拾う。後日、鉢に実を植えていたら、嬉しいことに発芽した。数百年の年月を経ないことには、あんなに大きくは成長しないにちがいない。「蘇鉄トンネル」の存在を知らなかった私は、幾度も行ったり来たりして楽しんだ。

蘇鉄に興味をもつようになって以来、全国を飛び回る私は、あちこちで蘇鉄を観る。

私の番付によれば、日本一の蘇鉄は、東京赤坂の衆議院議長公邸の玄関に植えられているものと千葉県富山町の網代家のものだ。高さもあるが、左右に突き出た枝ぶりも素晴らしい。

第二位、山口県岩国市の市役所前の蘇鉄も立派だ。群生しているかの印象を与えるが豪華な花壇という感じ。

第三位、和歌山県那智勝浦町の体育館前の蘇鉄も凄い。南国だけに和歌山県のあちこちに植えられている。京都大の人文研究所前のものもいい。千葉県も蘇鉄の多い県で、その業者も数多くある。

とくに斑入りの葉をもつ珍種もあって、蘇鉄観賞も楽しい。しかも蘇鉄の盆栽もあるから引き込まれる。

韓国を訪れ、要人の部屋に招き入れられると、どこでもまず眼に飛び込んでくるのは鉢植えの蘇鉄である。寒い国ゆえ、屋外では蘇鉄は育たない。もしかすれば、韓国にあっては権力の象徴が蘇鉄やその盆栽なのかもしれない。

同時に東洋蘭の鉢が並んでいるのにも気づく。これら植物のことについて質問すると、決まって言葉を濁す。

その地方、地域には、特徴ある樹木がある。屋久島の杉にしても、鹿児島の姶良市蒲生町の大クス、兵庫県佐用町の大イチョウ、一度は観ておきたいものだし、立派な観光資源である。数百年どころか、千年を超える樹木が日本にもゴロゴロある。

これらを全国的に掘り起こしてはどうだろう。私は、地方を訪問した際、いつも樹木に注意するクセ、いや興味がある。既成の観光資源よりも新しい発見がおもしろい。また、地方は、その存在の発信をすべきであろう。

（二〇一六・一一・一二）

四、ハーブ栽培で地域おこし

南フランスを鉄道で旅するのは解放感があって楽しい。あの旅情あふれる景観は私たちの心を刺す。幾重にも弧を描く農耕地が、葡萄園とハーブ園を共存させる。葡萄酒と薬草の生産。しかし、ハーブは料理、日常品、染料など幅広く用いるために植えるという。

ハーブの歴史は古代にさかのぼる。メソポタミア、エジプト、ギリシャ、ローマ、ペルシャ（現イラン）、中国に至るまで、世界中で植えられてきた。朝鮮もその伝統は生きていて、今も重要視されている。家内がハーブ党なので、韓国・ソウルの街を引き回されるのには閉口するしかない。

わが家の猫の額の庭にも数種類も植えられ、私も汗して手入れを手伝う。主としてハーブ茶とサラダに使う。種類によっては手入れ方法が異なるため、家内に怒鳴られるのが辛い。知識と経験が、ここでも求められる。

サボテンや多肉植物でも、夏に水を与えてはいけない品種もある。珍種を購入、ダメにしてしまうのは水の与えすぎ。「もう、死ぬ！」と危機感を募らせた植物は、タネを作るべく花を咲かせる。蘭もサボテンも同じだ。つまり、いじめるコツを熟知しているかが栽培の極意となる。これが実に難しい。

さて、私はペルシャ絨毯のマニアである。草木染の手織り品に限る。日本でも藍染が有名だが、ペルシャの自然の染料は多彩でおもしろい。赤はザクロの実、紫は桑の実、茶は桑の根という具合。魅惑的な色彩は植物の特色が産む。日本、イタリア、フランスの化学染料は美しいけれど味がない。

奄美大島で見た伝統的な泥による大島紬の染めは、日本らしさを漂わせてはいたが、明るい色を出せない。色彩が多様である草木染の研究者がおれば、付加価値が増す。草木染は時代を経て褪《あ》せてくる。この枯れ具合の色の魅力は藍染のごとくすごい。ペルシャやトルコの古絨毯が高価なのは、そのためだ。

ところで、日本の婦人たちの間で、ハーブ栽培者や多肉愛好者が増加中。出版されているそれらの専門書の多さに驚く。園芸店では多種類の苗がズラッと並ぶ。都会でもベランダで栽培できるからか人気沸騰中だ。

家内は、大阪府の公園を借りて同じ趣味をもつ人たちとハーブ園を作っている。ハーブ茶作りで、式典や祭りなどの行事で振る舞う。大阪植物取引所の協力を得て、ハーブの普及に熱中、賛同者が増えてきたと喜ぶ。自然への回帰ブームが拍車をかけている感じ。私も各地の名だたるハーブ園めぐりを体験した。

全国的に野放しの田畑が目立つ。休耕田も散見する。地域によってはコスモス、ヒマワリ、ナタネ、レンゲなどを植えたりしてもいるが、ハーブを植えて新商品開発に取り組んではと思う。雑草に支配される田畑を見るのは悲しすぎるではないか。農家がやらないのなら、自治体が借り上げて、ボランティアを募ってハーブ栽培をするがいい。健康増進のためにもいいとされるハーブを南フランスのように普及させて欲しい。生産量が多ければ、諸々の商品を造れる。雑草に泣く田畑を救って欲しい。活用する策をハーブに求めるべし。私はハーブ石鹼で顔を洗い、ハーブ茶を飲んで家を出る。

（二〇一七・三・一二）

五、観光資源としての公園

横浜市都筑区に住んでいる。とても気に入っている理由は、緑が豊富であることに加え、公園がそこかしこにもある点だ。街路樹が立派に成長していて、欧州の雰囲気を醸し出す。

広く知られていないが、街路樹は一九六四年の東京五輪のレガシーである。政府は補助金を出し、美しい街並みを作るべく街路樹を全国の各自治体に奨励した。花壇作りも同様で、現在も手入れのために補助金を出している。

東京都世田谷区に長く住んだが、近くに駒沢オリンピック公園があり、毎日の散歩が楽しかった。森林浴を望む人たちが、公園を利用する。ランニングコースは人で渋滞するほど活用されていた。この公園もレガシーの一つだ。世界の大都市には名だたる広い公園が中央にある。ニューヨークのセントラルパークは、私のレスラー時代のロードワーク場だった。

欧米の公園は、民主主義の象徴とされ、自由と言論のための公共施設として、街のど真ん中に作られたらしい。都市計画上、まず公園づくりを優先し、十分なスペースを確保した。日本には、どの町にも寺や神社があり、その境内が公園の役割を帯びていた感じがする。広いスペースは、災害時にも役立つ。

先日、名古屋へ行った際、愛知万博のレガシーとして設置された、熱田区にある白鳥庭園を訪れた。市内最大規模を誇る日本庭園、見事な空間だった。九一年の開園なのに古くからある庭園という印象を受けた。中部地方の地形をモチーフにして設計されていて、築山を「御嶽山」とし、そこからの水の流れを「木曽川」としていて、その水が「伊勢湾」に流れ込む。源流から太平洋へ注ぐストーリー、池泉回遊式の日本庭園、一見の価値がある。

熱田神宮を参拝して徒歩一〇分、名古屋学院大や国際会議場の近くにこの白鳥庭園があった。国際会議場も万博のレガシーらしい。よくぞ、この名古屋市内に約四ヘクタールのスペースを持つ庭園を作ったものだと感心する。本当に立派な庭園、流れの中の大きな鯉の群れと水鳥の調和、足を止めると動けなくなるほど楽しいではないか。

名古屋には東区徳川町に徳川美術館がある。隣接する徳川園も立派だ。日本庭園として再整備されたのが二〇〇四年。新しさを感じさせない。名古屋城本丸から三キロの地にある徳川園、変化に富んだ景観は、奇麗に私たちの心を洗ってくれる。池泉回遊式を用いていて、水の大切さを説く。

東京の小石川後楽園、広島の縮景園などにも劣らない大名庭園の白鳥庭園。大都市の中に、あれだけのスペースを持つ庭園があるなんて、恐れ入るしかあるまい。

街路樹を植えて公園を作る。この都市計画上の基本を無視する自治体が多いのは残念。住民の住環境の整備こそが重視されなければならないのに、商業資本に負けてしまう自治体。

東京の田園調布や成城学園などの住宅地の視察をおすすめする。魅力的な街とは、空間と緑の調和であろう。アラブの格言に「木を植えよ」とある。

（二〇一七・四・一五）

六、「花」による集客のすすめ

「桃杏自芳」と元衆議院議長の故松田竹千代先生が書かれた色紙をいただいた。果実の花は美しい、しかも実をつける。すると人々が集まり、自然と道がつく。花は季節を教えてくれるばかりか、人の心を洗ってくれる。

梅の花が一番早く咲く。梅園で有名な所も各地にある。次に咲くのは河津桜と桃であろう。山梨へ行けば、山がピンク色に染まっている。桃が散ると、杏と辛夷《こぶし》が咲く。日本には杏の名園がない。アフガニスタン、ウズベキスタン、イラン、パキスタンの国々では、あたかも日本の桜のようにあちこちで桃のピンクを薄くした花がオアシスを染める。杏の樹の下で家族たちが弁当を広げる光景は日本と同じだ。

杏の樹を日体大は植えた。カルザイ大統領に名誉博士号を授与した際、アフガニスタンを代表する樹として記念植樹に杏を植えたのだ。次に桜が咲く。大学周辺は桜新町（東京都世田谷区）の名の通り、街路樹は桜だらけ。圧巻で、このトンネルをくぐる快感は何とも表現しがたい。

おおむねソメイヨシノ、これが桜吹雪となって短い命を終えると、しだれ桜が大粒の花をつける。風流である。私どものキャンパスには、しだれ桜も多い。しだれ桜が散れば、ボタン桜が開花を待つ。

この頃には、つつじが各種の色で庭を彩る。桜やつつじの名園、名所は全国にある。しかも昔から有名な所が多い。文字通り、花は人を呼ぶ。つつじが終わる頃には、藤が棚から長い花をたらす。小田原城内の藤棚を観た時、これは相当なスペースが必要だと思ったが、その見事さに動けなくなってしまった。

藤が終焉《しゅうえん》を迎えると、アジサイが乱れ咲く。アジサイ園で有名な所も全国にある。山一面をアジサイで埋めつくした園もあり、寺院内を各種のアジサイで人を集める所も多数ある。はっきりしているのは、数本の花では人を呼び集めることはできないことだ。

私は、各自治体に「花を植えよ」といいたい。首長は「土地がない」という。土地がないのではない、知恵がないのと感性が悪いのだ。樹はどこにでも植えることができる。

米国の首都ワシントンＤＣのポトマック河畔の土手に、日本が寄贈した桜が花をつけると、河畔は見物人で溢れる。私も見学したが、日本の花見と同じ、夜桜も圧巻であった。花見は世界共通の文化なのだ。

バイオの発達で品種改良が進み、新種の花が登場し、さらに私たちを楽しませてくれる。どの自治体も花の名所を作る努力をし、活性化の一助にして欲しい。

私の故郷の泉南市に一人の住民が自宅に大きな藤棚を作り、毎年、長い房の花をつけさせることで有名となり、他地域からも見物客が押しかけるようになった。肥料をはじめ、熱心に手入れすれば、花は期待に応えてくれるらしい。

総務省や環境省、そして農水省は花の樹木に補助金を出し、植えることを、名園を作ることを奨励すべきである。そして、各種の花樹の名園百選を毎年発表すればいい。もとより官僚は美意識が低いので、自治体が勝手に自慢する手もあろう。

和歌山県のみなべ町は、「梅日本一」とうたっていたが、私は、それは「世界一」でしょうと言った。あれだけ梅を植えている地域や国を私は知らない。「日本一」と「世界一」は違う。


（二〇一七・五・一）

七、スポーツ・ツーリズム

年末の多忙な折、東京・駒沢オリンピック記念体育館で、毎年、全日本少年少女レスリング大会が開催される。主催は東京都レスリング協会。会長の私は、三日間も丸々拘束されるので辛いが、元気な豆レスラーたちの一心不乱に闘う姿勢に胸を熱くし、元気をもらっている。

両親や家族の死にもの狂いの応援合戦もすごい。熱狂ぶりに圧倒されるのだ。館内は怒号が飛び交い、興奮のるつぼ、関係者でも耳をふさぐ。子どもなのだから勝ち負けなんてどうでもいいのに、やはり勝利させたいらしい。一家のお祭りという様相。

出場するのに宿泊費と交通費が必要。しかも数カ月前からの予約、準備だって大変だ。この少年少女の大会は、全国あちこちで自由に開催されるため、両親たちも一緒に転戦する。かかる現象は、チビッ子のレスリングだけでなく、他のスポーツも同様。

まさに「スポーツ基本法」が説く「スポーツ・ツーリズム」。この法律は国際大会などの招致を主眼にしているが、国内スポーツ大会にもあてはまる。

毎年、各市では小中高校の各種スポーツ大会を行事化させている。マイナーなレスリングでも、春の新潟市での高校選抜大会、夏の茨城県水戸市での中学生大会や大阪府堺市での高校大会は有名、応援の関係者などを含めると相当な動員力がある。

地方のマラソン大会や駅伝も多くの人々を動かす。自治体が種目を絞り、熱心に大会を支援しているが、まだまだ種目によっては自治体の入り込む余地や隙間がある。福井県勝山市のバドミントン、富山県氷見市のハンドボールは知られているが、野球の甲子園のごとく聖地にすると不動のものとなろう。

高校野球の甲子園大会時には神戸、大阪近辺の旅館・ホテルは満杯になる。近年、堺市は高校レスリング大会を定着させたり、サッカーの公認練習場を設置したりして、宿泊先を確保するのに苦しむ。

実業団や大学のスカウトたちも集結するため、予想外の集客力があるのだ。

正月の風物詩、箱根駅伝は箱根の冬のドル箱。私は家族全員で元旦、二日と二泊するが、一年前に予約を入れる。応援客で箱根の山は人で溢れる。文字通りのスポーツ・ツーリズム、最高の人気を誇る。

全国で各自治体が協力して各種の駅伝大会が行われている。試合は最有効の練習となるゆえ、小大会でも強豪チームは出場する。

数年前までは、長野の菅平高原がラグビー合宿の聖地だった。現在は、北海道網走市が聖地化しつつある。立派な施設に加え、高度な病院があり、食事がよくて気温が低いからだ。市役所は専門の職員を配置し、チームに補助金を出すなどのサービスも忘れない。

教育委員会にスポーツ通の行動力ある専門職員が存在するかどうかが大きく影響する。自治体が既成の採用試験で職員を入れているかに映るが、さまざまな特徴ある人材を雇用しないと活性化は難しい。自治体も競争しているという認識が求められる。

首長や教育長が凡人だと、何のセールスもできず発展しないに違いない。

「スポーツ・ツーリズム」は、企画力とスポーツ界とのコネクションが勝負である。（二〇一七・五・二七）

八、観光考えぬ首長はチェンジを

琵琶湖へ行くと白い帆を立てた湖面のヨットの群れに圧倒される。釣り船も点在し、数多く出航する客船と事故を起こさないかと心配する。名だたる琵琶湖の観光資源は、無限の可能性を秘める。京都駅からＪＲで大津まで、わずか九分だ。京都とセットにすれば、さらに観光客を増加させるに違いない。

石山寺や彦根城も比叡山も歴史的な観光資源であろうが、京都を訪れる観光客数に、滋賀県は琵琶湖を持ちながら遠く及ばない。

数年前、滋賀県はＪＲと交渉して県内の栗東市に新幹線の駅を建設することとなり、工事が進んでいた。ところが、知事が交代して、「もったいない」と発言し、工事は中止された。工事代と周辺整備に多額の県費投入を「もったいない」と主張されたのだ。

当時、外国人旅行者が現在のごとく飛躍的に増えるという予想もなく、観光立県としての青写真も描かれておらず、知事は観光が産業だという知識もなかったようだ。

建設推進派は、京都と琵琶湖をセットにして観光資源を生かそうとした。大きなバスターミナルを栗東駅に造り、団体客や修学旅行者などを京都旅行する前に琵琶湖へ導く戦略であった。なのに、途中で政策変更、水泡と化したのだ。

湖の中に竹生島という景勝地が、近江八景でないのに有名。ＮＨＫ大河ドラマの黒田官兵衛でも知られたが、この島の弁財天は広島の安芸の宮島、奈良の天下村、江の島、金華山と同格だ。

私は、この竹生島だけを訪れていなかったが、やっと先日訪れた。『身体観の研究』（専修大学出版局）で超肥満の弁財天について記述した経緯があり、近江今津から遊覧船で行ってぎた。

琵琶湖の漁業を用いての体験、屋形船などの宣伝も十分とはいえず、歴史上重要な竹生島も宣伝不足だ。観光について考える際、大局に立って考える必要性を滋賀県が教えてくれる。

「もったいない」と説いた知事は、もとは環境学者、琵琶湖の研究者だった。先行投資も観光振興も湖のあり方も考えなかったのだろうか。「もったいない」話だ。

日本一の湖を京都の隣りにもちながら、たいして恩恵を受けていない印象を受ける。連携の大切さを忘れ新幹線駅中止、これが発展にブレーキをかけた。金沢から京都・大阪方面への新幹線も琵琶湖を避けるルートで進む。新幹線の栗東駅があれば、という嘆き節が響く。

自治体のリーダーの政治感覚が、その地域の将来を左右する。選挙民は直線型、直情型、流れに流され人気だけで投票してしまう。知名度と政治力は、イコールではないのだと知る。

首長には、相当な見識、先見性、行動力が求められる。今や全国が観光地である。観光について考えない首長は、チェンジする時代だ。

先日、京都、滋賀、福井の三府県が連携する観光促進協議会を設立した。舞鶴若狭自動車道や京都縦貫自動車道の開通によって、周遊しやすくなり広域的な観光振興を図れるようになったからだ。三府県の名所マップを作り、周遊バスを走らせれば、琵琶湖の存在感も、評価も増すだろう。

観光客の増加は、近隣との連携と観光振興に熱心な首長を持つこと。魅力的なリゾートホテルのシーサイドに建つ琵琶湖ホテルから湖面を眺めつつ考えた。

（二〇一七・六・一七）

九、アイデアと工夫で人を呼ぶ

デンマークは美しい。とても好きな国である。首都コペンハーゲンに滞在していると住んでみたくもなる。赤煉瓦の風情ある建物が建ち並び、異国情緒を楽しむことができる。

特に、世界最古の遊園地といわれる中央駅前にある「チボリ」が好きだ。多分、ローマのチボリを真似たのかもしれぬが、大人も子どもも満足できる施設で、一〇時の開園前には入場者が列をなす。テーマパークでもないのに人気がある。手入れの行き届いた庭園も素晴らしく、あらゆる種類のバラの大輪が迎えてくれる。子どもたちの欲する乗物も各種あり、歓声があちこちから耳を打つ。

インドのタジマハールそっくりのホテルが園内にある。レストランも超一流の店からハンバーグやホットドックを食べさせる庶民的な店もあちこちに散在。カモメ、ハト、スズメが人を怖れずエサをねだる。

おもしろく感じたのは良い場所に一般的な野菜を植え、その花や実を楽しむ趣向を凝らしていたこと。都会人は野菜を食するとはいえ、その植えられた状態や花を知らない。日本人だって、いかに米ができるのかを知らないのと同様で、一つの学習園ともなっていた。

年中楽しめる工夫がされていること、大きな野外ステージがあって、音楽会や演劇まで見られる。そのスケジュールは日々異なる。出演者も一流をそろえ、格式を保つ。人気の一つの秘密でもあろうか。

レストランも数軒あるが、全ての店に特徴がある。建物も凝っているばかりか、サービスもなかなかのもの。食べ歩きも楽しめる公園。うれしいのは、要所要所に灰皿が置かれていて、私のごときヘビースモーカーをイライラさせない配慮。

多彩な施設が配置されているため、手に案内図を持って歩く。小鳥小屋の前で足を止めると、しばらく動くことができなくなる。動物の飼育はないにつけても、各種のニワトリが珍しい。平凡な鳥なのに飽きさせない。

世界中の旅行者が訪れ、楽しんでいるにつけても莫大な金をかけた施設とは映らない。アイデアと人間の心理、子どもの心理を巧みに読んだ施設である。池の噴水を見ているだけでも飽きない。白夜が幕を下ろす夜の一〇時半、花火の打ち上げが三〇分間も続く。夏の二カ月間、毎晩、花火大会なのだ。その花火も決して中途半端なものではないのだ。

だから、入園料も安くはない。入るだけで大人1人二四〇〇円。高いなと思ったが、入園して合点、十分に納得することができた。しかも一日中のんびり楽しめる施設。「チボリ」にいると、なぜ日本でも同じような遊園地ができないのだろうかと考えさせられる。

ウロウロしているうちに、あちこちで金を落とす。コーヒーを飲む、家内はワインを楽しむ。しばらく歩くとソフトクリーム。昼はハンバーグの軽食だったので、夕方からはコース料理をはずむ。また歩を進めると、おみやげ店が口を開けて待っている。

コペンハーゲンではほとんどタクシーを用いず、名だたる宮殿、教会を観るにつけても、地図さえあれば歩いて行ける。運河が発達しているので観光船もいいが、歩くのがいい。ただ、突然、毎日のように雨が降る。

名所は幾つもあるが、「チボリ」の園内を回るにつけ、工夫することの大切さと、独自性を誇ることを教えられた。日本人はどこもかしこも様式、形式にこだわるあまり、特徴を打ち出せない。特徴を出すために

金をかける発想ではなく、「チボリ」のごとくアイデアと工夫で人を呼ぶべし。　（二〇一七・八・一二）

一〇、ご当地グルメを売ろう

私は大阪生まれの関西人である。で、お好み焼、焼ソバ、タコ焼を好物としてきた。この粉料理文化は、関東人にはあまりなじまないようで、東京人の家内などは敬遠気味だ。が、子どもたちは、私のこの得意とする料理を幼い頃から喜んでくれた。

関東の人たちは、いわゆるＢ級グルメと表現される粉料理を屋台のものと決め込み、正式な料理と思っていない様子。高級でないこと、食材がちんけであること、ソースで味をつけること、簡単すぎるうえに陶器を用いないのが低級に映るのだろうか。

アメリカの子どもたちは、ハンバーガーやホットドックにポテトチップ、ポップコーンを好むが、私はアメリカの一種の食文化と捉えている。手軽さが人気の秘密だとも思う。

お好み焼は、大阪風と広島風に大別される。最近の私は、広島風、いわゆる広島焼に傾きつつある。広島市内の「お好み焼村」を訪れ食して以来、広島焼が好きになってしまった。観光客に混ざって地元の人たちも足を運ぶからか、どの店々も満員の盛況。名物のカキだって、ここで鉄板で焼いて食うと旨い。

同じ料理店を一カ所に集中させ、自慢のご当地グルメを楽しませる趣向は、街の活性化に一役買っている印象を受けた。店々によって味が異なり、秘伝のソースを用いる。

大阪には、あちこちに店があるにつけても、広島のように「村」を作っていないため、観光客を呼べるようにはなっていない。名物であるだけに、もったいないような気もする。地方によっては、ラーメン村があったりするが、市場や商店街のごとく、店々を集中させる工夫があってもいいと思う。

大分県宇佐市は、元小結の垣添（現雷親方）や人気の嘉風関（現中村親方）の地元だが、ここは鶏の唐揚げで有名だ。

専門店発祥の地とされ、店々にはタレに特徴があって評判高い。香ばしい唐揚げ、一品でもその量は多く、私たちの胃袋が鶏肉攻めに合う。ともかく旨い。唐揚げだけでも味を競う店が連なれば客を呼べる。名物・名所にしてしまえば、その存在は全国区だ。

「お好み焼村」での工夫にはビックリした。お持ち帰りもあれば、宅急便で送ってもくれる。真空パックになっていて、小さな穴を二カ所ほど開け、電子レンジでＯＫ。同封のソースをかける。それが旨いから感心する。知人への贈物にすれば喜ばれる。店々が集中すれば、競争原理が働いて、次から次へとアイデア合戦となる。客が客を呼んで列をつくる。

大阪は完全に広島にお株を奪われたようだ。ソバを乗せて焼く広島焼は、夕食としても胃袋を満足させてくれる。大阪でも近年、広島焼をまねる店があるが、雰囲気で負けている。

どの地方にも、その地のグルメや産品がある。浜松へ行けばウナギ、名古屋ではきしめん、四国ではうどんという具合、全国に名物がある。宇都宮のギョウザもおいしい。いかに集中して店々をそろえるか、自治体の協力や商工会議所の理解が求められる。

冷凍のギョウザを宇都宮で買ったが、確かに旨かった。調理も楽だし特色ある味だった。飛ぶように売れていたし、パックにも工夫があった。ついついみやげに買いたくなったものだ。

いまや、全国のどこかしこも観光地である。地元特有の料理や品を売ろうとする意識の有無が、その地の発展を左右する。長年その地で住んでいると、その地の物が有名になると考えないらしい。いや、調査・研究が不十分で、トレンドを読めないのだ。

（二〇一七・九・二三）

二、非日常の空間

チューリップの原種は、アフガニスタンにある。この原種がオランダで品種改良され、現在の美しいチューリップになった。原種の白い可憐な花を称賛された美智子さまは、皇太子殿下（現上皇）と共にアフガニスタン国王の招きに応じられ、バーミヤン見物へ向かわれる途中だったと聞く。一五センチほどの茎に純白の三センチくらいの花が、野原に群生するヒンズークッシュ山脈の山裾。

一九七三年の春、皇太子御夫妻は、首都カブールから五四メートルの世界一の大仏があるバーミヤンを車で訪れられた。当時は平和で素晴らしい国であり、シルクロードの十字路として人気高い観光国であった。王族一家と日本の皇族方の関係は良好であり、交流も盛んだった。ザヒルシャー国王は、国民に親しまれ、信頼されていて、皇太子御夫妻を歓迎した。

バーミヤンには、国営の近代的なホテルがあったにもかかわらず、妃殿下は大仏を正面から一望できる丘にあるパオ（遊牧民のテント）での宿泊をご希望されたという。遊牧民の国での旅、一夜くらいは遊牧民体験をされたかったのであろうか。

モンゴル遊牧民の家「ゲル」と「パオ」は、よく似ているが、この簡易式家屋は快適とはいかない。それでもキャンプ気分を満喫できる楽しみがある。両殿下御夫妻は、おそらく最初で最後の体験をされたにちがいない。

モンゴルの名誉総領事を務められる武部勤元自民党幹事長は、モンゴル政府からゲルを贈られた。で、自宅の庭にそのゲルを建て、住民の皆さんに開放されている。日本で建てるとなると、エキゾチックゆえ、多くの人たちが興味をもつ。会合に使用したり、音楽会に利用されていて、モンゴル理解に役立っている。

このゲルは、それほど高価ではない。組み立て式だから移動も容易だ。日本のあちこちに建てればおもしろいと、私は勝手にほくそえんでいる。異文化理解にとどまらず、実際に泊まった体験からすれば、私たちの創造力をたくましくしてくれる。

神戸・淡路大震災のおり、阪神地域に多くの簡易住宅が建てられた。復興してその住宅が不要になった頃、トルコで大地震が起こった。政府は援助物として、それら住宅をトルコに送り、感謝された。みごとな有効活用で、友好関係がさらに深まったのは申すまでもない。

モンゴルの大使館と交渉すれば、容易にゲルを手に入れることができる。購入しても高価な物ではなく、送料の方が高いくらいだという。街にエキゾチックな建物があると、子どもたちも興味をもつにちがいない。室内での行事の企画を立てれば、ミニホールとしての役割も果たしてくれようか。グローバル社会を創るのに役立つし、自治体の公園や空き地利用にもいい。

先日、日本モンゴル友好議員連盟の林幹雄会長に連れられてウランバートルを再訪した。バトトルガ新大統領補佐官に元横綱の朝青龍が就任したため、旧知の間柄である私に白羽の矢が立ったのだ。大統領官邸のビルの中に、驚くほど立派なゲルがあり、それが大統領との謁見室になっていた。工夫を凝らしたインテリア、みごとなゲルであった。バトトルガ大統領の側に朝青龍の背広姿、すっかり政治家になっていた。

翌日、私たちは広原を旅し、ゲルに泊まった。満天の夜空にひしめく星を眺め、ゲルのベッドで寝た。ホテル用ゆえ快適であったし、異文化について考えさせられた。非日常の旅であった。

街の中に非日常の空間をいかに作るか、その思考が街の活性化に役立つと思う。モンゴルのゲルでなくともいい、非日常の住環境を自治体が整備すればとも思う。皇太子御夫妻も非日常のパオにも泊まられた、この好奇心こそが、すべての活力の源であろう。


（二〇一七・一一・一八）

一二、大学のコンテンツを地方社会で生かす

眼からウロコ。文化学園大学の卒業記念ファッションショーを観せていただいて感動したのだ。「西遊記」の物語を通じてショーが展開される。衣装が凝っているのは当然ながら、イメージとして持つファッションショーとは異なって、劇そのものに見ごたえがあった。

武蔵音大のオーケストラに加え、出演者に日体大の体操部員がアクロバット的な演技をするために加わっている。で、物語は、学生たちの感性と創造力が織り込まれているので楽しい。指導者の古御堂誠子教授の解説を耳にしながら、まったく退屈せずに観せていただいた。学生たちの純粋な活動ぶりが伝わってくる。商業演劇とは違った味が私たちの心を撃つ。うまく日体大生の技も溶け込んでいて迫力満点、しかもオーケストラの生演奏も凄い。で、入場料は無料、満員は当たり前だ。

学生たちの制作・企画したファッション、花嫁衣裳もあれば、葬祭用の衣装まで組み込まれていたのには感心するしかなかった。それも超モダン、素人の私には新鮮に映った。ただ歩くだけのファッションショー、有名デザイナーのファッションショーなんて文化学園大のそれを観たなら馬鹿らしくなろうか。

瞬時に、このショーを地方の方々に観ていただくべきだと想った。学生たちも喜ぶに違いない。日体大の「集団行動」という、ただ歩くだけのパフォーマンスは、全国の自治体から招待があり、人気を博しているが、文化学園大のファッションショーもおもしろい。ギャラが派生しないうえに、見ごたえがあるコンテンツ。ホールのある所なら、どこでも実現すると思われる。

日本私立大学協会の会長は、文化学園大の理事長であられる大沼淳氏。私は大沼会長に日体大とのコラボレーションを申し入れたところ、すぐに実現、古御堂教授のご理解をいただいて四年前からスタートを切った。学生たちに多くの経験を積ませたい。特にジャンルの異なる場で己たちの技量を発揮できるのは、大きな自信になると考えたのだ。この教育効果は大きく、学生の器量の幅を広げる。

また、多くの観衆に観ていただくことにより、誇りを感じるようになる。で、あちこちで、この舞台を実演できれば、人々に元気を与えてくれるだろうと実感した。卒業記念、たった一回きりのショーでは、もったいない。学生たちの衣装、物語、この作品を全国あちこちで鑑賞できれば素晴らしい。ファッションというから女性だけが楽しめるというものでもない。この男の興味の薄い私ですら、たっぷり楽しめたのである。

文化学園大や日体大の名だたるコンテンツでなくとも、各大学にはさまざまなコンテンツがある。これらを地方社会で生かす方法はないのだろうか。自治体には、企画課があるのに、企画力が乏しすぎるし、大学のコンテンツを利用しようとする姿勢が見られない。発想が画一的で、小さすぎやしないか。芸術系の大学が山ほどある。各大学は特色あるコンテンツを持つ。それらは発表する場を大学の枠を超えて求めていることに気づくべきであろう。

また、各高等専門学校や工業高校は、ロボットを製作している。このロボットのコンテストもおもしろい。数年前から和歌山県御坊市にある和歌山高専を主体として、御坊市がロボコンを主催し、市民を楽しませている。この教育効果は抜群、学生たちに夢を与えている。全国の高専が集う集客効果もある。

要するに自治体の企画力なのである。金をかけなくとも、アイデアで活性化を図ることができる。ファッションショーを鑑賞しながら、学生たちのコンテンツについて考える機会を持つことができた。面倒くさいことを役人は嫌う。こんな役人ばかりでは活性化するはずもなかろう。

（二〇一八・一一・二四）

一三、「ふるさと人脈」を構築すべき

東京は地方出身者の集まりでもある。偶然にしても同郷の人と会うとすぐに仲間になる。異業種であっても助け合い、協力し合うようにもなる。出身地が同じという関係は、不思議な糸でつながる。東京には山梨県人会だとか各地の同郷集団や出身学校同窓会のような各種の集団が多数ある。

文部科学省に在籍していたおり、省内に大阪出身者の会があったのには驚いた。副大臣就任と同時にお祝いの会を開いて下さった。この会には幹部からヒラ省員までいて、階級に関係なく仲良しグループとして活動していた。もちろん、省内にとどまらず、諸々の情報の交換があり、その存在価値は会員が共有していた。

人間はアメーバと同様、群れる動物なのである。だから、あらゆる集団を作る習性をもつ。外国に住めば日本人会を作り、同郷会や同窓会を作るのは常だ。いろんな人が集うことは、貴重な人脈となって何らかの形で仕事にプラスをもたらす。つまり「人脈づくり」に通じるのだ。私は「金持ち」ではないが、「人持ち」

が、私の人生に役立っていることを述懐する。

先日、私の恩師である専修大名誉教授の鈴木啓三先生が鬼籍に入られた。北海道の利尻島の出身で、先生からいつも利尻コンブをいただいた。お通夜、葬儀、ずっと側におられたのは、稚内市の工藤広市長であられた。稚内高校の出身ということで、東京稚内会の役員を永年務められたからである。そういえば、私も稚内市に講演で呼ばれて行ったことがあった。国の中央で、それなりの地位に就かれると、当然「人持ち」になる。故郷の自治体に貢献してくれたり、いろんな協力をしてくれるのは言を俟つまでもない。

私は故郷である大阪府泉佐野市の「特別顧問」という肩書きをいただいている。市から相談を受けたり、あっせん、紹介したり折々の協力を楽しんでいる。この無報酬の仕事は、内心、大きな誇りである。市のユルキャラのマスコットを作るために著名な知人の漫画家に協力していただいたこともある。省庁への陳情もあるが、故郷の相談役としての活動がうれしい。

「ふるさと納税」は加熱し、見返り商品大会の様相を呈しているが、それよりも「ふるさと人脈」を構築すべきだと考える。地方に求められるのは、アイデアと情報である。異郷に暮らしている人は、常に自分の故郷と比較する習性を持つ。出身地について思考するクセがついていて、その住民以上に故郷を案じている。そんな人たちを利用、活用すべきではないか。喜んで協力してくれるに違いない。

私の日体大にはOB力士として嘉風、北勝富士、妙義龍、千代大龍などがいる。春場所は大阪、名古屋場所、九州場所の年3回、場所前には盛大に大学主催の激励会を開催する。会費制ゆえ、どなたでも参加できるようにしているが、年ごとに盛んになってきている。この会で、参加者同士が仲良くなり「人脈づくり」に役立つからだと聞く。要するに人々は、「きっかけ」を求めているのだと知る。

自治体が、いろんな所、場所で「きっかけ」を作る仕掛けを考え、組織化して、自治体の応援団にすべきである。三人寄れば文殊の知恵を忘れてはなるまい。

過疎化を腕を組んで待つ自治体は、何のアプローチもせず、自然淘汰を待つのでは悲しい。金を使ってでも自治体外にも応援団を積極的に作るべし。「観光大使」がはやっているが、それほど役立たず、私もいくつもの自治体の「観光大使」だが、名刺は机の中にある。

昨今、自治体は節約が好きである。「ケチ」になっている。「ケチ」とは「経知」と書き、「経済と知恵」の略であることを解すべきだ。己の街を出て行き、遠くで住み活動している出身者のリストアップから始め、連絡して協力していただけるようにする。その費用までもケチる自治体は、過疎化を期待しているのだろう。

（二〇一八・三・三一）

一四、国立青少年交流の家

飛騨高山に一度は行ってみたいと願っていた。テレビや雑誌で魅力を識《し》らされていたが、なかなか機会に恵まれなかった。が、うまい具合に日体大女子レスリング部が、乗鞍高原にある国立青少年交流の家で合宿をするという。幸い休暇をとることができたので、家内を連れだって訪れる機会を得た。

五月初旬、朝、気温は六度。ひんやりするどころか寒く、所々に残雪あり。しかも一五〇〇メートルの高地、気圧も低いし空気も薄い。この国立の施設は、高山市の山頂にあって景観も素晴らしい。合宿費も安価なので、学生や青少年に利用されている。

走り出すと、すぐにフーフー、息切れする。一八〇〇メートルのアフガニスタンの首都カブールで暮らしたこと、メキシコ・シティーを旅した高地での体験が蘇る。低酸素環境でのトレーニングが、一流アスリートの常識になって久しいが、この施設も有効だと思えた。青少年交流の家は全国に点在するが、乗鞍の施設は立派でホテルのような感じ。学生時代を想起し雪で美しいアルプスの山々の峰を眺める。眺望は詩的でスケールの大きさに、このパノラマを眼に焼きつける。すでにこの交流の家の利用者は、五〇〇万人突破、誇らしげにポスターが語る。

文科省審議官だった田中総一郎氏が永く理事長を務められ、交流の家を利用しやすくしたり、さまざまなプログラムを提供するように改革され、一般の人たちにも開放された。田中氏は、「教育基本法」の改正時、一人で国会の答弁に立った改正の立役者だったから、文科委員会理事だった私とも交流が深かった。昨年、理事長を退任されたが、さらに交流の家が発展するように期待したい。日体大は、毎年、人事交流のために職員を母体の機構に派遣し、勉強、研さんに協力させていただいている。

「早寝、早起き、朝ごはん」推進運動の本部である国立青少年教育振興機構が、青少年交流の家の経営を行う。感心したのは地元の教育委員会とタッグを組んでいるうえに、地元の団体や企業とも連携している点であった。朝夕の二回、集会があり国の施設を利用しているという自覚をさせるプログラムも組まれていた。

眺望はスイスやフランスをほうふつとさせる環境とはいえ、大自然の中にある施設ゆえ、別荘の趣があるにつけ不便である。が、近代人の私たちには、この不便が新鮮に映るから面白い。単なる旅行施設にあらず、研修目的で利用されるのだから便利でなくともいい。俗世間から隔離されたような施設ゆえ、気分転換にはもってこいだ。中・高の陸上部員や多くの若者たちが、高地トレーニングで汗を流していた。全国から集まった女子レスラーたちも息苦しさに必死に耐えていた。

運動部の強化目的の合宿だけではなく、施設の利用方法は多岐にわたる。家内と夜空の星を楽しんだ。アフガニスタンのバーミヤン、モンゴルの大草原での星空に勝るとはいいがたいが、美しかった。冷たい空気よりも熊も出没しますと教えられたが、あらゆる研修に適した施設。青少年に限らずとも高齢者の私どもでも手軽に利用できるのがうれしい。

私の出身地の地元である貝塚市の山間部にも同じ施設がある。しかし、代議士だった私も訪れることなく、よく知らず、地元の人たちが熱心に利用しているとは一度も耳にしなかった。反省、反省である。なぜ、この施設を利用しないのだろうか。かかる施設は全国二八カ所に設置されているのだから、もっと積極的に活用すべきであろう。

学校や教育委員会、各種団体の企画力が乏しく、集団活動の重要性を認識していない感じがする。食事は三食ともにバイキング、けっこうおいしくいただいた。地方の活性化は、その地域社会の企画力と行動力が強く影響する。そのためのリーダーよ、出でよ。

（二〇一八・五・一二）

一五、盛り上がった「パラ駅伝」

七年前、「スポーツ振興法」が時代との乖離《かいり》が大きくなり、「スポーツ基本法」に改正された。この法案作りに深く関わった者の一人として、特に主張した障がい者スポーツの振興に今も強い興味を持っている。

パラリンピックの様子もオリンピックと同様にメディアが扱う時代は、まさに障がい者との共生社会を映し出していて、人権問題が数歩も前進した印象を受ける。バリアフリー法をはじめ法律も障がい者を応援し、近代国家としての体裁を整えつつあるのがうれしい。

今年も東京・駒沢オリンピック公園で開催された「パラ駅伝」（主催・日本財団）に参加した。二万人の大観衆がスタンドを埋め尽くし、第三回目の大会が盛り上がった。元ＳＭＡＰの稲垣吾郎、草彅剛、香取慎吾の三人が応援参加するため、ファンが集まり、パラスポーツに関心を寄せていただけるように工夫されたイベント。

日本体大も応援団やチアリーダーの他に二〇〇名ものボランティアを出して協力させていただいている関係で、私も早朝から出掛けた。日本体大では、「支援学校教員免許」を出すようになったゆえ、この種の催し物にも積極的に参加するよう呼び掛け、実習の一つとしている。障がいの垣根を越え、さまざまな障がいのあるランナーと健常ランナーが一緒に一つのチームを作り、八区間にわたってタスキをつなぐパラ駅伝。眼前で展開するレースはボランティアの学生たちにとっても刺激的であろう。

一六の日本チームに加え、ラオスからも選手が派遣されていたし、喜劇の吉本興業もチームを参加させていた。一八チームが、森喜朗元総理大臣のスターターのピストル音でスタート。スリル満点のレース、観衆たちも声援をおくる。中央広場での「オラが地元のチームを応援！　パラ駅伝物産祭」も人気高く、人が群がる。そこへ、多くのユルキャラが飛び回るから、子どもたちも大喜び。

唯一の外国チームであるラオスチームを応援する人たちも多いのに驚く。東京のライオンズクラブが動員をかけていて、特に九段ライオンズクラブが熱心だった。かかる国際交流もほほえましい。資金支援にとどまらず、文字通りの物心両面の応援には頭が下がる。

パラスポーツの大会では、多数のボランティアが求められる。日本体大だけでは不十分で、多くのボランティア団体が協力していた。健常者の団体と一体となり、障がい者スポーツを盛り上げる様子は先進国そのもの。それにしても、大会開催には多額の費用が必要だ。日本財団パラリンピックサポートセンターが主催し、ＪＴＢや名だたる企業が支援しているからこそ、「パラ駅伝」が実施できる。

「スポーツ基本法」は、障がい者スポーツとともに高齢者スポーツ振興についても触れている。さらに、今大会は首都圏から東北地方からの出場。もし全国的規模であれば、スポーツ・ツーリズムに拍車がかかったであろう。とりわけパラスポーツの大会は、それほど多くないので全国大会であればツーリズムに通じる。

一口にパラスポーツといえども、種目は多彩である。先の韓国・平昌での冬季パラリンピックでも六種目、二〇二〇年の東京夏季大会では二二競技が行われる。ボッチャやゴールボールのごとく手軽な種目もあれば、トライアスロンやウィルチェアーラグビーのごとく激しい競技もある。私たちは、これらの種目についても学ばねばならない。

東京・赤坂の日本財団ビルのパラリンピックサポートセンターを訪れると、全てのパラリンピック種目の団体が集まっていて、親切に説明してくれる。自治体のスポーツ関係者なら、ぜひ訪問しなければならないセンターだ。もしかすれば、わが町で大会を開催できる競技があるかもしれない。

パラスポーツを見て気付くことや教えられる点が多々ある。共生社会を営む上で、パラスポーツ振興にも各自治体が取り組むべきである。「パラ駅伝」は、究極のパラスポーツの大会であった。来年が待ち遠しい。

（二〇一八・五・一九）

一六、新たなタイプが広がるアンテナショップ

私が特別顧問を務める故郷の大阪府泉佐野市が東京に事務所を開設した。情報を収集するにとどまらず、知名度を上げる役割等、その価値は高い。が、財政に苦しむ地方自治体にあって、かかる発想をもち、実現させるのは難しい。自治体の発展のために、大胆な政策で前向きに考え、行動する故郷にエールを送りたい。私には協力すべき義務があると思っている。

都内の新橋、銀座、日本橋や戸越銀座等を散策すれば、あちこちの自治体や地方のアンテナショップが目に飛び込んでくる。個性的な店がほとんどで、一度、入ってみようかと、その誘惑に負ける。特産品、名物、これら物産店には、その地方の匂いがあり、その地に旅しているかの錯覚を覚えさせてくれる。店員の方言もいい。

だいたい名だたる自治体で、自慢すべき産品、地酒等があり、いわゆるメジャー。集客力のあるアンテナ店はともかく、「道の駅」の発想で店舗を持てば、無名の自治体でも構えることができるのではないか。近隣の自治体がタッグを組むのもいいだろうと思う。なぜか自治体は、横断的な協力を好まない。くだらぬ競争意識が強いのに加え、つまらぬプライドに拘泥するからであろうか。

恩師の二階俊博先生が、運輸大臣・北海道開発庁長官の折、有珠山（北海道有珠郡壮瞥町・伊達市・洞爺湖町）が大噴火した。二〇〇〇年三月三一日に国道二三〇号のすぐ横からマグマ水蒸気爆発、次々と火口が開き九月まで活動が続いた。ＪＲ北海道室蘭本線が不通、道央自動車道が通行止めとなり、経済面にも大影

響を与え、北海道全域にその被害が及んだ。

二階大臣は、北海道の農水産物のカタログを全国会議員に配布し、申込書を添付した。「ガンバロウ北海道」支援キャンペーンを張られ、私もジャガイモを五〇箱注文、知人へ贈った。その品の受取先は、銀座にある北海道のアンテナショップであった。秘書連中は、連絡を受け次第、アンテナショップに足を運ぶ。二階グループの議員たちは、率先して購入して北海道を支えようとし、大臣の期待に応えた。その折、私たちはアンテナショップの存在を知り、以後、ちょくちょく寄るようにもなった。サケの「ときしらず」やホッケの大きな干物は、新鮮で美味、容易に入手できるのがうれしい。トウモロコシにアスパラ、買い物カゴがすぐに一杯になってしまう。

報道によれば、自治体が東京都内に出すアンテナショップに、新たなタイプの店が広がっているらしい。徳島県はホテルを併設した。渋谷に出店し、物産販売とレストランに加えて六四ベッドのホテルを併設。変わっているのは店名に徳島を付けず、先入観なくして店内に客を導く作戦で、地元の食材を売り、食してもらう趣向。県が二億三千万円を投入、五階建てビルを改装して今年二月に開店した。外国人観光客や地方からの若い旅行者の利用を想定して知恵をしぼったにちがいない。

中央区にある石川県の「いしかわ百万石物語・江戸本店」も面白い。移動販売車を作り、近郊に出張してミニ物産店を始めたのだ。このアイデアも評価できる。何よりも積極性がいいうえに、観光案内の役割も担える。物産販売プラス観光案内情報、アンテナショップの必要性を痛感する。

一般社団法人・地域活性化センターによれば、現在都内に三〇店を超すアンテナショップがあるという。特色がなければ埋没してしまう可能性があり、ご当地グルメ、物産紹介・販売だけではファン作りに結び付かず、他のアイデアが求められる時代に入っている。自治体の知名度アップ、観光と移住に関する情報提供や相談窓口の設置等、多彩なプログラムが必要だ。空き家情報、働き口のあっせんや起業支援、地方の時代をアピールするべきであろう。

地元へのツアーを組むなり、祭りや行事に合わせて都会人を呼び込む知恵や企画もいいだろう。そのためのプロデューサーが地方の自治体には不在だ。個性的で行動力のあるアイデアマンである役人を育成しないと、その自治体は消滅の危機を迎えることになろう。

（二〇一八・九・二二）

一七、非日常を感じる露店

日本人は、ちゃんとした店舗よりも、露店が好きなのかもしれない。非日常の商売は、なんとなく低廉に感じ、人々をウキウキさせる。祭礼時の神社や寺の門前に列をなす露天商は、上手に客の心理をつかむ。堅苦しい日常からの解放感、どうしても財布のヒモが緩むうえ、子どもたちが駄々をこねる。

私が代議士時代、毎日曜日、大阪・田尻港横の朝市に出掛けた。多くの人たちが早朝より新鮮な魚介類や野菜を求めて集まる。すべて露店。私などは朝市前で演説したり、パンフレットを配布したりして、選挙活動のポイントとして利用した。遠くからの客もあり、次第に露店で売る商品数も増加、うどんや天ぷらなどの朝食店もにぎにぎしくあった。非日常効果と週一回という決まりが、逆に集客力を増し、名物化している感じがした。

泉州名物の大阪湾で獲れたタコにアナゴ、しらす干し等の特色ある商品が安価で売られている。近辺の農産物も人気高く、飛ぶように売れる。朝市の雰囲気が、客を元気にしてくれるばかりか、人気が人気を呼んで歩くのにも苦労する。

織田信長や豊臣秀吉時代の城下町などの市場で行われた経済政策、楽市令を想起するが、規制が緩和されて自由な商売で活性化している印象を受ける。集う客には解放感があり、非日常を楽しむ。買物をレクリエーションに置き換えるのだ。朝市の特徴であろうか。

日体大のすぐ近くで、年二回、二日間にわたって東京・世田谷で「ボロ市」が開催される。名だたる蚤《のみ》の市で、連日、二〇万人前後の人出だ。もともとは古着の売買が盛んに行われたため、明治時代にボロ市の名が付いたという。現在では、あらゆる品々が七〇〇近くの露店で売られていて、ファンが多いのに驚く。特に代官餅が人気で、ボロ市の会場しか製造、販売されず、その希少性と味の評価が高い。

昭和一〇年代の最盛期には二千の露店が並んだというから歴史も古く、現在では世田谷区と東京都の無形民俗文化財に指定されている。世田谷区の名物だが、交通量が増加するにつれ、かろうじて伝統を守って名物を維持しているかに映る。道路上での市だけに現況が限界という印象を受ける。

全国的に広場や公園を用いて、フリーマーケットが開催されているが、たいていは業者が個人の出店者を募って行うケースが多い。もし自治体が中心になって、朝市やフリーマーケットを行えば、その地域の活性化に役立つに違いない。住民は、非日常を楽しみにしているのだ。現代版の「楽市」を企画してほしいと願う。衣類や物が余り、家に置いておけない不用品を自治体が仲介者となって売る企画なんて難しくないのではないか。

青森県八戸市の館鼻岸壁の朝市に行ったことがある。八戸市は朝市の街としても有名で、どこかで朝市が開かれている。三日町や八日町などの町名は、城下町時代の名残。近隣の農漁村から運ばれた魚介や野菜が路上で売られてきたという。市営魚菜小売市場を中心にした朝市は、月曜から土曜日に開催される。で、日曜日は館鼻岸壁朝市だ。三〇〇以上の店が八〇〇メートルにわたって商売をする迫力、毎回、二万人以上の客が訪れるという。ここでは買う楽しみもあるが、食べる楽しみも大きい。大きな声の呼び込みは、私たちに元気をプレゼントしてくれる。

祭礼だけが非日常だった自治体。自治体が非日常の世界をつくって活性化すべきである。地域の特色を生かして知恵を絞る工夫がほしい。世田谷のボロ市は、骨董《こっとう》品、古本、植木、食料品、神棚、玩具、寝具、新品の衣類、生活雑貨という具合、何でも売られている。意外な物まであり、それを人々が楽しむ。

既存の商売に人々は飽きているのだ。自由な取引市場を作った楽市、戦国大名には知恵があった。値札の付いた店ではなく、売主と丁々発止で渡り合う買物の醍醐味、そんな場を自治体が中心になって作るがいい。イスラム教国のバザール（市場）の商品には値札が付いていない。だから、繁盛している一面もあるのだ。

（二〇一八・一二・一）

一八、人々を吸引する東根市の手法

私の友人にマラソン日本記録を樹立し、三度もオリンピックに出場した宇佐美彰朗氏がいる。日大大学院で共に学んだ学友でもあるが、記録を伸ばすためにどうすべきかを院生で協力したので、マラソンに興味を持つようになった。箱根の大学駅伝はもちろんのこと、長距離走が好きなので、毎年、年末の京都で行われる全国高校駅伝の観戦も欠かさない。

バルセロナのオリンピックで日体大同窓の谷口浩美、有森裕子両選手の応援をした経験があるが、人間が二本足で動物並みの走行をする営みは、ただ走るだけなのに魅力がある。それは自分との戦い、自己の挑戦を本気になって取り組む姿が美しいからに他ならない。

日体大が山形県東根市と「スポーツ・健康づくりに関する協定」を締結したのを機に「さくらんぼマラソン大会」に招待された。果樹王国・東根市の主催する第一八回大会、この市民マラソンを視察して、地方の大会のありようを考えてみたいとも思って東根市を訪れた。なんと、山形空港から車でたった一〇分の距離に「さくらんぼ東根温泉」街があった。

早速、さくらんぼが出された。さくらんぼの王様「佐藤錦」に舌鼓を打つ。さすがに本場、表現のしようもないほどうまい。米国・ミシガン州の東ミシガン大に留学していた折、友達に誘われて、さくらんぼ取りのアルバイトに行ったことを想起した。後年、オレンジとさくらんぼを米国が日本へ輸出すると決め、大騒ぎしたことがあったが、私は輸入を認めてもいいと思っていた。その理由は、あの味を日本人が好まず、売れないと確信していたからである。ただ粒が大きいだけで、味は佐藤錦とは勝負にならない。

マラソン大会は約一万五千人の参加、早朝から大会が始まるため、前泊する選手も相当いたのには驚いた。海外からの選手、沖縄、北海道からもエントリーしているではないか。マラソンマニアが無数にいるとはいえ、この山形の東根市まで全国から集まって来ている。

市民マラソンとはいえ、記録や優勝を狙っているランナーが多数いるという。常連も多いらしい。特別招待選手として、6年前に箱根駅伝で日体大が優勝した時、区間賞を取った矢野圭吾（カネボウ）、服部翔大（ホンダ）の両選手が走った。両選手は、「市民マラソンだからといってなめてかかると負けてしまうので、本気で走りました」という。特に東根市のマラソンは季節もいいので、いいランナーがそろうらしい。

全国各地でさまざまな市民マラソン大会が開催されているが、この東根市の大会は文字通りツーリズム・

マラソン大会になっていた。温泉とさくらんぼに加えて梅雨前の好季節、そしておいしい実をつけたさくらんぼの樹々に囲まれたコースを走る。所々では、さくらんぼも提供され、走りながら食べるランナーたち。広い陸上自衛隊の神町駐屯地が、スタートとゴール。芝生の広い運動場の周囲はテント村、ラーメン店から土産物店、隣の河北町の店もあった。数年前、紅花資料館に行ったことがあるので懐かしく思った。

この東根市は、毎年、住民数を増加させている珍しい市である。過疎化で頭を痛める自治体が多数を占めるのに人口を増やす。市をぐるりと回ってみると、納得もする。このマラソン大会が〝一事が万事〟、人々を吸引する手法、研究が行き届いているではないか。工業団地にびっしりと企業が根を下ろし、従業員たちが東根市に住む。住環境も整備されていて、イオンをはじめ有名店も多数あり。

一一月には、すぐ近くの天童市で「天童ラ・フランスマラソン」が開催される。多分、天童温泉だけでは泊まれない。それは東根市の「さくらんぼマラソン大会」も同様、東根温泉では収容できず、天童温泉を利用するランナーも多いという。この二つのマラソンは、間違いなく地域活性化に貢献していた。土田正剛東根市長の意気込みは尋常ではなく、東根市民が一丸となって開催する大会。リピーターが増える秘密は東根市の市民力にありそうだ。

（二〇一九・六・一五）

一九、マスコミの「ゆるキャラ」批判に答える

日体大のシンボルマスコットは、ライオンである。明治期からの寮歌に「世に先がけて獅子吼《ししく》する」とあり、百獣の王ライオンがほえているように鼓舞させる一節からライオンに決定したという。また、大正時代

初頭からの伝統である応援運動の「エッサッサ」は、獅子吼する様を表現している。で、日体大キャンパスのあちこちにライオン像が建つ。とりわけ、有名なのは世田谷校舎玄関横に鎮座する三越百貨店から寄贈された、あの有名な三越ライオンだ。またがれば願いがかなうという言い伝えから、またがれるようにしてある。日体大のパワースポットの一つ。

次にすごいライオン像は、文化勲章受章者であられた北村西望作の大きな「密林の王者」であろう。国際自動車（ｋｍタクシー）から寄贈されたもので、その迫力におののく。売店に行けば、ライオン人形やＴシャツ、ユニフォームのライオンがプリントされたさまざまなグッズが売られている。これらキャラクター商品の販売も大きく、大学のイメージアップと存在感にも寄与してくれている。

熊本空港に降りると、どこもかしこも「くまモン」一色、熊本県のＰＲキャラクターの活躍ぶり、人気の高さに驚かされる。あらゆる土産品に「くまモン」が登場し、熊本のシンボルなのだと教えられる。いわゆる「ゆるキャラ」の大成功例で、どの自治体も二匹目、三匹目のドジョウよろしく必死になるのが理解できる。

で、私も顧問を務める出身地の泉佐野市のゆるキャラ作りに一肌脱ぐこととなった。漫画「キン肉マン」の作者である知人のゆでたまご氏に協力を仰いで「イヌナキン」という作品を作っていただいた。

イヌナキンの説明をする紙幅をもたないが、このゆるキャラは地元では人気を博している。本当は、これだけでも大成功だと思うが、どの自治体も己のゆるキャラを全国的に有名にして、くまモンに追いつこうと汗を流すこととなる。

「ゆるキャラグランプリ二〇一八ｉｎ花園」は、異常なほどの盛り上がりを見せた。いや、いくつかの自治体が、自治体ぐるみで組織的に投票したと批判された。市長の指示によって票獲得作戦を練ったりして、マスコミは大きく報じ、識者らしき人たちは紙面で「地域のイメージを打ち出す点で役割を果たしたゆるキャラだが、役割を終えつつある」と述べる。

NHKテレビでもゆるキャラの特集を組み、批判された四日市市、大牟田市、泉佐野市の実情を紹介していた。投票ルールが明確にされておらず、組織票に対する批判に私は首をひねった。これほど金のかからない「町おこし」があるだろうか。郷土心をあおる効果的な運動だと思ったが、すぐにブレーキをかける人たちが登場する。

結局、自治体や企業のキャラクター五〇七体から日本一の座についた「ゆるキャラグランプリ」のご当地部門、わずか職員五人の埼玉県志木文化スポーツ振興公社の「かパル」が優勝した。実行委員会は、組織票を認めず削除した結果、トップを走っていた四日市市の「こにゅうどうくん」は三位へと転落した。が、順位はともかく、幾度もメディアで取り上げられたため、かパルよりも有名になった。

この種のコンテストで頑張る自治体を批判するメディアは、何が気に入らないのだろうか。自治体が必死になって売り込もうとする姿勢を評価せず、地域社会の自主性の芽を刈るのはいただけない。

昔から日本社会には、「野暮競《くらべ》」とか「無枠競」と呼称された、くだらないランキングを作って楽しむ習慣があり、江戸庶民が楽しんできたのだ。まさにゆるキャラグランプリは、その現代版、めくじらを立てるほどのものではあるまい。

来年からは、組織票を認めるルールにして各自治体を競わせてはどうだろうか。それを嫌って、わが道を歩む自治体も出現して個性化が進むかもしれない。日体大のライオンは、ちっとも有名ではないが、大学全体の団結心を育んでくれている。

（二〇一九・七・六）

二〇、日本の「トイレ革命」

私の日体大では高校を五校も併設している。教員養成が目的の大学であったため、教育実習校が必要だったのである。中学も二校、そして幼稚園も併設している。経営は、おかげさまで順調、理事長として安堵の胸をなで下ろしている。とはいえ、少子化の波の勢いは強し、あらゆる面で気をつかう日々である。

この夏休み、女子生徒を受け入れている併設校のトイレ工事が集中した。支出も馬鹿にならないため、担当者から詳細な説明を聴取する。「和式トイレだと生徒が他校を選択する傾向にありますので、すべて洋式トイレにする必要があるのです」。私は、二の句を継げず、時代の流れを意識せねばならなかった。進学先をトイレの様式で決定されるとは、しかもウォシュレットでなければダメだという。

先進国と発展途上国との区別は、悪臭をいかに追放しているかにあり、保健衛生上、問題があるかどうかが物差しとなる。で、その国の公衆トイレが、すべてを物語る。日本の公衆トイレ、特に高速道路のパーキングエリアのトイレは世界一、面目躍如たるものがあろう。コンビニだってトイレを売り物にしていて、多くの人たちを救ってくれている。

やはり洋式の方が便利である。人間の消費エネルギーを少しでも減らしてくれる便利さだが、一方で己の体力を知らず知らずのうちに衰えさせてもいる。和式トイレは、足腰を強くしてくれるばかりか、毎朝、アキレス腱を伸ばすストレッチ運動になっていた。だから、日本人はそれほどアキレス腱を切ることはなかった。朝から準備運動をしていたわけだ。

米国の大学に留学した際、松葉づえ姿の学生の多さに驚いたことがある。すべからくアキレス腱の切断裂、異常に映った記憶が強くある。で、アスリートたちは、練習前、トレーナー室に行き、アキレス腱、膝にケガ予防のためにテーピングをしてもらう。日本人の私には、そんな習慣がなかったので、トレーナー室に行かないと、コーチからこっぴどく叱られた。

一九八〇年、イランでイスラム革命が起こった。首都テヘランの一流ホテルであるヒルトン、シェラトン等のトイレは、すべて洋式から和式に似たイラン式に転じさせたのには閉口した。イスラム革命とは、そこまでやるのかとショックを受けた思い出がある。イランやトルコのトイレは和式同様であり、日々、トイレで足腰の強化をしているせいでか、レスリングや格闘技は強い。

タタミ生活と和式トイレは、日本人の体力強化に想像できぬほど役立っていたのに、ついに私たちも洋式派に転じてしまった。考えれば、和式トイレにいったんかがむと立ち上がるのが難行となって久しい。両手で左右の何かにつかまらねばならないほど弱くなってしまった。情けない話である。

日本人は、あたかも清潔症患者、きれいなトイレでなければ排泄できない人種へと変化し、洋式でしかもウォシュレットでないと認めない。まさにトイレ革命といえるのだが、地方にあってもこの傾向は同じである。まず公衆トイレを美しくする。そして公的機関のトイレは洋式、ウォシュレットの近代的なものへと工事を急がねばならない時代だ。

中国の地方を旅して、トイレで泣かされた人はあの不潔さに中国嫌いになったに違いない。イスラム諸国を旅行すれば、和式同様のトイレに苦痛を覚えたに違いない。いまやトイレの国際標準は洋式であるといえる。ただ、ウォシュレットこそは、日本が誇る技術と文化のたまものといえようか。

たかがトイレ、されど毎日の大切なプライベートルームであるがゆえ、公的施設のみならず、大切な空間である。どれだけきれいにするか、その配慮はその組織のすべてを物語ることを知っておかねばならない。役所を訪問すれば、まずトイレに行くがいい。その感想こそがその役所のすべてが判《わか》る材料となろう。中高生の多くは、特に女生徒はトイレで進学先を決定する時代、私たちの脳ではついては行けない感じがする。

（二〇一九・七・一三）

二一、自由が丘の活性化に貢献する「東急コーチ」

作家名をすっかり忘れてしまったが、私は学生時代に『自由ヶ丘夫人』という小説を読んだ。自由が丘にほど近い日体大の学生で、しょっちゅう自由が丘の街を散策した。

渋谷から東横線に乗って自由が丘駅下車、そんなに遠くないのに、渋谷と異なる魅力的な街、商店という商店、私の目からすれば極めつきの個性的な店が鈴なりだ。あの高級住宅街の田園調布が隣という影響もあるのだろうが、一度、街に足を踏み入れてしまうと自由が丘の常連客になってしまうほど魅力的な店が多いのだ。

『自由ヶ丘夫人』を読んだのは近くに住む学生として興味を持っただけだったが、半世紀前から個性的な街だったと述懐する。だから、現在もさらに磨きがかかってより魅力的な街となって久しいが、集客のために東急バスが独自の方法で自由が丘の活性化に協力してきたかに映る。世田谷区、目黒区、大田区の住宅街は高級であるが、道路幅が狭い。それを東急バスが小型のバスを走らせ成功する。

自由が丘周辺の高級住宅街、高級なのに陸の孤島のごとく不便で、車がないと動けない。すぐ近くにあるバス停のボタンを押す。バスの時刻表はない。ボタンを押すと数分後に小型バスがやってくる。客がいないとバスは来ないのだ。いわばバスのタクシー版という感じ。珍しい交通機関なので、このバスが走り始めた頃、視察団が連日のごとく押し寄せていたのが目についたことを覚えている。

自由が丘への客である。買物、駅の利用、食事、遊び、さまざまな客が自由が丘へとなびく。私の家内などは、今もこのバスの常連客である。自由が丘の駐車場が異常なほど高い料金だからである。すべからく個性的な店、ファッションの街であるがゆえ、『自由ヶ丘夫人』よろしく、圧倒的に女性客が多い。

住宅街の狭い道を小型バスを運行することによって、地域の人たちにとって利便性がよくなり、さらに高級化が進む。小型バスの特徴を生かし狭い住宅街の道路をスイスイ走る。「東急コーチ」と呼ばれ、利用者が増えるばかり。

「コーチ」というのは、東欧の昔初めて四輪馬車を造った町の名前だった。馬車は、安全に目的地まで運ぶ使命をもつ。目的達成のために指導してくれる人をコーチと呼ぶようになったけれど、もともとは安全に目的地まで運んでくれる馬車を指す。

あれだけ視察団が多かったのにもかかわらず、東急コーチをまねる自治体や交通機関がなかった。ところが、二〇一八年に国交省はグリーンスローモビリティと呼ばれる電動低速車の車両を使って福島、三重など五県で二カ月間、実証実験を行った。低速車だけあって、時速二〇キロ以上では走行できないが、小型バスであれば排ガスを出さずに狭い道路を走ることができる。環境への負荷も小さく、観光客の周遊や高齢者の生活の足として普及しそうな感じがする。公道も走行できるのだ。

ゴルフ場のカートを想起すればいい。カートをバスにした車両であろう。国交省は、この電動低速車に興味をもつ自治体や事業者に実験用車両を貸し出してくれる。しかも要件を満たせば、環境省が導入費や実験費の一部を補助してくれるのだから、過疎化で路線バスが走らなくなった自治体などは競って取り組んでほしい。コーチの導入である。

グリーンスローモビリティは、低床構造でワンステップバスのようなもので子供や高齢者らでも容易に乗車できる。東京都豊島区では、このバスを導入することを決定したという。第二の東急コーチのような働きを期待できるに加え、商店街の活性化の切り札になる可能性をはらむ。

自由が丘の発展と魅力は、個性的な商店街と、集客の大きな役割を果たす東急コーチの存在である。郊外の住宅団地の人たちに利用してもらえる足を自治体が考えてきただろうか。電動低速車の活用を考え、全国に自由が丘を作るべきだ。シャッター街の店々には個性がなかった反省もなし、協力する交通機関もなし。自由が丘には、大型店やデパートもないのだ。

（二〇一九・七・二）

二二、もう一度寄ってみたい「道の駅」とは

水揚げされて競り市が終わると、すぐに隣にある魚市場で売られる。新鮮かつ安価、ごった返す市場のにぎにぎしさは元気までもくれる。大阪湾近海の魚介類が、飛ぶように売れる。三〇軒ばかりの店々では、多様な商売を展開する。地元の客にとどまらず、数台の観光バスも立ち寄り、一見、「道の駅」に映る。

民間の業者と漁業組合と仲買人組合とが協力して運営される魚市場、地域社会の名所となって久しい。大阪府泉佐野市にある活気みなぎる古くからの魚市場、最初は広場にテントを張り、トロ箱を並べる質素な市場だったが、人出も多くなり、府や市が協力して質素な建物を建てた。

この泉佐野市の山手には、「こーたり〜な」という野菜中心の市場がある。地元の農家の新鮮な産品が並ぶ。安くて大人気、夕方には近隣や遠方からの人たちも押しかけ盛況だ。

この施設も農協や民間が設置したもので、魚市場と共通しているのは第一に広い駐車場があること。第二には過剰な投資をしていないこと。第三には店舗というイメージよりも市場という印象を与えていること。両方ともに私には道の駅と思える。

にぎわいが大切である。活力がみなぎり、客が客を呼ぶ。自治体が運営したり、資本投資したりすれば、自由奔放な商売ができない。地元の一次産業である漁業、農業に光明を与え、振興に大きな力を与えている好例を泉佐野市に見ることができる。私もよく足を運ぶが、ついつい買い過ぎてしまう。店から宅配便で、友人に特産の地域ブランド化している水ナスを贈ると喜ばれる。

仕事の都合で、私は全国を旅する。車で道の駅を見かければ、必ず立ち寄る。その地の産物に興味があるからだ。

感じのいい所もあれば、閑古鳥の鳴く所もあり。成功例と失敗例は一目瞭然、客足の悪い道の駅は、どうも親方・日の丸の経営に終始しているかの印象を受ける。工夫が足りず、民間活力を生かしていないかにも映る。役人が商売に口を出すシステムは、「武士の商法」よろしく失敗する。

道の駅は、一九九三年に当時の建設省（現国土交通省）によって認定制度が確立し、一〇三カ所の地域でスタートを切った。補助があるため全国の自治体が名乗りを上げ、現在では約一一〇〇カ所の道の駅が点在する。

で、もうかっている所、失敗の所と二極化が進む。地域社会の産業を振興したり、休憩所としての役割は大きいが、「行ってみたい、寄ってみたい」という魅力的な施設になっているかどうかが問題である。

「休憩機能」「地域産品販売・紹介」「観光情報・案内」の役割を道の駅がおびる。地元の食材を使った料理を楽しむことができれば、リピーターも増えようが、たいていは一見客ばかりと決めつけている所が多い。土産物を購入しようとしても、特徴ある品々でなければ、買いたいという欲望が湧かない。これは買い得、という品々を創る研究がなされていない所も多いのにガッカリさせられる。

道路沿いにあるドライブインと道の駅の差別化をいかに図るか、その研究も大切である。道の駅の設置者の八割が自治体。公共事業として自治体が中心になって運営すれば、ほぼ失敗するのは、この事業は市場原理にさらされていないためだ。自治体が、どこまで介入して民間活力を引き出すか、成功例は主体を民間の発想と経営力に委ねているケースが多いという。

役人は客の心理を読めず、自治体の威信をかけて立派な高級感を漂わせる施設を造る。過剰な資本投下は回収するのに苦労するばかりか、テナント料も高価になるので商店主の出店を競うこともない。泉佐野市の市場は、ただの市場。が、行ってみたいという雰囲気をつくる地場の農家の努力が充満する。

今まで、もう一度寄ってみたいと思った道の駅は、千葉県神崎町ぐらいである。ここの商品には地域色の強いオンリーワンが、これでもか、と並べられていた。

（二〇一九・七・一七）

二三、魅力満載の観光地、郡上市

岐阜県の郡上市に行ってきた。「郡上おどり」で有名だが、手あかのついていない観光地という印象をもった。ちょっとした秘境でもあろうか。なのに、七月中旬から九月上旬までの約二カ月間、三〇数夜にわたり繰り広げられる、日本一の長さを誇る盆踊り。徳島市の阿波踊りもかなわない。旧盆の八月一三日から四日間、数万人の踊り子が徹夜で踊りを楽しむ。

郡上市は、当然ながら郡上おどりを観光の目玉に据え、いつ行ってもおどりに接することができる。郡上おどりの実演は、郡上八幡博覧館で毎日鑑賞できる上に習うこともできる。文字通り、日本一のおどりの町である。いくつかのおどりの種類があるにつけ、それほど難しい動きではなかった。おどりが国の重要無形民俗文化財に指定されている。

博覧館では草木染による素朴な色合いと光沢が魅力の郡上紬《つむぎ》の織りを見るのも楽しいし、水の美しい土地が生み出す深みのある藍染め作品を観《み》るのも楽しい。他地域の藍染めとは紺色の深みが異なり独自性を発揮していた。郡上八幡旧庁舎記念館は、観光案内所でありお土産売り場、軽食のレストランとなっていたが、天井に大きな藍染め作品の鯉《こい》のぼりが吊るされていた。独特の紺の深みの魅力に負けてしまい、大きな鯉のぼりを購入した。

歴史のある市だけに文化の香りがプンプンする特異な街である。私は、「円空仏」ファンであるので、円空が生まれたといわれる美並へ行く。円空研究センターを訪れる。円空に関する知識を身に付けて、「美並ふるさと館」に飛ぶ。すごい、立派、九十体の円空仏が私たちを歓迎してくれる。仏像には、一八相とか三二相という仏像の約束事があるのだが、円空はこだわらずに気の向くままに仏像を彫ったという。円空仏には、あたたかさがあり、信仰を深める起爆剤というか入門の手引きの役割をなす側面を感じさせられる。

三〇〇年以上も昔の彫刻、荒々しい彫りだがスピード感がある。円空の仏像は、あちこちにあるが、生誕地で触れると円空の心が伝わってくる。郡上市のちょっと郊外にある美並だが、私は訪問して十分に満足した。

郡上八幡城という山城に足を運ぶ。日本最古の木造再建城が売りであるが、天守閣からの眺めは、郡上八幡は城下町であると教えてくれる。春は、桜と新緑で美しいと想像できる。秋は、もみじの樹々の量からして紅葉は圧巻だろう。山城だけに朝霧に浮かぶ城も美しいという。ともかく眺望は天下一品、奥美濃の山々の峰が波を打っていた。

郡上市は霊峰白山の登り口にあり、八世紀ごろからの白山信仰の広がりとともに白山文化のメッカともなっている。白山文化博物館では、白山信仰の歴史を伝える文化財等を展示している。

もちろん温泉もあり、旅の疲れを癒やすことができる。白山神社（白鳥町）を拠点とする美濃禅定道は、上り千人下り千人といわれるほど参拝客でにぎわったというから、温泉は旅人にとって好都合だったに違いない。

郡上市は観光の街として一度は訪れてみる価値がある。魅力的な地方ではあるのだが、私に言わせればアクセスに恵まれていない。ただ、高速道路が発達しているので、車を用いた旅行なら便利だ。東海北陸自動車道の郡上八幡ＩＣで下りるとすぐに街が広がる。主要都市からは郡上行きのバスが出ている。

ところで、八幡城の最後の城主は青山氏で、東京の青山通りの地名は、この青山氏が住んでいたので命名されたらしい。そこで、郡上市は、港区青山で初夏の風物詩「郡上おどりｉｎ青山」を平成六年から開催している。同時に東京郡上人会の交流会を行い、郡上市への興味を募らせる企画も立てている。

地方の観光地は、いかにして客を招くかが大きなテーマであるが、郡上市の施策をまねるのも一考であろう。観光地として、魅力満載の郡上市、ちょっとしたところにまで工夫が行き届いていた。いがわ小径という用水路には、無数の鯉が泳いでいて歓迎してくれたのには驚いた。

（二〇一九・八・三）

二四、地元の学校と積極的な交流を

私の知人で知名度の高い、発信力のある有為な人材から連絡をいただいた。新聞社勤務であられたが、あちこちの大学でも教えられていたので、研究職一本に的をしぼられたらしい。埼玉県川越市にある尚美学園大学の教授に就任されたという。二〇年前に創立された新興の四年制大学、かつては音楽教育で知られていた。

芸術情報学部、総合政策学部に加えて、二〇二〇年春にスポーツマネジメント学部を設置した、定員六六〇人の小規模大学である。スポーツ系の学部を設置する上で、私の知人が必要だったのだと想像する。何よりも本人が、川越市の住民で勤務するのにも便利だとする面があったかもしれぬが、大学の看板になる教授である。私は、「やられた」、と思った。

この大学のことについて調べてみると、地方の小規模大学の生き方、特色の出し方を学ぶこととなった。約三千人の学生数の大学が、首都圏とはいえ、埼玉県の川越市にあるだけに地方大学といえようか。芸術情報学部は、この大学の創設以来、音楽を中心とする学部であったが、総合大学化へかじを切っている印象を受ける。

それだけに施設が充実している。コンサートホールを持つにとどまらず、防音仕様の練習室があったり、映像スタジオや録音スタジオまでも持つ。さすがに音楽に強い大学のことだけはある。教職員が、大学の将来の戦略目標を立てて、短、中、長期の計画をどうするか考えたとき、地域連携が重要となった。全教職員が、「地域連携を強化する」というテーマを共有することによって、学内施設を生かすことができるだろうし、川越市や近隣の自治体ともウィンウィンの関係を構築できる。

　川越市は、宿場町として古くから栄えた。江戸時代の街並みも残っていて、多様な名物もある。その川越市は、芸術文化で市民が憩う街づくりを目指していたので、尚美学園大と融合するのは自然の成り行きであったろう。毎年、尚美学園大は近くにある東邦音大とタッグを組み、二音大クラシックコンサートを川越市が主催して開催してきたという。この地方都市で、クラシック音楽を聴けるとはぜいたく、どれだけ市民にとって有益であろうか。

　大学は、ある意味ではシンクタンクである。人材がそろっているのだから、自治体が大学の協力を得るための有識者がいる。この人材との協力協定を締結することによって、市政のために役立つ。久保公人学長自身が、商工会の集まりに出席するだけではなく、もろもろの施策にも参画しているという。そうすることによって、大学人が地元の人たちとの顔つなぎになる。各種の催し物に学生たちも参加することにより、地域の人たちとの相互理解が生まれる。

　そうすることによって、学生たちが卒業するにあたり、地元川越市の団体や企業に就職するケースも増加する。地域の人たちとの濃密な交流、交際が信頼感を育み、学生たちも愛着を感じるようになる。合唱、アンサンブル、ダンス、各種スポーツ等も地域からの要請があれば披露する。これらの協力によって顔なじみができると、いよいよ学生たちは地元を好きになる。小規模大学であるがゆえ、小回りがきく。地元との交流こそが大学運営上も大切だ。

　この尚美学園大と川越市の関係を、例外と各自治体は捉えてはならない。大学だけではなく、地元にある高校、短大、専門学校等と自治体は積極的に交流を推進すべきである。生徒、学生たちが、その自治体の行事に参加することにより、その地域で己の存在感を高めようとする人材が出現する。出現するような企画を各自治体が立案できるか、どうかが問われている。せっかく、学校があるのだからその活用を本気で考えるべきである。

尚美学園大の取り組みが地域社会で理解され、学生たちが川越市内に就職する数も増加しているというから、川越市にも魅力があるということに尽きる。全国の自治体も川越市に学んでほしいものだ（参考、「全私学新聞」、令和二年六月二三日号）。

（二〇二〇・八・八）

Ⅱ　地域を変えるもの

一、教育面での地域支援

来年四月から、私ども日本体育大学は北海道網走市に付属高等支援学校を開校する。障がい者四〇人を受け入れる高校である。

ちょうど五年前、武部勤代議士（元自民党幹事長）から、「選挙区の高校が統廃合するので視察に来てくれないか」との話があり、副幹事長として仕えた義理もあって、女満別空港に降り立った。「東京から（意外と）近いじゃないか」との感想を持った。

北見市の統廃合が議論されている幾つかの高校を視察した。さすがに北海道の高校だけあって敷地も広々、魅力的に映ったことを忘れない。

視察後、武部代議士が歓迎パーティーを開催して下さり、私の隣に網走市の水谷洋一市長が座られた。「網走市にも高校が余っていますので、明日、視察して下さいませんか」という。で、網走市へ行く。女満別空港から車で二五分の地に立派な高校あり。私は、直観で「ここならいい高校になるぞ」と思ったのである。

北見市の高校は、地元や卒業生の反対などで統廃合は進まず、網走市に決定した。最初から日体大は社会貢献すべく特別支援高校を創設するつもりであり、北の大地に学校を得た。

網走市は観光地であるとともに、スポーツ施設や刑務所、病院などが立派で全国から地方公共団体の視察団が年中やってくる。その中に、わが日体大の支援学校も入れていただき、あたかも観光施設であるかの印象を受ける。

地方での学校経営は厳しく、少子化の波で私立学校は撤退に次ぐ撤退。そこで日体大は進出したのである。高橋はるみ道知事も喜んで下さり、諸々の面で協力をいただいている。

旧刑務所の農地を用いて労作教育を行う。土に親しみ、農業を実践し、食の確保から労働の大切さを学ぶ。次に全員にスポーツに取り組んでいただく。パラリンピックを目指し、夢をもってスポーツを楽しみつつ体力強化、特技をもち、自信を植えつけ、共生社会の一員になれるよう指導を行う。そして、情操教育を兼ねて、絵画、彫刻、陶芸、書道、音楽などの指導を行い、才能を発掘したいと考えている。

この三本柱で教育を行う特徴をもつ支援学校。オホーツクの特異な風土下で、新たな教育機関として、いよいよスタートを切る。

生徒募集を開始したところだが、全国から問い合わせがあるのがうれしい。学費も安く設定して、全寮制の経費もかなり抑えた。

オホーツク地方は、かつては「薄荷《はっか》」の産地だったのに人件費支出が大きいため、ほとんど生産されていないという。地域おこしのため、白アスパラとともに手間のかかる農業とも取り組む。網走市民の皆さんも協力的で、私どもの学校を支援して下さる。

地方に特殊性さえあれば、活気づく好例になると信じている。

（二〇一六・一〇・二二）

二、三笠宮さまと郷土史

一瞬、訃報に接して立ちすくんだ。いよいよ「昭和」が遠くなってしまった。

昭和天皇の末弟であられた三笠宮崇仁殿下が、一〇〇歳で亡くなられた。私ごときが三笠宮さまのことを記述するのは僭越で、不遜の誹りをまぬがれないが、お許しいただきたい。

私の部屋には、パネルにした三笠宮さまと私のツーショットの写真を掲げてある。もう四〇年も昔のこと、アフガニスタンから帰国した私に、当時の日本レスリング協会の故八田一朗会長から電話。「宮さまにアフガニスタンの話をしてほしい」とのこと。日本オリエント学会の会長であられた三笠宮さまは、私の撮った写真や体験に興味をもたれたらしいのだ。

アフガニスタンの秘境とうたわれ、古代ギリシア人の末裔たちが住む「ヌーリスタン」を踏破した私のことを、宮さまが私の著作でご存知であられた。私がレスラーであるので、八田会長を通じてご連絡をいただいたのである。家内を伴い、八田会長と宮内庁内にある三笠宮さまの研究室を訪れ、スライドをお見せしつつご説明させていただいた時の状況を今も私は鮮明に記憶している。

三笠宮さまは、「ヌーリスタン」についての知識は研究者らしく豊富にあられ、鋭いご質問を機関銃のごとく私に浴びせられた。アレキサンダーの東征の際の末裔たちが暮らすシルクロードのエアポケットたる「ヌーリスタン」、相当な知識と興味がなければ私などにお声がかからなかったに違いない。

次に直接お目にかかったのは、上野・高取焼で高名な福岡の高鶴元氏の窯場を三笠宮さまが訪れられ、茶室で高鶴氏のペルシア陶器のコレクションの説明をさせていただいた時だ。宮さまは、とくにペルシア三彩に興味があられ、唐三彩や奈良三彩についても語られたのを覚えている。高鶴氏はペルシアの古陶器についても研究され、作品に投影されていた作家ゆえ、宮さまが訪れられたのであろう。

さて、故八田一朗会長と三笠宮さまの関係は、八田夫人が宮さまとダンス仲間だったからだと耳にした。で、八田会長は宮さまに陳情したのである。「レスリングは、インターハイ種目に入っていません。普及させ強化するには正式種目に……」。で、三笠宮さまが優勝トロフィーをご寄贈され、「三笠宮賜牌・全国高校レスリング選手権大会」として、インターハイ正種目になり、第六三回を数える。そのトロフィーが、奇しくも私どもの日体大柏高に今あるのは、何かの因縁だろうか。

私をアフガンに派遣したのは八田会長自身であられた。新婚三カ月の私たちは首都カブールで三年間住み、私は四冊の著作をものにした。さまざまな貴重な体験をすることができた。

どんな地方にも、立派な歴史と文化がある。特徴もあろうし、特産品だってある。その地ならではの方言や伝統もあろう。それらを平易な文章で、おもしろく紹介してくれる著作がない。郷土史は、研究者には大切だが、おもしろくない。素人の私の作品に三笠宮さまが興味を示された。この事例は、地方社会にとって示唆するものがあろう。

（二〇一六・一一・一九）

三、首長のキャラが地域を変える

各自治体の首長によって、その自治体の政治、政策が大きく左右される。最も大胆でおもしろい自治体は島根県の隠岐の島にある海士町で、山内道雄町長のキャラクターがまぶしい。負けないくらい行動的で、キャラクターを印象づけて市を売りまくるのは、岡山県美作市の萩原誠司市長であろう。

幾度も、ほぼ呼び出しを受けるようなかたちで、この美作市を訪問した。

平成大合併で六つの町から美作市が誕生、その初代市長に萩原氏が就任するや改革に次ぐ改革、おそらく市議会の皆さんも激しい動きに閉口しているに違いない。

しかし、それくらい敏感に動き回らないことには、岡山県の山々に囲まれた新しい市は間違いなく過疎化を進行させるだろう。その危機感が市全体にあり、何をするにも熱心、しかもスピードがある。

もとより湯郷という古くからの温泉地があり、岡山の奥座敷ではあるが、市はその観光地だけでは満足せず、さまざまな政策をうたい上げている。鹿による農業被害が多大であることを逆手にとって、市は鹿肉の処理場を作り、そのジビエを市がレシピつきで売りまくる。高級感があり、とてもおいしくて好評だった。年間、三千頭を処理するというから企業並みだ。

そう、湯郷を中心にして美作市は、女子サッカーのなでしこリーグ一部チームの「岡山湯郷Ｂｅｌｌｅ」を支援している。この地方にあって、日本一の座に就いたこともある名門、市民たちが必死で応援する姿は、プロ野球の広島カープを彷彿とさせる。

米の評判もいい。昼夜の温度差があるうえに水がいいのだという。やはり市が中心になって営業しているようで、自慢の産品だ。

しかし、農業従事者が減少気味と察すれば、市長らがベトナムへ飛び、農業研修でベトナム人を招来させている。国の政策を市が先頭に立って先どりする。首長には、見識、度量、知恵が求められようが、行動力も大切であることを学ぶ。

萩原市長は高級官僚、岡山市長、代議士の経験があるゆえ、そのキャリアを生かしていて、豊富な人脈を使いまくる。で、私もたいして役に立っていないが協力させていただいている。この市長は、人を上手に使う名手だ。

Ｆ１レースのできるサーキットをもつ市としても有名である。山間部に位置し、車の爆音も騒音被害をもたらさない利点は大きい。風土をうまく利用して新生美作市をアピールする。剣豪・宮本武蔵の妻・お通の生誕地、少林寺拳法の創始者宗道臣氏の生誕地としても知られ、それらにまつわる行事や大会で人を呼ぶ。ラグビー場を設置して、Ｗ杯ラグビーの合宿地としても手をあげる。

企画力があり、日体大も美作市へ進出すべしと尻を叩かれている。市長の強い押し、市のために、市民のためにという使命感が、第三者の私たちにまで伝わってくるのだ。

（二〇一六・一一・一六）

四、外国人の積極的な受け入れを

半世紀前にさかのぼる。日体大を休学して米国・デトロイトから北上して六〇マイル、エピシランティ市に二年近く暮らした。州立東ミシガン大留学のためである。当時、一ドル三六〇円、教師の初任給は二万五千円だった。国外へ持ち出せるのは五〇〇ドルぽっきり。

留学費用は、学費・寮費で年間一五〇万円が必要。裕福な家庭の子弟でなければ、米国留学は高嶺の花。それでも留学できたのは全額奨学金を大学から受けたからだ。特技のレスリングによる競技者特待生である。

丸っきり英語のできない私を、旧師範学校として伝統のある大学が文句なしに受け入れてくれたのである。この国は、万能を平等に評価し、一芸を重視する。メキシコ五輪の候補選手で、全日本学生チャンピオン、全日本二位という戦績をもつ私に留学機会を与えてくれたのである。夢を見ているほどにうれしかった。

エピシランティ市は人口一〇万の小さな町。初めてやってきた「ジャップ」（日本人野郎）で、珍しい存在。敗戦国で敵国だった日本人の地位は低く、差別を受ける空気が充満する時代だった。トヨタのコロナが輸出された頃だが、日本車を見ることはなかった。

小さく地元の新聞に私の紹介記事が載ると、あちこちの小学校から声がかかる。何も教えることができないので、下手な英語で折り紙を教えた。新聞を切って教材にすればぱ、信じられぬほど喜ばれた記憶が脳裏に浮かぶ。

私の国際交流体験のプロローグといってよい。米国人は、異文化に興味があり、それを取り込もうとする積極的な姿勢が見られた。米国とはいえ、地方の小さな町の人々は、異文化に飢えている印象を持ち、留学生の活用に熱心なのには閉口するほどであった。

やはり移民の国、多様性を認め自分たちの持たないモノを探しているかに映った。が、半世紀後に登場したトランプ大統領の演説は、孤立主義に走ろうとする、かつての米国を否定するかの内容。寛容さを忘れた大統領、私の米国像が崩れつつあるのが悲しい。

日本では、ロータリークラブやライオンズクラブは、留学生を招いたり、送り込んだりして、交流を行事化させている。けっこうなプログラムであろう。だが、その留学生を上手に生かしているのかどうか疑問である。語学でもいい、民族舞踊でもいい、互いの文化を交換することを忘れてならない。その体験は親日家を作るばかりか、国際化に役立つ。

さて、自治体の仕事は細分化され、専門的な知識や技術が求められる時代に突入した。けれども、平等、民主的という美名のもと、職員採用は一元的である。米国の大学の器量からすれば、普通の人材しか役所が認めないという図になる。万能の人間なんて存在するとは思えない。一芸を評価して職員を採用する自治体の出現を望みたい。

そして、自治体が留学生のための奨学金制度を設けるべきだ。国際化の第一歩は、子どもたちの中に異文化をもつ外国人を入れることから始めるべし。

グローバル化する社会に自治体が率先して取り組まなければ、江戸幕府の鎖国政策と同じではないか。維新政府は、外国からお雇い教師を多数招聘したことを忘れてはならない。

（二〇一七・五・一三）

五、第二次民芸復興運動を

先日、西洋画家の第一人者たる絹谷幸二画伯のお宅におじゃました。驚いたのは、二匹のまっ黒な大きなラブラドールに歓迎されたことよりも、応接間にある木製の家具だ。みごとな幾何学模様の彫刻が全面にあり、しかも古色蒼然とした艶ある横長の大箱。

私は瞬時に、風葬のための棺だと察した。大小二つあり、一流芸術家の応接間にはふさわしいではないか。画伯に「この棺はアフリカのどこの物ですか」と質問した。

「エッ、これは棺ですか」と画伯。奥様は「棺だとは知っていましたが、どこの国の物かは存じません」という。

「道具屋さんが持ち込まれたので、サイドボードにいいと思って買いましたが、棺とは耳にしませんでした」と画伯がおっしゃる。夫人だけが聞いていた様子、おもしろいご夫婦だと感心した。

美的要素が高ければ、たとえ棺であろうとも芸術品であろう。私にはアフガニスタンの風葬について知識があるので、木製の箱の元来の目的を理解していた。このように一流画家の部屋に置かれると、棺という民芸品も立派な芸術作品に見えるから不思議だ。

で、かつて民芸運動を展開した柳宗悦を想起する。私は息子さんの故柳宗理氏と親しかった。

宗教や地域によって死体の扱いは異なるにつけ、風葬や鳥葬の儀式を持つ所は多くはない。私の暮らしたアフガニスタンでも、ヌーリスタン地方だけが非イスラムで風葬だった。

実は、私も同様の棺を二個購入して持ち帰った。木彫が素晴らしく、素朴ではあるが手作りで組み立て式。家内に「気持ち悪い！」、と言って叱られたけれど、貴重な人類学的資料だし、芸術性に富んでいたかに映ったので現地の骨董屋で安く買った。

棺の内側は死体の腐った痕跡で汚れていたため、ペーパーをかけて痕跡痕を必死になって消したのが懐かしい。人類学者や民族学者、芸術家しか興味を示さないだろうが、私もインテリアには最適だと感じ入った。十分な器具、道具のない未開の地で、こんなに立派な棺を製作したものだと感じたばかりか、彫刻の芸術性に魅かれた。

風葬とは遺体を屋外に置いた棺の中に入れフタをして鍵をかける。腐敗した遺体の汁が四本の足に伝わり大地へと流れる。やがて骨と髪の毛だけが箱に残る。再び死者が出ると鍵を開けて、遺骨を横に寄せてまた入れる。なぜ、こんな風習があるのか疑問に思ったが、埋葬すると動物に掘り起こされて食べられるからと聞いた。が、その理由は定かではない。

古代エジプトのミイラ、中国のミイラも同様。墓泥棒や野獣の掘り起こし防止のために、遺体を隠すように保存したとされる。火葬の発想など、なかったのである。

名もない土地の住民が、伝統に則って手作りした棺、死者に敬意を表し、まごころを込めて製作したに違いない。材質は楠またはヒイラギ科のバルトーカシなど、悪臭を消し虫を寄せつけず、硬くて腐りにくい樹木を用いる。

柳宗悦は、全国の伝統的な民芸品に芸術性を認め評価した。日常雑貨品の中に、無名製作者の実力を称賛し、民芸運動を展開した。私たちは今、第二次民芸運動を始めねばならぬ。別府市の竹細工、海南市の漆塗り、貝塚市の柘植細工など、各地に埋もれた芸術品がある。再発掘してライトを当てるべし。

（二〇一七・五・二〇）

六、美しいチュニジアの街並み

あの〝アラブの春〟の発火点となったチュニジアを訪れたことがある。街の美しさ、郊外の美しさは特筆すべきもので、機会があれば再訪したい国。イスラム教国ではあるが、それほど宗教色を感じず、美しさだけが脳裏に焼きついている。

私の部屋に大きな黄色を基調にした両耳つきの壺がある。ギリシャ・ローマ様式のリュトンの形をしている。緑と茶の小さな線状の文様が飛び、ペルシャ三彩を想起させる壺。唐三彩の影響を受けておらず、砂漠の風土をモチーフにしている印象をうける。大きさも色もよし、何よりも底のとがったリュトン型の非日常的な形がいい。古代からの伝統をほうふつとさせる。

首都チュニスには、骨董屋らしき店、陶芸品店が軒を連ねるから楽しい。同行してくれたのは、大使館の井ノ上書記官。アラビア語の使い手として、彼は外務省の若きエースだった。中東の店の品々には値札がついていないので、買物には骨が折れる。私は値切るのが得意な技術とイスラムの習慣を体得しているゆえ、あんまりボラれた経験がない。

それほど古い壺ではないが、私は瞬時に欲しくなった。交渉は三〇分も続く。難クセをつけて値切る。店主は閉口してサジを投げ、約三万円で私の物となった。エキゾチックな壺、陶器好きの人なら感心してくれる。

実は、この壺には、悲しい物語がついてきた。後述するとして、チュニジアは陶器の国、色彩の国であることは、なぜかあまり知られていない。どの建造物にもタイル装飾が施されていて、そのデザインや色彩感覚に心を踊らされるのだ。内装の腰板がわりに丁寧にタイルが貼られ、和ませてくれるのもいい。

郊外を車で走る。立派な家屋も、一般人の質素な住居も、すべて同色で統一されているのには驚いた。壁は深海の紺色、窓枠は白という具合で美しい。住居をここまで色彩で統一できたのは、相当な政治力が働いたにちがいない。が、ともかく美しい。絵画の中を走っているかの錯覚、忘れることはない。

数年前、横須賀市は、屋根や壁の色を限定する条例を作った。落ちついた色彩の街にしようとする試みだったのだろうが、一色でないため、それほどのインパクトはないかに映る。全て自由の日本では、難しいのだ。

江戸時代までの日本の家屋は、黒い屋根に漆喰の白壁が常識だったので、街並みは美しかった。山口県柳井市の白壁通りが保存されているが、やはり美しい。日本人にも昔は美しい街並みを作ろうとする思考があったのだ。

一度は、チュニジアを旅していただきたい。独得の美しさに虜にされるだろうし、世界遺産のカルタゴを観光するのも楽しい。欧州、とくにパリの街並みのごとく、街づくりも法律で規制するのも一考だが、強い条例で個性的な街を作ろうとする気概がないのは残念だ。

さて、私のチュニジアの壺は、井ノ上書記官のはからいで、日韓W杯サッカーに出場したチームが届けてくれたのである。書記官とは、ヨルダン国王との会談でも通訳を務めていただいたのが最後。しばらくして、イラクで奥大使と共にテロによる銃弾に倒れた。悲しい訃報、壺を観て手を合わせるしかなくなった。青山葬儀場でお別れしたが、壺が遺品となってしまった。合掌。


（二〇一七・一〇・一四）

七、体操の普及を考えよう

皇居に招かれる際や園遊会に招かれる招待状には、必ず「ドレスコード」なる服装の指定がある。男性は紋付き袴、もしくは燕尾服かモーニング。女性はロングドレス、または留袖とある。ここでいう留袖は色留袖を指す紋入りだ。時に黒留袖を着用して、うつむくご婦人は気の毒の一言につきる。

わが日本人の民族服は着物である。世界中の民族には特有の独得の民族服がある。とくに女性の民族服姿は、その民族の女性を最も美しく表現すると私は決めつけている。で、日本女性にとっては、着物姿は文字どおり「馬子にも衣装」。

京都などの観光地では、外国人がレンタルの着物をまとって闊歩しているけれど、着こなしの大切さを教えられる。日体大に先日、北京体育大の新体操チームがやって来た。「着物が着たい！」、口をそろえて言うので、家内が六着も用意して期待に応えたが、どうも憧れの衣装になっているようだ。

各民族の民族衣装は、女性を美しく表現する。着物同様、民族衣装にはピンキリがあるけれど、外国人には判別できぬにつけ、民族服姿は魅力的に映る。だが、この美しい民族服着用は、悲しいことに、苦しいらしい。これも世界共通のようで、「美」の裏には「苦」が同居している。

昔、スウェーデン、デンマーク、オランダ等の北欧諸国の若い女性たちは、腰をうんと細くした民族的なドレス着用が一般的で、女学校の制服もドレスであった。だから北欧女性の美しさは格別、特筆すべきものだった。

しかし、女生徒たちは、「萎黄病」（どうも貧血らしい）に苦しむ。その原因は、太陽にあたらないためのビタミン不足、生野菜を食しないためのビタミン不足といった北欧独自の結論を導き出す。本当は、ドレスで腹部を必要以上に強く締めつける流行があって、血流が悪いだけなのに、彼女たちは「美」を優先し、ドレス着用をやめずにいた。

伝統的民族衣装のドレスとはいえ、女性たちのこだわりは強烈で、男性の想像は及ばない。そこで、P・H・リングというスウェーデンの学者は、「体操で健康を取り戻す」と主張し、スウェーデン体操を創作した。ドレス着用のままできる体操で、やがてデンマークやノルウェーにも伝わり、盛んに親しまれるようになる。

昭和六年、玉川学園の創立者である小原国芳は、私財を投じてスウェーデンのオレロップ体操学校の生徒や指導者を日本に招待した。各地で実演会を開催し、体操を紹介したのだ。その映像が日体大図書館にあるが、簡単で容易なもの、でも珍しかったのである。

リングは、「体操の父」とも呼ばれ、弟子であるリーランド博士が明治初期にお雇い教師として来日、体育を指導した。その頃、リングの体操はアメリカにも伝えられ、メトロポリタン生命会社がスポンサーになって、ラジオで毎日放送された。ラジオ体操の始まりだ。

で、日本へも伝来、ＮＨＫラジオは、毎朝、今もこの体操を放送中。スカート姿のままで体操ができる手軽さ、全国民が体を動かすにはラジオ体操は重要である。

そこで、住民を健康にするための大作戦のひとつとして、体操の普及を考えるべきである。長崎県島原市をはじめ、多くの自治体が日体大に「住民体操」を創作してほしいとの要望があり、期待に応えてきた。医療費支出負担の軽減、それは住民に体操をさせることから始めるといい。（二〇一七・一一・四）

八、「クラブ」組織を見直そう

どの地方の「ライオンズクラブ」や「ロータリークラブ」も、会員数の減少で苦戦中。その地域社会の諸々の実力者たちが、平和を求めて、安穏を求めて、社会貢献と地域力の向上を支えるために偉大なボランティア精神を発揮してくれている。

数々の行事をバックアップし、社会のサポーターとして活躍してくれている現実を知っておかねばならない。しかも国際的組織ゆえに、留学生の受け入れや派遣も行う。メンバーの毎年の金銭的負担も大きいが、毎週集う時間的消費も大きい。で、景気が減退すると、どうしても会員が離れてしまう。

かかる名だたる組織は、全国にあるのだが、意外に他府県のクラブとの交流が薄い。多忙な会員が多いからであろうか。外国との交流は時々行うが、国内の横の連携が弱いかに映る。連携を盛んにすれば、互いの地域の活性化にも寄与するに違いない。

「ライオンズクラブ」のアクティビティは、柔軟性にとみ多彩である。このアクティビティこそが、そのクラブの特色であるかもしれない。私の主宰する日本アフガニスタン協会は、東京・九段ライオンズクラブから、八年前より支援を受けている。当初は、首都のカブール国立博物館に美術・芸術図書がないため、この寄付を行うために多大なご協力をいただいた。三回にわたり私自身が届けたのである。

で、九段ライオンズクラブの諸行事には、私たちの参加は当然ながら、特命全権大使も参加するようになった。五年前から河川敷（多摩川）にある日体大荏原高の野球場を借用して、アフガニスタン大使館と当協会が凧上げ大会を実施している。凧上げがアフガニスタンでは最大の風物詩なのだ。九段ライオンズクラブのメンバーたちは、物心両面にわたって絶大な協力をしてくれ、意義ある国際交流の場となっている。参加者は年ごとに増加し、大田区の名物になりつつあるのがうれしい。

子どもたちは、喜々として親子で凧上げに興じ、家族そろって寒空のもとで遊ぶ光景は、実にほほえましい。アフガンの国民的行事である凧上げ、地域の幼稚園等で凧作りを指導して参加者を増やしつつある。地元の商店街も協力して下さり、九段ライオンズクラブの会員たちの協力が起爆剤となって大行事となった。

特色あるアクティビティであれば、どのクラブも応援してくれるに違いない。クラブ自体も特徴あるアクティビティを探しているのだ。各自治体の入り口や役所の前には、種々の立派な標語の看板が立つ。たいていは、ライオンズかロータリーの寄贈である。

自治体が地域に根ざした特徴あるアクティビティを考案し、協力を仰げばよい。この力ある組織を無視せず、味方に引き込む努力をすべきだ。クラブは、紳士・淑女集団である。永続性のある地域活性化に寄与するアクティビティを待っている。

九段ライオンズクラブは、毎年の春先、日本武道館周辺の樹々に、地元の子どもたちを巻き込み、小鳥の巣箱を設置する。都会のド真中で野鳥を増やす戦略、ライオンズらしい環境教育であろう。千代田区も協力、歓迎されている。

自治体は、これらのクラブの崇高な理念をよく理解していないのか、それともメンバーの人嫌いなのか、ただの組織としか解していないように見える。見直すべきだ。クラブの会員たちは、意気に感じる感性をもつ強力集団であることを、私は肌を通して知っている。

（二〇一七・一一・二五）

九、特産野菜の販売を増やす

私は植物学者でも農家でもないので、その面の知識は皆無。それでも書きたいのだ。「ナス」が正確なのか「ナスビ」が正式な呼称なのか知らぬが、この「ナス」について書く。

私の故郷は大阪府泉佐野市、いわゆる泉州地方だ。この地の昔からの農作物は、「ナス」と「玉ネギ」であった。「泉州玉ネギ」の生産高は日本一だったが、淡路島に抜かれ北海道北見市にも抜かれてしまった。東京で暮らす今、玉ネギはスーパーで買うしかないが、泉州人にとっては買うなんて考えもしなかった。好物で健康食品であるがゆえ、毎日玉ネギを食するが高いのにハラが立つ。

小さい頃から「玉ネギ根性」で頑張れと励まされた。玉ネギは、地に置けば、どこでも根を出し、芽を出す。腐ったなら、鼻をつまままねばならない悪臭を発して存在感を示す。私の性格は、いや人生は、玉ネギそのものだったと密かに述懐する。

さて、泉州の「水ナス」は、あまねく有名となり全国的に人気も高くなった。浅漬けの珍味は、山形県の庄内野菜である「民田ナス」の辛子漬けにも負けぬくらいだ。全国には、多様な特産ナスがある。三〇センチもある長ナス、大きな加茂ナス、新潟県の長岡の伝統野菜である巾着ナス、梨ナス、八石ナス等、種類は豊富だが、明確なのは料理の方法ではなく、加工したナスが有名になり販売力を増すということ。

初夏から初秋まで、毎朝のように母親のヌカに漬けた「浅漬け水ナス」を食べさせられたことを忘れない。ところが、近年、この泉州の「水ナス」は高級品になってしまったのだ。ナスやキュウリは、花をつけただけ実をつける。庭に三本もナスを植えると、毎日、食べねばならぬほど実がなる。「親の小言とナスの花は、千に一つも無駄はない」と教えられたとおり、毎日のナス攻めに苦しむ。

私たち地元の者は、浅漬けも好むが四、五日漬けた古漬けのすっぱい味も好む。が、他地方の人たちは、浅漬けを好む。二、三日のヌカ漬け、これがうまくて全国的に売れている。まさか、地元の「水ナス」が、こんなに売れるとは想像できなかった。

山形県鶴岡市の特産である「民田ナス」は、たったの二〇グラムでピンポン玉よりも小さい。コロコロ転がるほどに丸くて可愛いナス。このナスも一本の苗で二〇〇個以上の実をつけるらしい。花をつけただけ実をつけるのは、どのナスも共通しているようだ。

「水ナス」の特徴は、「ナス紺」の美しさ。包丁を使用せず手で裂いて食べること。包丁を用いると、ナス肉が茶色に変色してしまう。ヌカ漬けのヌカに個々の隠し味あり、秘伝がある。ただ、ヌカに漬けるだけの単純さだ。が、「民田ナス」は、手間をかけている。塩漬けにしたり、酒粕と混ぜて塩抜きをしたり、数々の工程がある。しかも同時に和辛子を栽培せねばならない。和辛子の粉を練って酒粕と砂糖を加えて味つけをする。そして酒粕を落とす。これほどに手間をかける「民田ナス」。

このことは、特産の野菜というだけでは売れず、加工することが大切だと教えてくれる。いや、生では日もちしないこともある。調理方法よりも加工品をいかに製作するかを考える必要がありそうだ。

狭い日本でも風土、地質によって農産物が異なる。しかし、珍しいというだけでは売れず、加工品を考えねばならない。これらの研究は、農家にまかせるだけではなく、自治体が開発のために協力すべきだと思う。


（二〇一七・一二・二）

一〇、町内組織の活性化を

小学生の頃、毎年の学芸会が楽しみだった。学区内の老人会や婦人会の人たちも、朝早くから講堂に弁当持参で満員の盛況。私たちは練習してきた劇を、俳優よろしく演じた。主役は無理だったが、脇役でもおもしろかった。

近年、少子化で小中学校のクラス数が減少し、運動会や催し物は低調の様子。なんとなく寂しく感じる。やはり人数が必要なのである。小中学生が不足なら、学区内のあらゆる団体を巻き込んで、大人、住民も参加する催し物に衣替えしたらどうだろうか。

酒屋のオジさんや八百屋のオバさんも出演する劇なんて、想像しただけでも楽しくなる。小中学校の校長は、先頭に立って音頭をとり、町ぐるみの催し物にすればいい。学校は聖域と決め込み、一般人はＰＴＡだけの参加。これでは盛り上がるはずもない。

どこの町も最近では婦人会なる団体は崩壊しているという。リーダー不在に加え、婦人たちもめいめい活動するためらしい。

求心力がなくなり、諸々の町内の組織が成り立たなくなってきた。しかも他地域からの流入人口が増加し、組織力が弱まっているのだ。

私も町内会（自治会）に入っていたが、何年かに一度は役員を引き受けるという条件がついていた。で、その役員の番が回ってきた。出張が多いので迷惑をかけると辞退を申し出ると、退会しかないと通告を受けた。

神社の行事や祭り、火の用心の寒い時の行事、町内の草引き。けっこう役員は多忙で、犠牲的精神を強いられる。時間があれば、私もやりたいが期待に応えられない。以後、町内会費の徴収もなし。

いろんな条件をつけなければ、組織を維持できないのは理解できるにつけ、追放などしない知恵だってあるだろうと思う。ともかく町内の人との交流がなくなった。新興住宅街の特徴であるのかもしれない。

自治体は、かかる組織に口を出さない。町から出ている議員も後援会作りはしても、町内の活性化については行動しない。町は変容し、昔の考えでは動かない。そもそも、結婚相手の「聞き合わせ」なんてないし、葬式だって交際がなければ出席せず、町の人たちとの出会いもなくなってしまった。

同じ宗教の信者たちだけが交流する地域社会へと転じて久しい。欧米では圧倒的に多くの人たちはキリスト教徒、教会に出向いて諸々の行事を共に行う。コミュニティを崩壊させたニッポンとは異なり、宗教の絆が太くある。

小中学校を中心に町内会等の組織の活性化に本腰を入れないかぎり、地域コミュニティが死んでしまう心配をする。各自治体は、その種の研究をすべきである。故郷に愛着を持たない人が増加すれば、過疎化に拍車がかかる。今後は、いくつもの地方自治体が消えると試算されているのに、その対策に本気になって取り組まないのは残念だ。

私は、故郷の自治体の顧問をしていて、諸々の協力をしている。中学校の入学式や諸行事に参加しているが、市役所に活気がみなぎっている。中央に出て住む出身者を巧みに利用し、愛郷心を喚起させ、特産品の宣伝もさせ、広報の役割もしてもらう。

私は「観光大使」ではなく、故郷の「広報マン」でもある。「ふるさと納税」だけのアイデアでは不十分だ。


（二〇一七・一二・一二）

一一、わが町の歴史を観光資源に

花の都パリを幾度も訪れた。ギメ博物館を訪れ、中央アジアの貴重な出土品に接するたび、文化大国フランスの凄さを識《し》らされる。先日、セーヌ河沿いの地下鉄カーデナルモリーネ駅のすぐ側にある国立自然史博物館に初めて歩を進め、動植物の進化について考える機会があった。かつて、ガラパゴス島を旅し、進化論に興味があったので、三日間もこの広大な博物館に通った。そのおかげで、すぐ近くにある遺跡の存在を偶然に知ることとなった。

「リュテス円形闘技場」だ。パリ第六・七大学の近くにあるが、マンション群の谷間に、ほぼ原形をとどめる。日本版観光ガイドブックに記載されていないからか、日本人の姿はなく、英語版ガイドブックを持つ旅行者がポツポツ訪れる。おしなべてローマ史ファンの外国人に限られている印象を受けた。

一九六九年、マンション建設工事中に発見されたという。パリに存在するローマ時代の唯一の遺跡で、一見の価値がある。フランス各地方にも円形競技場は遺ってはいるが、パリという大都会の真ん中にもあるとは驚きであった。

解説によれば、BC一世紀のローマ時代の建造ゆえ、ローマのコロッセウムよりもやや古い。一三二メートル、一〇〇メートルの円形で、周囲に石段の観覧席も遺っていて、市民たちの憩いの場として使用されていた。

あちこちのローマ時代の円形競技場は、立派な石積みの観覧席を持ち、数万人の観客を収容するほどの偉容を誇るのが一般的だ。権力者のパワーを見せつける装置でもあるため、奴隷たちに造らせたのであろうが、このリュテスは一七〇〇人収容の小規模な競技場。公園として開放されていて、少年たちがサッカーを楽しみ、老人たちがペタンクを楽しんでいた。

周囲に大樹が繁り、競技場を囲む形で森となっていて、外からではこの遺跡に気づかない。しかもルーモンジュ通りの建物の背後に位置するので容易に見つけることもできず、住民もローマ遺跡と知らなかったりする。

発見されるまでは、大富豪の邸宅が建っていたそうで、玄関となる入り口の巨大さと見事な装飾が訪問者を圧倒する。邸宅建設のためにこの遺跡を埋めたらしいが、なぜ埋めたのか不思議に思うしかなかった。カルチェ・ラタンという文化と学問の地のすぐ近くにあるこの歴史的遺産を、パリの人たちはなぜ軽視したのだろうか。フランス人たちにとっては、このローマ遺跡は邪魔だったのだろうか。

誇り高きフランス人は、ローマに支配されていたという痕跡を消し、フランス文化一色のパリにしたかったのだろうか。近くにある世界的な自然史博物館を持つパリ、小規模なローマ文化の象徴は、もしかすると目障りだったのかもしれない。たとえ目障りであろうとも、歴史は後世に伝える義務が現代人にはある。

私の育った大阪府泉佐野市には、紀貫之が訪れて歌を詠んだとされる蟻通神社があり、朝廷の幹部だった王子が休憩された碑が建つ。また、豊臣方の武将で大坂夏の陣・樫井の戦いで命を落とした塙団右衛門（直之）の墓もある。その前には、塙の僚友であった淡輪重政の立派な墓も建つ。わが郷土の名所、歴史ファンが訪れるのがうれしい。

わが町の歴史を掘り起こし、大々的にアピールして観光資源にすべきであろう。どの自治体にも歴史があるではないか。

ところで「リュテス円形闘技場」について、研究して下さる研究者がおれば、と期待を寄せる者である。

（二〇一八・一・五）

一二、埋もれている「宣伝すべきもの」

先日、『春画入門』の著者である車浮代さんと話す機会があった。書店でこの本を手にとったが、買う勇気がなかった。各紙の書評欄で「春画鑑賞の手引きに最適」と書かれていたものの、興味がありつつも手にはしたがレジまで運ぶ度量なし。人類学を少しかじった者としては、失格であろうか。

なのに、愛媛県宇和島市にある多賀神社へ行ってきた。健康・子授けの神社として地元では有名なのだが、この神社は別称「凸凹寺《デコボコデラ》」といい、親しまれている。スポーツ人類学者の私は、古代からの宗教と身体観、宗教と遊戯、宗教とスポーツの関係等を研究し、博士号を得た。で、どうしても訪れなければならない神社であった。

「凸凹寺」の意味は、男女の交りを指し、その世界的資料が一〇万点に及ぶ。古代から学術的にはコイトス(性器信仰)と呼ばれ、多産・安産を願う最も人間らしい信仰といえる。ありとあらゆる風俗資料が三階までビッシリ、しかも説明も詳細で、博物館の体をなしていた。もちろん春画だってある。性的風俗のコレクションという極めて特殊ゆえ、それほどの評価を得ていないようだ。日本人の閉鎖的性格からすれば、納得もできるが一見の価値あり。

遠くからも参拝者があるという。外国人夫婦や芸術家風の参拝者に交って、私も熱心に鑑賞して回ったが、この膨大なコレクションには脱帽するしかなかった。境内の粟島神社は、婦人病に効果があるといわれ、異彩を放つ神社ではあった。神社や寺の多い宇和島だが、市は多賀神社を特殊ゆえか表面上、売りにしようとはしていない感じ。おそらく、コイトスに関する知識が希薄で恥ずかしいものと決めつけているのかもしれない。私が『春画入門』を買えなかったように、だ。

現在では浮世絵の春画も大英博物館で記録的な成功を収めたことでも理解できるごとく、芸術と評価される時代である。芸術や他の文化にも陽と陰がない世相にあって、私たちの心も開放的でなければならず、偏見をもってはならないようだ。貴重なこのコレクションは、売り出す方法によっては観光の目玉になる可能性をはらむ。

車浮代さんは、若い女性である。大阪芸大を出て浮世絵の摺師に興味をもち、浮世絵の解説書でもある『春画入門』にたどり着いたらしい。江戸時代、大名家や裕福な家の嫁入り道具として春画絵巻を持たせる習慣があったから、一流の喜多川歌麿や鳥居清長等までもが競って春画を描いたのであろう。葛飾北斎のものは最高傑作とされ、浮世絵師の一門は大きな収入源としてきたという。

どこの家にも、どこの町にも、風変りな物や場所がある。古くから恥の文化に支配されてきた日本社会にあって、それは活字にできず、宣伝すべきものと考えることも許されずに現在に至ってはいないだろうか。かかるせっかくの財産が埋もれてはいないか、チェックする必要がある。宇和島の多賀神社は、その典型的な一例だと感じ入った。

若い学究時代、フィールドワークで訪れたパキスタンのハラッパーの広漠としたインダス文明の遺跡をウロウロしていると、「このテラコッタを買ってくれ」と地元の子どもの悲しき声に接した。赤茶色のテラコッタは、顔と膝下部分の欠落した女体像。ガラクタ出土品だったが、ポッコリと盛り上がったお尻の肉づき表現がたまらず、即決、私は買った。

インダス文明はリンガム（男根）とコイトス信仰の強い原始宗教をもっていたため、妖艶さたっぷりの女性像（地母神）が多数出土する。少子化防止の策にはならなくとも、私たちにはタブーを破る勇気も求められている。


（二〇一八・一・一三）

一三、獣害対策を考える

猿が都会に出没した。猪が高校に潜入した。熊が鶏舎を襲った。こんなニュースは珍しくなく日常のものとなっている。おそらく、この野生動物の棲息する山々に餌がなく、人の住む地にまで降りて来ざるを得なくなったに違いない。開発が進み、動物の生態環境が悪化しているに加え、動物保護運動が徹底されたがため、異常に繁殖した理由にもよろう。都会で人と野生動物が共存する外国の例は枚挙にいとまがないにつけ、日本では難しい。

先日、友人に鹿肉をごちそうになった。ヒレサシもステーキも美味。「ジビエ」、これが食卓で普通に食べることができるようになれば、間違いなく鳥獣被害を減少させることができる。困っているのは、野生動物の都会出没よりも農作物被害であることを知れば、その駆除について本気になって取り組む必要性を認識する。

大日本猟友会の佐々木洋平会長とは二〇年来の親友である。話に耳を傾ける。「鳥獣害対策は取られてはいるが、被害額は減らない。愛護団体の存在価値は認めるが、年間、二〇〇億円を超す農作物の被害がある。あらゆる野生鳥獣の生息数を減少させる必要がある。さりとて、地元の猟友会の会員の皆さんの協力を得るしかないのが実情だ」と熱く語る。

狩猟免許所持者は約二〇万人だが、これだけの人数では追いつかないらしい。猟友会員は愛好家ゆえに有害鳥獣駆除を無理に依頼することもできない。日本は銃規制の最も厳しい国ゆえ、猟銃といえども自由に手中にはできない。地方の公務員、消防団員等に狩猟免許を取らす工夫をし、駆除協力者を増加させる知恵が求められている。

徳島県のみかん農家の若い経営者たちは、罠によって猪を狩り、その肉を販売ルートに乗せて成功させている。鹿、猪、猿、熊、そこへ外来のアライグマとハクビシン。これらは異常に繁殖し、農作物と林業に大被害をもたらせている現実に注目し、駆除策を練らねばならない。自衛策を施してもたいていは野獣の知恵に負けてしまうらしい。

佐々木会長は、「地方の自治体に就職する学生も多いのだから、日体大生に狩猟免許を取らせてほしい」

という陳情あり。が、学生となると一筋縄ではまいらず、面倒くさい手続きに閉口するしかなかった。いくら免許を手に入れたとしても腕前に差があろうから、駆除対策に自治体が真剣に取り組む策が求められる。猟銃技術のほかに罠技術もあるが、何もかも規制があって自由ではないのだ。

有害鳥獣駆除を行うと自治体から報償金が出る。しかも肉や皮も資源として得ることになる。「ジビエ」料理を欧州並みに普及させ、一般的な家庭料理になればいいと考えるが、処理場の問題や販売ルートの確立等、自治体がらみでないと進行しない。しかも鹿肉を安定供給できないことには販売も容易ではない。自治体は農協とタッグを組み、これらの研究をすべきではないか。地方再生予算を獲得して、処理場建設についても考えるべきであろう。

毎年、全国で捕獲される鹿や猪は約一〇〇万頭だとされる。それでも繁殖のスピードに追いつかず、すでに日本列島は野生動物の楽園になっている。国会には獣害対策の議員連盟があるにつけ、各自治体にまで駆除運動が浸透していない。環境省は、生息数を半減させる目標を立ててはいるが、猟友会頼みだとしたなら、達成は困難だ。おいしい農作物の味を一度でも野生動物が知ってしまえば、山に餌があろうとも農地を狙う。

農地に野生動物が寄りつかないようにする「予防」、柵で囲む「防護」、そして銃や罠による「駆除」、これらの方法でしか効果が実らない。自治体よ、目を醒ませ。

（二〇一八・二・一〇）

一四、日本風肉料理の専門店街がほしい

大阪の父親が上京してくると、決まって銀座の有名なステーキハウス・スエヒロで腹一杯、食べさせてくれた。レスラーだった私は、ステーキこそ最大の好物。学生寮の食事では、せいぜい肉ジャガ止まり、牛肉に飢えていた。

私の祖父は馬喰であった。門は馬に跨がってもくぐれるほど高く、門の左右は馬小屋と牛小屋が並んでいた。祖父の代で馬喰が終わったので、小屋は私たち子どもの遊び場となる。兵庫県から但馬牛の子を買い、泉州地方の大きな牛を下取りして小牛を売る。大きな牛は三重県の松阪近辺へ運んで売る商売だったらしい。

小牛はよく働くが、大きくなると動きが鈍くなる。松阪地方の田は沼地のようだったゆえ、大きい牛の方が好都合で、やがて牛肉の産地となったという説もある。但馬牛は黒毛和牛、牛肉としての最高品種。兵庫県産であるため、この牛肉が「神戸牛」として名を馳せたと私たちは信じている。

ニューヨークの日本レストランのメニューにも、わざわざKOBEが入っていたり、店名がKOBEだったりするほど、米国人は昔から「神戸牛」ブランドを好んできた。ところが、「神戸牛」の発祥は神戸にあらず、近江の「近江牛」こそが「神戸牛」になったと耳にした。大津市唐橋町の「松喜屋」という明治初期からのステーキハウスに行くと、「神戸牛」の由来について教えられる。

「明治一五年、神戸港から横浜港へ日本郵船の船で大量輸送を行い、近江牛の販路は拡大されました。とこ

ろが、東京に入荷する肉牛が『神戸牛』の名称で呼ばれることになったのは皮肉なことでありました」と、説明書が語る。本家は、神戸ではなく近江だったのである。

が、近江牛も黒毛和牛、食肉としての歴史は古く、低温熟成させる技術が天下一品のステーキを産んだらしい。明治、大正、昭和の三代にわたって宮内庁に近江牛を納めていた「松喜屋」でステーキを食べたが、さすがに上品で美味であった。

米国、オーストラリア等から子牛が輸入されている。3カ月間、日本で飼育すると国産牛となる。いかなる環境でいかに飼育するか、それによって肉質が異なり価格を左右する。全国各地でブランド名をつけて、あの手この手で売り込むが、日本産の牛肉は柔らかくて旨い。

海部俊樹元総理と二人でテキサス州のブッシュ元大統領（初代）を訪ねたことがある。息子の大統領に「イラク攻撃を中止させるように進言すべし」との陳情であった。元大統領は、ヒューストンの有名なステーキハウスに私たちを招待して下さった。

Tボーンステーキ、わらじよりも大きなステーキだ。歯ごたえがあり、味もボチボチ。海部先生も牛肉好き、きれいにたいらげられた。テキサス州は肉牛の大産地、Tボーンステーキが名物だ。ま、米国らしい感じがした。

明治一六年、銀座に「松喜屋」が、すき焼き店を開店して以来、日本人はすき焼きを上等の料理としてきた。もともと「鋤《すき》焼き」と書き、農具の鋤の上で肉を焼いたと母親に教えられたが、肉をすき身（薄切り）にして焼いたからだともいう。松阪の「和田金」のすき焼きは、わが家の調理方法と異なっていた。流派があるのがおもしろい。

テール・シチューのおいしい店も各地にある。日体大の近所に「かっぱ」という煮込み一品の有名な店もある。どの部位の肉か知らぬが旨い。調理方法によって牛肉が喜ばれるゆえ、産地のブランド化もいいが、料理研究も大切であろう。地域の特徴ある牛肉料理の専門店街を作ってほしいものだ。

大阪の鶴橋のごとく焼き肉店が集中するのもいいが、日本風の肉料理屋街もあっていい。「しゃぶしゃぶ」「すき焼き」「焼き肉」「ステーキ」、それしか考えられないのだろうか。

（二〇一八・三・二）

一五、自主独立の精神を持つ市川三郷町

都道府県は国にぶら下がり、政令指定都市以外の自治体は都道府県にぶら下がる。国にあって地方自治体にないのは、外務省と防衛省だけである。「外交と安全保障がなければ、それは町内会と同じだ」と、小沢一郎氏が私に語った。政治の要は、外交と安全保障ということであろうか。

横山ノック大阪府知事の対抗馬として、自民党の森喜朗幹事長は、大阪出身の私に白羽の矢を立てた。私は出馬しようと思い、所属する自由党の党首であられた小沢一郎氏に相談。「キミは外交と防衛に強いから国会にとどまるべき」と説得され、出馬を断念した思い出がある。約二〇数年前の話だが、以来、地方政治や文化に興味をもってきた。

幕末、維新政府の勉強をすれば、各藩は藩主が大統領で一国の体裁を整えていたかに映る。鎖国の禁を破り、こそっと外交をしていた藩が力を蓄え、幕府以上の力を持つに至った。有力な武器や軍艦を外国から輸入し、外国から指導者を招いて兵の訓練をする。まさに外交と安全保障に熱心だった藩が、三〇〇年近く平和を甘受してきた幕府を倒すこととなった。各自治体は一つの藩であり、一国と考える必要がある。その意

識の強弱が自治体の発展と直結してはいまいか。

国や都道府県を頼りにするため、各自治体は特色を出せないばかりか、こじんまりと横並びの政治をしてしまう。国から独立した組織だという認識を強く持てば、独自色を出し、魅力的な地域を作ることができよう。過疎化するとは、その地に働き口がないに加え、生きがいを感じない地という烙印《らくいん》を押す住民が多いという一言に尽きる。

過疎化したからといって、反省の弁を述べた首長や議員を私は知らない。無為無策であった責任や反省がないのだから、さらに過疎化が進む。国や都道府県からの補助金漬けに慣れてしまって、自主独立の精神を持たない自治体、それほど自治体は人材不足なのだろうか。

先日、山梨県の市川三郷町を訪れた。歴史のある町で、合併によって大きくなったという。特産品は、花火、和紙、印鑑、硯石《すずり》。日本文化の必需品を製作する町だ。で、書道にも熱心で、独自の文化を誇る町となっていた。特に私は千年の歴史を織ってきたという和紙に興味を覚えた。祝儀袋や水引などの生産は日本一だという。学校の卒業証書や表彰状は、この地の和紙を用いることにした。原稿用紙やコピー用紙に触れる者にとって、和紙の魅力は絶大だ。

市川三郷町の職員の皆さんには外交能力が備わっていた。「日本一のハンコの里」であるとか、「清少納言が枕草子を書いた以前から和紙を作っていた」と上手に宣伝する。それらの体験もすぐにできますと導くばかりか、「市川花火は江戸時代からの伝統で、花火資料館もあります」という。毎年八月七日には二万発の花火大会が開催され、全国から20万を超す客が集まる。

印章資料館にも足を運ぶ。見応え十分な資料館で、この町でハンコを作りたくもなる。

何よりも初代市川團十郎発祥の地としても知られ、立派な歌舞伎文化公園がある。歌舞伎文化に触れながら文化資料館の展示物を鑑賞する。地味な町だが、文化的な特徴のある、散策してみたくなる魅力がある。「つむぎの湯」なる温泉まであり、町が運営している。

地場産業たる伝統的な技法を生かした製品を町ぐるみで売ろうとする姿勢は、将来のこの町の発展につながるに違いない。そして、小国をほうふつとさせられた。自主独立の精神を持ち、町の特徴を前面に押し出す市川三郷町。これだけ「文化」を大切にする町は、上手に宣伝できれば、観光客でにぎにぎしくなろうか。国や県を頼らず、一国の気概をもって前進してほしい。

「特区」制度を活用すれば、相当な特色を出すことができる。地方の魅力向上策こそ、地方再生策に通じる。

（二〇一八・六・九）

一六、地域の植物研究を

徳島のある会社は、蘭のエキスが育毛剤となると突き止め、商品化させて大きな収益を上げる。蘭は鑑賞するだけと思いきや、世の男性たちを喜ばす育毛効果があるとは驚きだ。いや、発毛の効果もあるらしく、売れている。

私の左耳は、レスラーの象徴らしくカリフラワー。初対面の皆さんは、「ラグビー、相撲、柔道をやられていたのですか」と問う。「いいえ、レスリングです」と応えるのが面倒くさくなり、長髪にして耳を隠すことにして四〇年以上になる。その長髪を娘が後方で束ねてチョンマゲ姿。以来、私のトレードマーク。

ところが、後方で引っぱって束ねるためか、前方が徐々に薄くなる。これは困ったもの。そうでなくとも男性は禿《は》げ上がってくる。「ハゲー！」と秘書をののしって、代議士を棒に振った女性もいたが、男性の悩みは、この禿げ防止であろう。化粧品店や薬屋に行くと、多種多様の商品が並ぶ。「育毛」「抜け毛防止」とうたっていて、「発毛」と明示する商品はあまりない。どうも妙薬はないらしい。だから、蘭からの薬品という意表をついた商品だったゆえ、悩む人たちが飛びついたに違いない。しかも、効果がなければ返金するというのだ。

蘭からこの薬品を開発した社長の講演を拝聴した。「意外性を追求せよ」「創造力がモノをいう」。納得する内容だったし、社長の好奇心には頭が下がった。蘭作りも一流で、シンビジウムでは世界一に輝いたというから、すごい人だと思うしかなかった。

大学の薬学部の研究者に依頼して、蘭の持つ成分を分析してもらい、効能を識《し》ることとなった。野菜や植物の栄養素を研究する人は多いけれど、薬学者と組んだのだ。ガン患者は、特効薬を求めて、ちょっとした噂にも飛びつく。発毛を期待する男性も、金に糸目をつけないゆえか、蘭からの薬品も売れている。

私と講演を一緒に拝聴したサボテン栽培者は、早速、薬科大の教授とタッグを組み、研究開始。昔からアロエには薬用効果のあることは識られていたが、教授は「蘭よりもアロエの方が一〇倍の育毛・発毛効果がある」と調査・研究の結果を報告した。これは大ニュースだ。いかにして商品化させるかを研究するとのこと。薬草研究は進んでいるにつけても、薬草でなくとも、研究次第では面白い結果が出る可能性がありそうだ。

竜の落とし子の形をした日本列島、植物分布は全国的に異なる。昨今の大学の薬学部は、新薬研究に熱心であるにつけても、薬草園に個性や特徴をそれほど散見しない。例えば、北海道・北見地方の薄荷（温地に生える多年草）は、薬用効果はあってもそれほど栽培されていない。化学的に同じ成分の物を作ることができるからだとされる。

風土が異なれば、植物の分布も異なる。最新の科学的手法で、その地域の植物について研究したらどうだろうか。新発見があるかもしれない。この取り組みを自治体が先頭に立って行い、その研究費用を自治体が負担すればいい。一個人には研究機関とのつながりも人脈もなければ、研究費負担も重荷となる。農業委員会が主導してもいいだろうし、議会で研究費の予算を計上するのもいいだろう。

ガンの特効薬、いや糖尿病、それよりも発毛、科学者の挑戦を自治体が知恵を出して先導してほしいものだ。ときに瓢簞《ひょうたん》から駒もあり得る。挑戦する野心が求められる時代だ。

東京農大は、北海道・網走市に進出して久しい。寒冷地帯の農業全般について研究する目的なのだが、本土から学生が押しかけている。が、北海道に薬学部を持つ大学は進出していない。新薬は意外なことから生まれたりする。寒冷地での草木が大発見をもたらせるかもしれない。こんな挑戦をする大学、迎え入れようとする自治体、なぜかないのが寂しいではないか。

沖縄だって面白い。風土からすれば、日本国中が多くのヒントを持つ地域であろう自治体は、その面での発想が乏しい。

（二〇一八・六・一六）

一七、地酒の復活を考えよう

数年前、ラグビーの泣き虫先生で有名になった名物監督の山口良治氏の祝賀会に招かれ、京都のホテルへ行った際、ちょっと驚いた。市長が乾杯の音頭をとられたが、市の条例では乾杯は日本酒でなければならないという。京都らしい、面白い条例に拍手した。日本文化を大切にするという京都人の意地を垣間見た気がしたものだ。

酒の銘柄にも流行がある。先日、山形を訪れたとき、「十四代」という酒が出た。なかなか手に入らず、高価だとのたまう。かつて安倍総理が山口県の「獺祭《だっさい》」をオバマ大統領にプレゼントしたことから有名となり、人気が出て、なかなか入手できない。そういえば、新潟県の「越乃寒梅」も一時入手困難なほど好評であった。幻の酒は、全国にあるが、どんどん生産されれば人気も落ちて価格も下がる。

しかし、そんな高級酒を目指さなくとも、普通においしい手軽な酒ならば、地元の人たちが喜々として飲んでくれる酒ならば、どこの地方でも、米と水さえあれば生産できる。とはいえ、酒造免許は新規には国税局が出さないため、その免許を入手するには知恵がいる。日本酒は焼酎、ワイン、ビールに押され、酒造会社が酒造りをやめて休眠状態中の会社が全国にある。つまり、免許が眠っているのだ。

地酒には、その地の昔ながらの味がある。全国が観光地になりつつあるのだから、地酒の復活を本気で考えてはどうだろうか。杜氏《とうじ》の腕さえあれば、売れる酒は造れる。そもそも酒蔵は、街道筋にあり、その地を消費地としてきた。が、現在の物流のシステムを考えれば、どこにでも酒蔵はできる。

ただ、酒造りの理想的な湧水が水温七度程度、それに酒米が良質であるか、多方面からの研究が求められようが、「酒蔵復活」キャンペーンを張っていただきたい。地ビール生産のブーム、ワイン造りのブームは、地方に活力を与えているのは確かだが、次に日本酒のブーム、それも地酒のブームを拡大させ、眠っている酒造免許を生かすべきであろう。

私が連日のようにTV出演していた四〇代のころ、エバラ焼肉のタレのCMを女優の秋野暢子さんと夫婦役で出演した。紳士服のエフワンのCMにも起用され、結構売れっ子だった。そこへ有名な銘柄の日本酒の

CM出演依頼が舞い込んできた。有難いほどの出演料だったけれど、私はお断りした。

家内は、「バカねぇ！」と吐き捨てたが、下戸の私はウソのCM出演は視聴者を欺く行為だと思った。タレントならまだしも、大学教授の肩書では、ウソはまずいと思うほど純粋だったのかもしれない。

家内は毎晩晩酌を楽しむ。酒豪である。代議士時代、私の代理で宴席をこなし、後援会等は私よりも家内の出席を喜んだ。肴の準備をするのは私の役目、四季折々の品々をそろえる。父親が大酒豪であったのに、私の体はアルコールを消化できず、すぐにグロッキーになってしまう。楽しそうに、うまそうに酒をたしなむ人たちをうらやましく感じる。

さて、酒蔵造りには多額な費用が必要だ。いかにして出資者を募るか、地場産業の成功者たちの協力を得ながら、自治体も出資者になればいい。その地の酒の魅力は、全国のファンを喜ばすに違いない。

北海道上川町に成功例がある。「緑丘蔵」という酒蔵をUターンした出身者たちの手によって造ったという。社会価値創造企業を標榜《ひょうぼう》する日立キャピタルの協力を得て、成功に導いた。本気になれば、応援してくれるスポンサーが見つかるということであろう。

指をくわえて、何もしない地方の自治体、自慢できる地酒を造るために酒蔵を造ってはどうだろうか。全国どこにも休眠中の酒造免許がある。その免許の活用に国税局が協力的であることを知るべし。酒蔵は観光資源にもなろうし、酒糟から多彩な品々を作ることも可能である。日本のこの文化を後世に伝える義務は、現代人の私たちにあることを忘れてはなるまい。

（二〇一八・六・二三）

一八、樹木を大切にする意識を高めよ

京都国立近代美術館の「絹谷幸二・色彩とイメージの旅」展を鑑賞した後、すぐ近くにある無鄰菴《むりんあん》を訪れた。明治時代の元勲・山縣有朋の別荘で往時のまま保存されている。手入れされた日本庭園がいい。ゆったりと時が流れて行くように時間を忘れてしまう。

母屋で抹茶を楽しみながら庭を観《み》る。美しく広がる芝生の周囲は、各種の樹々が繁り、その下にびっしりとスギ苔《ごけ》などの苔類が地面を青く染める。ひそやかな小径がついていて小さな滝にたどり着く。その先には東山の深山の景色がパノラマのごとく広がる。大自然までも庭園に取り込んでいたのに感心する。

庭の中央に左に傾いた太い赤松が、天然木の支柱に支えられている。自然の造形美が風格を漂わせて存在感を示す。それほど大きくはない赤松だが、この庭園の主役を演じていた。ふと、明治神宮記念館（東京）の庭園の赤松を想起する。やはり存在感があり、その枝ぶりの美しさに見惚れるしかないのだ。

北朝鮮・平壌から車で半日かけて金日成記念館のある妙香山は、辺りの山々は美しい赤松林が続く。で、松茸の産地として有名なのだが、これでもか、というほど赤松の手入れが行き届いていた。

私は三〇数年前、自宅を新築したおり、猫の額ほどの庭に赤松を植えた。お気に入りの赤松だったが、代議士時代、一〇数年も家を留守にしたせいで、その赤松は無残な姿へと転じてしまい、自分流に形を整えて剪定《せんてい》しているが、なかなかうまく行かない。

地方を訪れると黒松、杜松、五葉松、蝦夷《えぞ》松、錦松、赤松を問わず、素晴らしい松を散見する。庭を持つのは困難な時代を迎えたにつけ、たとえ一本の庭木でも素晴らしい樹木を植えると心が豊かになろう。

フランス政府は、個人の庭の樹木までも管理していて自由に枝さえ切ることができない。環境政策の一貫だという。樹木を大切にする思想が国民間に定着し、樹木を植えるに際しても考える意義を持たねばならなくなっているのだ。

各自治体も個人の庭木をチェックして、「植木百選」なりに選考した上で顕彰して保存させるように仕向けるべきであろう。樹木を大切にする住民意識を高め、自然との融合を説き続ける必要がある。

私なら、「松一〇選」「柘植《つげ》一〇選」「杉一〇選」「紅葉一〇選」のごとく樹木別に選出し、保持者を激励する。庭木の維持には、それなりの情熱と執念が必要である上に消毒などの費用もかかるのだ。植木好きや花好きの住民をいかに増やすか、そのことについても自治体は考えねばならない。

盆栽展は、愛好家の手によって各地で開催されている。加えて庭木や庭園についても考えてほしい。無鄰菴は、植彌加藤造園という会社が指定管理者になっていて、苔の手入れまで丁寧にしているが、京都の各寺院はほぼ専属の庭師によって護《まも》られている。私のごとく我流で手入れをするようでは、せっかくの名木を台無しにしてしまう。庭木といえど、名木にするまでには数十年の歳月が必要なのだ。

東京・世田谷区では、「保存樹」を認定していて、その指定を受けると、手入れのための補助金が支給される。もちろん「保存樹」は自由に切ることなど許されない。ほぼ大きくて太い樹が指定を受けている印象を持つ。手入れを怠るとカラスに巣を作られてしまい、害をもたらすのと美観を保つためであろうか。

どの自治体も近隣の自治体と競争していることを忘れてはなるまい。樹木や造園、公園でも競争していただきたいと思う。立派でみごとな庭木を誇り、永く後世にまで伝える思想を重要な文化として定着させ、緑あふれる街づくりに傾注すべきである。

アラブの格言「木を植えよ」は、自然の大切さと水を与えねば木が死ぬことを説き、人々が他者への貢献の必要性を説く。その水を手中にするため、公共心を発揮して運河づくりをも示唆する。

京都や奈良には名だたる日本庭園が、そこかしこにある。庭園の宝庫であろう。日本人の思想が凝縮された庭園。この文化を大切にしたい。

（二〇一八・七・七）

一九、遺贈サポートセンターに学べ

私もすぐに後期高齢者の仲間入りをする。「後期」を「高貴」にでも表現を変えないと、「終活」への入口という印象を受けてしまう。医師は、「それは加齢の影響です」と一言でかたづけてくれるが、そのたび、高齢者はガッカリさせられる。加齢イコール「終活」へのプロローグと私は決めつけている。

高齢化社会は、国や自治体にとって医療費等重荷となる事象が多々ある。一日三万人も後期高齢者が増加するというデータは、毎日のように政府と自治体を苦しめている現実を物語る。最近、高齢者の立場からモノゴトを考えるように転じてしまった私だが、「終活」なる言葉が日常語となり一人歩きしているが、日に日にヒシヒシと他人事ではないと実感する。

先日、日本財団が全国紙各紙に全面広告を打っていた。いわく、「私には子どもがいません。遺産は経済的に苦しい家庭の子どもの教育支援に使ってください」と、記す。日本財団遺贈寄付サポートセンターが、非営利の公益活動として、無償で遺産を効果的に寄付するためのサポートをしているという内容。ネットワークをフル活用して、寄贈者の希望をかなえるという。これは、「終活」の一つの案内でもあるかに思えた。

私が興味を持った理由は、実は、私には孫がいないのである。大した財産はないにつけても、「美田を残すな！」と伝えられるゆえ、二人の子どもに相続させるよりも寄付がいいと常々考えていたからである。私は母校に寄付するのがいいと思うのだが、私と同様の立場にいる高齢者が多くいるに違いない。

各自治体は、早速、日本財団の遺贈サポートセンターに学ぶ必要がある。「子どもがいない、孫がいない」という人が、結構存在するのだ。やがて相続する人間がいなくなるのだから、財産を社会的に有効に使ってもらい、地域社会に貢献することを今のうちに考えてもおかしくはあるまい。むしろ、安心しておまかせできるのではないか。相続税も高くなったし、子どもたちの争いも避けたい。そっくり自治体に寄付したりして、死後の楽しみにしたいと考える高齢者も多いに違いない。

人生の締めくくりに、次世代のために役立つことを本気になって考えている人は多いらしい。六〇歳以上の五人に一人が遺贈に関心があるという。そういえば、私の周辺にも子なし孫なしの人たちが結構いるではないか。自治体は、積極的にこの遺贈を運動として展開するなり、係や課を設置するのも一考だ。

息子の嫁の実家は、東北地方の古くからの豪農であった。が、一族が全員東京で生活するようになったため、財産の土地や建物を町に寄付された。現在では町立の資料館として活用されているが、町がきちんと手入れをしてくれるため、きれいに保存されていた。地元に貢献することは、先祖たちも喜んでいるであろう。かかるケースは地方に多く、活性化のために利用できるものもあろうか。

世の中、欲望の強い人ばかりではない。高齢者になるにつれ、欲よりも社会貢献を考えるようになるものだ。そこへ手を差しのべる自治体もあっていいだろう。日本財団の時代を読んだ発想と現実認識には頭が下がる。これらのアイデアは、自治体こそが「ふるさと納税」とともに生かすべきだと思う。

家族のいない高齢者が増加し、先祖代々の田畑、家屋、株券等、次世代のために役立たせる運動を期待したい。以前なら、このような発想は批判されたであろうが、急速な少子化は、裏を返せば、継承者不在をうたう。

「身死して財残る事は、智者のせざるところなり」(徒然草)は、財産を残す愚を説いている。高齢化と家族の多様化は、さらに進む。元気なうちに財産をいかにするか、決めておかねばならなくなっていると気付くべきである。民法の改正によって遺言書を法務局で保管する仕組みもできた。

死後に起こる相続争いがいかに見苦しいか、それを考えて行動してほしいと願う。(二〇一八・八・一一)

二〇、夏の暑さを吹き飛ばす花火大会

異常気象によるのか夏の気温の高さは全国的に殺人的であった。クーラーやアイスクリームの売り上げは伸び、ビール会社もホクホク。それにしても猛烈な熱さ、扇子かうちわを持ってウロウロするしかない二〇一八年の夏。

納涼イベントとしては、やはり花火大会。かつて大阪のＰＬ教団の花火大会を見て感動したことがあったが、テレビでは新潟県長岡市の花火大会が中継されていた。画面が小さいため、それほどの迫力は伝わってこないが、美しい。ナイアガラの壮大さにうっとりしつつ最後まで見てしまった。数十万人の人たちが、暑さを忘れたに違いない。この長岡の花火と共に有名な秋田の大曲の花火、一度は見たいと願っている。

七月から八月にかけて、この国では全国で毎日四、五カ所で花火大会が開催されているという。川や海がある国なので、大観衆を容易に集めることができるに加え、夏の風物詩としては最高だ。しかも地域それぞ

れ伝統があり、盆踊り大会や夏祭りの中のイベントとしても花火大会が人々を喜ばせてくれる。

とはいえ、花火大会には大変な費用が必要である。すでに集金スキームのできている地域はともかく、自治体の協力なくしては花火大会開催は難しい。警察や消防の協力も求められるから、どうしても自治体が主催者となる。費用の工面に汗だくになる自治体の役人や観光協会の人たちの苦労が目に浮かぶ。

今年、山梨県市川三郷町ふるさと夏まつりの花火大会、「神明の花火」大会に招待された。夏の夜空を彩るスケールの大きな花火大会。武田信玄の時代からのろしを作り、その伝統からくる花火作り、市川三郷町の産業の一つでもあるらしい。

今年は第三〇回大会、笛吹川の河畔で約二〇万人の人たちを集めて行われた。有料観覧席は超満員、チケットは発売と同時に完売するというから、その人気は絶大。

市川三郷町が主催者である。多くの花火師が町内にいるばかりか、町民たちは花火について詳しい。プログラムの紹介の際、特大スターマイン、金麦花火、二尺玉といった花火の種類が発表されると、観客は歓声をあげたり大拍手。私などは理解できないのだが、観客は花火の知識が豊富、さすが花火生産の町でもあると感じた。

七時から九時までの二時間、約二万発の花火が夜空に大輪の花を咲かせる。五〇〇メートルの高さまで打ち上げられ、直径が五〇〇メートルにまで広がる二尺玉、爆音もすごいが、その美しさは表現しがたい。次々に打ち上げられる超特大スターマインも私たちのド肝を抜く。カラフルで音楽を流しながらの花火、浴衣姿の女性たちや家族連れの歓声が地面を響かせる。

想像していたよりも迫力があり、形や色が変化する花火もあり、文字どおり暑さを忘れさせてくれた。役場の担当者は、「もっと有料観覧席を作りたいのですが、これが限界です」という。

花火は、どこからでも見られるが、やはり打ち上げ場所の正面がいい。有料席を設置するとなると、改札をはじめトイレ、警備、救護、案内係を配置せねばならない。町役場総動員で花火大会を支えている印象を受けた。

プログラムには、びっしりとスポンサー名が書かれてある。五千万円以上の費用がかかるため、多くの協賛者を募る苦労は大変であるに違いない。よくぞ、これだけ協賛企業や団体を集めたものだと感心もしたが、伝統のなせる業なのだと納得する。全国の花火師たちが、「神明の花火」こそが日本一だと主張するにふさわしい花火大会であった。

市川三郷町の町長が先頭に立ち、郷土の産業を支えつつ広く山梨県人を巻き込んでの納涼大会。しかもグラウンドには数多くのテントによる出店エリアがあり、夏まつりの雰囲気がプンプンしていた。これだけスケールの大きな花火大会、どの自治体でも真似はできないかもしれないが、工夫次第では可能であろう。自治体にやる気さえあれば、どんなに暑い夏であっても、それを吹き飛ばすパワーが生まれることを市川三郷町で実感させられた。

（二〇一九・八・三一）

二一、「何もかも」が観光資源

エジプトの首都カイロに三カ月間滞在したことがある。古代エジプトの身体文化研究の目的であった。兼松江商の知人が、カイロに私には知り合いのいないことを心配してくれて、国立博物館近くの土産物店の店主アブドラ氏を紹介して下さった。ギザのピラミッド近くにも店を持つ店主で、親切な日本人好きのエジプト人であられ、大変お世話になった。

折しもエジプトは平和で観光ブーム、世界中からの旅行者でにぎにぎしくあり、観光立国らしさを誇っていた。が、店主は、「古代の遺産で国を運営するだけでは成長しない。富裕な外国人の恵みだけを期待する国家は危うい。輸出できる物はエジプト綿しかなく、他に産業を考えないとエジプトの発展はない」と語り、観光一本に頼る現実を批判していた。

場所もよく繁盛している土産物店主でありながら、国の経済を案じる背景には、観光は平和が原則であるがゆえ、中東という政治的に極めて不安定な地理的条件は知識人を常に脅かしている印象を受けた記憶が強くある。果たして、以後、幾度もエジプトは内乱に揺れ、外国人旅行者が途絶えた。日本人旅行者も王家の谷・ルクソールで多くの犠牲者を出したことも忘れがたい。治安が、いかに大切か、エジプトやトルコで私たちは学んだ。

日本への外国人旅行者が増加する一方だが、日本の魅力は治安の良さと、日本人の親切心が基礎にあり、どこへ行っても安心というセキュリティのすごさがある。しかも七〇数年間にわたって、一度も戦火をまみえなかった平和国家というイメージも大きい。私たちは当然だと考え無意識だけれど、外国人の目からすれば、これほど安心して旅行のできる国は珍しいのだ。

数年前、観光大国のギリシャが、経済的に破綻した。世界遺産に頼る観光経済だけでは、国家は経営できないことをも私たちに教えてくれた好例であろう。わが国も観光立国を標榜《ひょうぼう》しているが、同時に他の産業もおろそかにしてはならないと肝に銘じておく必要がある。

加えて、この産業自体を観光化させる知恵も求められよう。すでに多くの企業は見学コースを作り、外国人観光客も受け入れている。

北朝鮮の工場は、すべからく見学コースを作っていて、連日、小中学生の訪問でにぎわっていた。教育のための利用であろうが、私たち外国人も招き入れる。農場にも見学コースがあり、観光資源としても活用していたのには感心もした。スッポンの養殖場も見ごたえのある施設で堪能することができた。

つまり、観光資源とは、古くからの遺産だけではなく、何もかも観光資源になるということだ。「体験型観光」も全国的に広がりつつある。ホテル、旅館、旅行会社は、これら体験型観光にもさらに力を注いでほしいと願う。これらの開発は、いまだ十分とはいえない。自治体とタイアップし、その地の産業と観光をいかに組み合わせるかの研究を急ぐべきであろう。各自治体の観光協会は、「何もかも観光資源だ」と理解し、企画力を高めなければならない。

一〇〇年前、ドイツの哲学者オズヴァルト・シュペングラーの著述した『西洋の没落』には、豊かな外国人旅行者の喜捨によって生きるアテネの人々に対する批判がある。いみじくも、観光だけに頼るギリシャの今日を予想していたのだ。日本も観光立国を宣言した限り、「日本の没落」にならないようにしなければならない。

ギリシャの二の舞にならないためには、日本流の新しい観光が大切となろう。そして、特色ある産業振興も並行して国が重点的に力を入れるべきである。

観光庁と経済産業省は、新たな観光資源開発に努力している自治体を顕彰し、「体験型観光」や「生産工場見学観光」をアピールする必要がある。自治体によっては、歴史的遺産、景観、温泉を持たねば観光客を呼び込めないと決めつけている。観光開発研究が足りないのである。

「観光」ほど地方活性化の強力な手段はない。私は、大学も観光資源の一つだと考え、キャンパスの見学コースを充実させている。

（二〇一八・一二・八）

二二、コミュニティ局の重要性

私は、ラジオのファン。毎日、ＮＨＫラジオを聴くが、「安心ラジオ」という災害のコーナーを日に幾度も耳にする。平時であっても常に災害時の準備を説く。この情報コーナーは、ラジオならではの企画であり、不用心の私たちに警鐘を打ち鳴らす効果は大きい。

あの三・一一の際、町内放送で津波情報を流していた女性が波にのまれてしまった悲しい出来事を記憶する者にとって、情報伝達の手段に思いをはせる。

停電になれば、テレビは使えない。そのことは、最近でも大阪を襲った台風、北海道の地震が教えてくれた。準備する必需品は、懐中電灯と携帯ラジオである。

小学生時代、私は放送部に入ってアナウンサーを務めた。声が良くなかったので、「今日の天気」の原稿を読まされた。新聞の天気予報を見て原稿を書き、自分の言葉で伝えた。地元の泉州弁で放送され、ホームルームの前の日課として定着していた。

この経験、マイク慣れは私にとっては貴重なものとなった。三〇数年前、ニッポン放送の朝の番組のレギュラーにニュース・コメンテーターとして七年ばかり出演した。タクシーに乗ると、運転手さんが「聴いてますよ」と声を掛けてくれた思い出がある。意外にラジオのファンは多く、テレビに負けないくらいのパワーを持つ。

代議士時代、選挙区の貝塚市にあるコミュニティＦＭで国政報告のコーナーをいただき、毎週日曜日に出演した。開局する費用に数千万円はかかったであろうが、地元の企業や商店街の人たちが協力して、自前でまかなって自由な放送をしていた。地元の人たちの質問コーナーや陳情は楽しく、期待に応えようと努力した思い出もある。

地元のあらゆる生活情報を伝えるのに役立つばかりか、災害時の情報発信拠点として重要である。二〇一一年の地上デジタル化によって、使用できる周波数が増大したので、コミュニティFM局が増えているという。総務省の発表によると、全国で三一八局（平成三〇年六月現在）あり、準備している地域が多数あるともいう。

東京都内には一二局、まだまだ増えるらしい。車の渋滞やマーケット等の特売、区役所の行事、地域の祭り情報、細かい地域情報を発信してくれるのは、住民にとってありがたい。地元色を出すべく努力し、素人っぽいアナウンサーが好感を与える。パーソナリティーはもちろんボランティア、放送好きの人は住民の中に経験者を含めているに違いない。

地域密着だからこそ住民が聴く。小さな問題点も取り上げ、解決策を住民で議論するのも面白い。区議会や市議会の情報も傍聴しなくても耳に入る好都合、住民が身近な議会にも興味を持ってくれる。井戸端会議がなくなってしまった今日、コミュニティFM局が代役を果たしてくれる。

町内会の回覧板を回すのが面倒くさい。特に高齢者世帯が増加しているゆえ、町内会や自治会向けの情報を流すのもいいだろう。地域の特性を生かし、独自色の強い番組を作れば、多くの住民が聴いてくれる。近所のオジさん、オバさんがゲスト出演し、昔の思い出を語ってくれるのも、地域史としても面白い。手作りの番組、その企画力さえあれば、キー局と勝負することができる。

貝塚市には、今東光が住職を務めた有名な水間寺がある。願泉寺という浄土真宗本願寺派の重要文化財の名だたる寺もある。これらの寺の行事は住民に注目されていただけに情報が大切であった。太平洋戦争の空襲で旧国宝の書院と茶室を焼失させたが、地元の宝。地域の歴史を詳しくFMラジオで聴くのもよい。

コミュニティ局の重要性を体験した私は、各自治体にも、情報発信拠点として局を持つべきだと勧めたい。それも住民たちの手による開局がいい。公設だと番組作りが堅苦しくなり、面白くない。自由に番組を作り、ボランティアによる運営が好ましい。

コミュニティFMは、災害時の保険である。この保険は、住民の命綱になると私は考える。

（二〇一九・一一・九）

二三、外国人への日本語指導

大坂なおみ選手が、全米オープンに続いて全豪オープンも制した。テニスというメジャー競技で、これらのタイトルを手中にしたのは立派の一語につきる。彼女の父親はハイチ、母親は日本、生活圏はアメリカ。この文化を己のものにして、世界のスターとなった。

スポーツ界や芸能界では、「ハーフ」と呼称されてきた日本人と外国人の間に産まれた人たちが活躍している。日本社会には排外主義はなく、差別や偏見は過去のものとなりつつある。私は欧米や中東で生活をした経験があるが、迫害や差別を目の当たりにしたばかりか、日本人の私自身も差別を受けた。が、日本社会は急速に変化していて、外国人の増加は都市部のみならず、地方にまで大きな影響を与えている。

日本国憲法第一四条は、差別を認めない。今年四月からの外国人労働者の受け入れ拡大に向け、私どもにも外国人との共存生活が日常のものとなる覚悟が求められている。国際結婚が飛躍的に増加し、「ハーフ」の子どもたちの誕生も一般的になり、日本社会もさらに多様化するに違いない。日本の法律は二重国籍を認めないゆえ、国籍の選択の決断は二二歳までにしなければならない。平和で治安がよく、経済的にも風土にも恵まれている日本を選択する「ハーフ」が、ほとんどであろう。

私の長男はアフガニスタンで産まれた。私は在カブールの日本大使館に出生を届け、アフガニスタン国籍を即座に放棄した。ちなみに、大坂なおみ選手は米国と日本の二重国籍である。彼女が、どちらを選択するのか興味深いが、あのたどたどしい日本語、流暢な英語を耳にすれば、私たちは複雑な心境に陥る。彼女の去就は、「日本人とは何なのか」という問題を投げかけてくる。血脈なのか、文化なのか、まさに多様化した時代に私たちは生きている。

だが、私たちには「日本語」という誇る言語がある。私は日本人とは、やはり日本語を話す者でなければならないと考える。各役所は、外国人のために外国語を話せる人間を登用しようとするが、私は反対だ。そんなサービスをするゆえ、外国人は日本語を学ぼうとしないのだ。米国で生活すれば、「この国で暮らすなら英語を身に付けろ！」と教えられる。

プロ野球の外国人選手たちは、ほとんど日本語を話せない。通訳がいるに加え、日本人選手の多くも英語を理解するため、彼らは日本語を勉強しないのだ。大相撲の世界では、外国人力士は全員、見事に日本語を話す。徹底して勉強する上に、日本語を身に付けなければ強くならないと知っているのだろう。

地方自治体にも、これから信じがたいほど外国人が増える。労働者もいるだろうが、観光客も増加する。親切に彼らの言語で対応するサービスも提供する必要もあろうが、長期滞在者の外国人に対しては、日本語指導のサービスが必須である。日本語をマスターすれば、日本滞在が有意義なものとなるばかりか、自己表現を増大させることができる。

日本語指導は、日本人ならば、誰でもできると思っている人が多い。だからＪＩＣＡの日本語指導者の海外派遣にも応募者が多い。しかし、その方法、技術指導の教育を専門的に学んだ者、その資格を保持する者の指導でないと、きちんとした日本語を学ぶことができない。

地方自治体は、外国人との共存を図る第一歩として、いかに外国人に日本語を学ばせるかを考えねばならないし、その指導者の確保に努めねばならない。小中学校でも、外国人の子弟に日本語をきちんと教える必要がある。すでに多くの企業は外国人労働者を受け入れ、その子弟たちの教育に頭を痛める自治体は多いが、まず、日本語学習に取り組みつつ教科外活動の中に引き入れる工夫も求められる。

悪質ブローカーの手によって日本に来た外国人の質が悪いと問題になっている。四月から単純労働分野への受け入れも広がる。いかに日本語を身に付けさせるか、自治体が本気になって取り組む仕事である。

（二〇一九・三・九）

二四、獣害対策に有効な「わなオーナー制度」

先日、自民党本部で大日本猟友会（佐々木洋平会長）が、大パーティーを開催した。私どもも招待されたので参加させていただいたが、二階俊博幹事長をはじめ、多くの大臣や官房長官等、有力議員の参加でにぎにぎしかった。

猟友会が毎年、自民党本部のみならず、あちこちで同じ大パーティーを開いている。農家を救うために獣害対策の普及が目的だ。動物愛護の精神は大切である。が、田畑を荒らす動物が増えている現在、その獣害を減少させるためには国民の理解が求められる。

先般、山梨県知事に当選した長崎幸太郎氏の、かつて衆院選挙の応援に行った時の話。小菅村という山中にある小さな村で演説をしていた折、数名の聴衆しかいないのに、眼前の電線には猿が数珠つなぎ、聴衆であるかのように私の演説に耳を傾けていたのにはショックを受けた。「猿、イノシシ、鹿の増加で、農作物がほとんど荒らされるのには閉口しています」と住民が泣くように語った。

「愛くるしい。かわいい」なんて、動物園内で語る言葉は、獣害で苦しむ人たちには通用しない。全国的にイノシシ、鹿、ハクビシン、アライグマ、熊、猿、タヌキ等が増加し、どれだけ農家が苦しめられているか、私たちの理解は不足している。で、大日本猟友会のパーティーでは、イノシシ肉やシカ肉を使ったジビエ料理が幾種類も提供される。

美味である。欧州、特にフランスではジビエは高級料理である。また、牛肉や豚肉よりもジビエの方がアスリートには栄養価値の高いデータがあり、私の日体大にも各自治体から売り込みがある。学内のレストランを紹介し、シカ肉、イノシシ肉を使ったメニューをお願いしている。が、問題は安定供給である。いくつかの自治体と組んで商品の提供を安定させないと、特別メニューで終わってしまう。

日体大の学食は大きすぎようとも、小さなレストランなら安定供給を受けることができよう。国民間にイノシシ肉やシカ肉を普及させることが獣害対策につながる。近年、猟銃を用いないで「わなの狩猟免許」を取得する人が増加しているという。猟銃による狩りの場合、たいていは猟犬を使う。「わな」による狩猟なら猟犬も不要、手軽であろう。

餌でケージ内におびき寄せる「箱わな」や、踏むとワイヤーが動物の脚を捕捉する「くくりわな」がある。獣道に「くくりわな」を仕掛ける。それを踏んだ動物の脚はワイヤーによって捕獲される。先日の大日本猟友会の展示品の中に、ワイヤーによって捕獲された鹿の足があった。逃げるために己の脚を切り落とした悲劇、自然の中で生きる鹿の生命の執念に、ちょっぴり同情させられたが「くくりわな」の威力を教えられた。

神奈川県小田原市では、「わなオーナー制度」の実証実験が始まっている。獣害対策として、捕獲のための「くくりわな」の設置に一般住民に出資してもらう制度である。人間には、古代社会で生きるうえで、狩猟、採集を日常のものとしてきた狩猟本能がある。だから、釣りをはじめ、狩猟に興味を持つのだ。すでにオーナー登録者は二〇人を超えたという。獣害を心配したり興味を持つ人たちが出資し、現場を見たり、捕獲された動物の解体作業も手伝う。一カ月四千円を出資してもらいオーナーとなるのだが、この実証実験を全国に普及させたいものである。一般住民も獣害を案じ、地域課題の解決に協力する、この運動が拡大すれば農作物の被害額を減少させることができる。出資金によって多くの「くくりわな」を設置することができる。そしてシカ肉やイノシシ肉の料理を楽しんでもらえる。

「わなオーナー制度」は、有効なアイデアであるが、この制度を誰が音頭をとって主催するかが問題である。小田原市の場合、市と住民、慶応大が連携して実施することができた。私は、自治体が中心となってこのオーナー制度を作り、農作物を守るべきだと思う。何もしない自治体が多すぎるのは、なぜなのだろうか。

（二〇一九・三・一六）

二五、地域産品のブランド力向上

「早慶近」と書かれた新聞広告を見た。大阪の近畿大学が、早稲田大と慶応大と並ぶほどの大学ですとの宣伝。早慶のブランド力を用いて自らの大学を売る戦略。関西にある近大が、関西の大学を利用せずに、関東の有名大学名を利用して、全国区の大学であるかのイメージを上手に表現している。

大学が、このような広告を出してでもイメージづくりを考える時代である。つまり、ブランド力を高めることが、大学の生き残り上大切で、少子化時代を乗り切る手段なのだ。近大には、「近大マグロ」というブランドがあるにもかかわらず、さらに大学名を高めようとする。

近年、リクルート社は大学のブランド力の調査を行い公表している。有名大学には、ブランド力があり、世に広く知られ、名門として君臨する。新興大学に不足しているのは、ブランド力であろう。どのような策をとれば、ブランド力を高めることができるのか、その研究こそが受験生減少時代には不可欠なのである。

ブランド力を高める方法は、単線型、直線型では難しく多彩な手法が求められる。日体大は、シンボルマスコットをライオンと定め、キャンパスのあちこちに百獣の王ライオン像を設置している。文化勲章受章者の北村西望作の傑作、三越百貨店から寄贈されたブロンズのライオン像が玄関に座る。まず、強いというイメージから売り込む。

自治体にあっては、ゆるキャラを作り、身近な存在であることをアピールしたり、興味を持ってもらえるような売り込みが一般的。が、現在ではゆるキャラを持たない自治体はなく、イメージづくりのためにはそれほどのインパクトがない。ふるさと納税のためにも自治体が宣伝せねばならない現代、やはりブランド力の向上を考えねばならない。

歴史と伝統、卒業生の活躍、オリンピック等の競技大会での金メダル獲得、日体大のブランド力は一朝一夕にできたものではない。向上を目指して常に努力して維持しようとする姿勢を失ってはならないと考える。私たち経営陣は、イメージを守り、ブランド力を高める意識を保持する。でなければ、入学者定員を充足させることができない。他大学と戦っているという認識が求められるのだ。

自治体とて同様であるはずだ。すでにブランドとなっている地域の商品があればともかく、自治体そのものをブランド化させる必要もある。マーケティングをきめ細かく行い、流通経路を見直し、生産者任せにせずに自治体が動いて協力すべきであろう。商品のブランド化が先か、自治体のブランド化も並行して取り組むべきである。ブランド品には、特徴がある。

かつて宮崎県知事が、県の特産品をテレビや雑誌で宣伝し、ブランド化に成功した。まれなケースであったにせよ、ヒントにはなる。魚介類のブランド品も各地にあるが、これらは昔からのもので最近ブランドになった商品は多くはない。フグは山口県、しかし愛知県の水揚げ量も多いのだが、ブランド力がないため山口へ送る。たらこの生産トップは北海道、しかし福岡へ送って売る。定着したブランド力は、なかなか覆すことはできず、その壁は高い。ブランド力は価格を押し上げるからだ。

多くの自治体は、シンボルマスコットやシンボルマークをバッジにして、職員が胸につける。記念品としても使用しているらしく、私どもも訪問時にいただく。が、胸につけて宣伝してやろうという優れものがない。ゆるキャラにしても、自治体は横並び策ばかりで特徴がない。これではブランド力を高めるのは困難である。個性的であってほしいものだ。

いずれにしても、地域の産品がブランドとして全国に伝われば、さらに売れる。地域団体商標制度が二〇〇六年からスタートした。これを利用しない手はなかろう。知名度の高い地域で特徴ある商品ならば、ブランド化できるに違いない。が、大間まぐろ等は、伝統的なもので地域名にブランド力がなくとも、商材が貴重であるがゆえにブランド力があるのだ。

（二〇一九・四・六）

二六、特徴ある豚を売り出す

都会でない限り、どの地方でも養豚場がある。学校給食やレストランの残飯を処理してくれる養豚場が必要なのである。が、この必要不可欠な施設は、どの自治体でも迷惑施設として扱われている。それゆえ、住宅街から遠く離れた山中に養豚場を散見する。

私の郷土である泉佐野市では、観光地である犬鳴山の手前に養豚場があり、美味で「犬鳴ポーク」というブランド化していて、ふるさと納税の人気高い返礼品となっている。私も時に食するが、本当に育ちのいいのに感心する。飼料は何なのか、私はその知識を持たないが、特別の飼料の秘密があるに違いない。

全国自治体のふるさと納税の返礼品の中には、養豚場を持つ自治体は豚肉も少なくない。「しゃぶしゃぶセット」だったり、「焼肉・生姜《しょうが》焼きセット」「ステーキセット」「すき焼きセット」等として、比較的寄付金の低い返礼品としての印象を受ける。

岐阜県の名だたる温泉を持つ下呂市を訪れた。返礼品のエースは飛騨牛なのだが、例にもれず豚肉もあるのだ。しかも下呂市の豚肉は、他地方の飼料とは異なる。市役所の役人が力を込めて説明してくれた。「飛驒納豆を豚に食べさせているんです」という。この豚肉を加工した「ソーセージセット」や「飛驒納豆喰豚なん骨のやわらか煮と納豆喰豚カレーセット」等も加えて、納豆喰の豚を売り出そうと必死の体。

飼料によって肉の質や味、やわらかさ等が異なるのは牛肉で証明されてきたが、どうも豚肉も同様らしい。飼料に特徴を持たせ、その地域の産品にする傾向が全国に広がりつつあるようだ。下呂市の納豆には驚いたが、飼料の研究と工夫が売り物になる傾向にある。

総務省が、ふるさと納税の返礼品には自治体の産品を使用するようにと指導している。この指導は、産品のない都市部の自治体を苦しめ、納税者の心理を読んで欲しがる返礼品を準備しても指導される。総務省は、やり過ぎる自治体があると苦言を呈しているにつけ、自治体の苦労と努力を評価しようとしない。山形県米沢市のごとく、総務省の指導を受け入れ、地域の産品であるコンピューターを返礼品から除外すると、納税額はガタ落ち。高価すぎるといって注意を受けたらしい。その点、食料品が安価に見えていいのかもしれない。その代表品が豚肉らしいのだ。

東京新聞を読んでいると、豚の飼料に関する記事に接した。鎌倉の海岸に大量に打ち上がる海藻を使った餌で豚を育て、「鎌倉海藻ポーク」として商品化する挑戦が始まったと伝えている。鎌倉ハムという会社があるが、この会社とは無関係。海藻の回収から乾燥、粉砕、袋詰めまでの作業は、市内の障がい者らが担う。このアイデアには頭が下がる。

料理教室を主宰する矢野ふき子さんが発案したそうで、さすが食材を考える人の知恵といえそうだ。神奈川県内に漂着する海藻の七割以上は鎌倉市に集中するという。沖合がカジメやアラメなどの藻場になっているためで、その量は年平均三一〇〇トンに上るらしい。これを豚の餌に活用しようと考えたのだ。

厚木市の名産は豚肉、そのミソ豚の旨さは天下一品。厚木市の養豚業者が協力してくれるそうで、私には成功の予感がする。海藻にはミネラルが豊富なので肉の味わいが深くなると期待されている。この五月には、「鎌倉海藻ポーク」としての販売を目指すという。

これは農林水産省の六次産業化事業の認定を受ける可能性が高い。海藻の飼料化は、女性の優れた感性とアイデアの賜物である。かかるアイデアは他にないのだろうか。各自治体は研究すべきである。

豚は、たいていの物を食べる。そして豚を育てねばならない状況にあるのはどの自治体も同じ。ならば、特徴ある豚を売り出してはどうだろうか。豚を活用すれば、相当な種類の商品を開発することができる。私は「犬鳴ポーク」を使って、生ハムを作ってみたが旨かった。それにしても豚コレラの被害は大き過ぎる。

（二〇一九・四・一三）

二七、小野市が取り組む「そろばんリユース事業」

二〇二〇年の東京オリンピック・パラリンピックのメダルは、小池百合子都知事の発案で使用済みの携帯電話を回収して作成されることとなった。貴重な金属が使われている携帯電話、有意義な活用だ。都庁をはじめ、全国五三四の郵便局に回収ボックスを置き、ＮＴＴドコモや日本郵便の協力で二〇一九年三月末までの回収、協力を呼び掛けている。

クラレという会社は、不用となったランドセルを集め、アフガニスタン、バングラデシュ等の途上国の子どもたちに寄贈してきた。昨今のランドセルは強く、六年間も使用しても、まだまだ使えるのだ。自社製品の強さの自信もあろうが、クラレは送料までも負担する。

有名なサッカー選手が、不用となったスパイクを集め、途上国に贈って普及のために貢献したり、野球選手がグローブを集めて贈ったりする運動は日常的になった。先進国の豊かさの一部を途上国の若者におすそ分けできる日本、心ある選手たちの善意で行われてきた。物を容易に集め得ても、送料の調達に大きな苦労が伴う。

「そろばんのまち」で知られる主要生産地である兵庫県小野市では、市民の提案で古い未使用のそろばんを回収して、途上国へ寄贈中だ。市民が協力するので、多くのそろばんが集まるという。自治体と市民が共働して展開する国際交流の見本であろうか。

国王が先頭に立ち、珠算熱の高いトンガ王国等、八カ国へ贈ってきた。「そろばんリユース事業」と銘打って、二〇一〇年から実施、これまでに七六〇〇丁以上贈り、低予算で地方都市の国際交流に実を上げている（『20XX年地方都市はどう生きるか』宇恵一郎氏著作）。そろばんを普及させれば、やがて新品を求めるようにもなろう。一種の投資である。

小野市のごとく、昔から伝統的な品々を生産する自治体は全国にある。で、小野市のような同様のアイデアがあってもいいと思う。住民が一つの目的に向かってまとまり、役所と行動を共にすることは活性化に力を与えるばかりか、地場産業を見直すことにもつながる。住民のアイデアを自治体が、いかに有効的に活用するか、自治体幹部の責任は大きい。小野市からは、市長が先頭に立つリーダーシップと柔軟性と行動力の必要性を教えられた。

もし、地場産業がなければ、着用しなくなった子どもや大人の衣類を回収したり、さまざまな使用しない靴を集めたり、不用品を途上国に贈る運動は住民参加・協力の国際交流となろう。

豊かさを謳歌する私たちは、途上国の物品不足、貧しさの現状について理解していない。自治体が音頭をとって市民参加のもと国際協力する姿勢が、やがて自治体のパワーとなる。面倒くさがってはならないのである。

地方再生、創生といえば、己の自治体をいかに活性化させるかを直線的に思考するけれど、途上国の人たちを支援しようとすることによって、その自治体こそが蘇る。しかも国際性を住民間に浸透させるだろうし、子どもたちにも好影響を与えるに違いない。

仏教の教えに「雉《きじ》、林火を救う」という話がある。一羽の雉が自分たちを育んでくれた林の大火事を鎮火させようと必死になって水を運び浴びせる。しかし、大火事は一羽の雉の努力だけでは消すことができない。

天からその様子を眺めていた神が、雉に問う。「いつまで運び続けるのか、一羽の運ぶ水だけでは鎮火させるのは無理ではないか」と。雉が言う。「命ある限り運び続けます」。

その言に感激した神は、瞬時に雨を降らせて雉の努力と執念に報いるという話。つまり、本気になって、必死になって、無欲で努力すれば、協力者、支援者、理解者が出現するという教えである。各自治体は、かかる努力をしているだろうか。

日体大は採算を度外視して北海道網走市に高等支援学校を設立した際、期待もしていなかったのに突然、北海道庁と網走市および日本財団が多大な援助をしてくれるようになった。地域社会発展のために犠牲的精神を発揮する、新しい共生社会を創造する、この日体大の行動が共感を呼んだらしい。

自治体は、住民を巻き込んで新しい運動に取り組むべし、だ。「無欲は大欲に通じる」。

（二〇一九・五・二五）

二八、自治体にも〝迎賓館〟を

滋賀県守山市を訪ねた。歴史のある街で、江戸から京都へ入る最後の宿場町という感じで、その風情を堪能した。夕方から宮本和宏市長は、私ども一行を旧家を改造した和食レストランに招待して下さった。店は市のものなのだが、経営は民間に委ねているとはいえ、守山市の迎賓館に映った。

地場産の近江牛を中心に郷土料理で接待して下さった。毎月、私はあちこちの自治体を訪問させていただき、自治体幹部と夕食を共にする。ほとんどは、その地の料理屋さんかレストランである。地方自治体は、知事には公邸があるが、市や町の首長には公邸がない。ぜいたくだと決めつけられているからだし、首長の地位も軽いものになってしまった。守山市を訪ねて思ったのは、各自治体も賓客を接待する施設のようなものを持つ必要性だ。

どの国家も外交力強化の一環として、大使公邸や総領事公邸で賓客をもてなす。そこには自国から呼び寄せた公邸料理人がいて、外交の武器にしているのが一般的である。二〇一三年にユネスコが和食を無形文化遺産に登録したことによって、各国にある日本大使公邸や総領事公邸での招宴外交には人気があり、日本外交の底辺を支えてくれている。その国での人脈づくりや交際を広げるのに役立つばかりか、情報収集、政策づくりにおいても重要である。

私は各自治体も時代の変化により、あらゆる機関、組織と連携をとらねばならなくなってきたと思う。関係を深めるためには、会話を弾ませて胸襟を開くのは、やはり宴席に限る。そのための施設を各自治体が持っていない。つまり、各自治体は国の外務省のような部署を持たず、かろうじて渉外係を持つにとどまる。いかに内向きの政治ばかりに取り組んできたか、各自治体も発想を変えねばならないであろう。もう、世界中から賓客がやって来るのだ。

各国にある日本大使館等で困っているのは、腕の良い公邸料理人を確保するのが難しいことである。外交の足腰強化に役立つ日本料理、これを支えてくれる和食料理人が多くはいないのだ。給料が十分でない、自由時間が少ない、外地での生活を好まない等の理由もあろう。大使や総領事が赴任国の内示を受けての最初の仕事は和食料理人のスカウトだが、短時間で料理人と良好な人間関係を築くのは難しい。で、途中で料理人が帰国したりもする。

給料が安いためにタイ人やフィリピン人の和食料理人を雇用する公館も少なくない。料理人は招待客の前に出ることはないので、外国人でもいいにしても和食を日本人が作らないのは悲しい。料理人の給料は国が出すが、それでは十分でないため大使や総領事がポケットマネーでプラスする。

それでも世界的な和食ブーム、腕のいい和食料理人は外国の高級ホテルに法外な給料でスカウトされる。その争奪戦は、私たちの想像を超える。天ぷら料理、鉄板焼、かかる料理店は世界中にある。各自治体にあっては、郷土料理があるのだから大きな武器となるが、それを公的に利用しようとはしない。封印した背景には、宴席はぜいたくで無駄、一部の高官の特権と決めつけられてきたからであろう。欧州の大学を訪問すれば大学が迎賓館を持っていて接待してくれたことを想起するが、自治体も賓客を迎えることができるように工夫すべき時代に入っている。

その地の食材を用いた郷土料理を提供し、自慢の地酒やワインでもてなす。古い民家を自治体が買収し、内装を近代的にすれば魅力的な館となる。これを迎賓館にすればいいのだ。郷土料理と宿泊でもてなす、あちこちから視察団が来訪するに違いない。既存の発想と役所の組織を見直す時代に突入している。

同じ食べるにしても、人は権威を感じさせる席で食することによって満足する。時に私も総理公邸や議長公邸の宴席に招かれるが、何となく満足する。各自治体も多くの人たちを満足させ、行政に協力してもらう発想も大切だ。自治体に欠落しているのは、外交力である。

（二〇一九・八・一〇）

二九、郷土料理を前面に売り込め

高校生だった頃、映画「世界残酷物語」を見て驚いた。生きている猿の脳ミソを食するシーンは、この世のものとは思えず、驚きを禁じえなかった。が、人間は古代の樹上生活からサバンナで暮らすようになって以来、狩猟、採集で生きてきた。

ヒトには投石本能があり、ヒトだけが石を投げる動物で、この本能によって狩猟が可能となった。が、石よりも槍《やり》を投げる方が獲物を仕留めやすい。ブーメランも樹に止まっている鳥には効果的。やがて弓矢を発明して、銃を造る時代まで続いた。

狩猟のための道具が、獲物から人間に向けられるようになったのは、残酷といわねばならない。動物を良質のたんぱく質を得るために古来より食してきた人間は、戦争という最も残酷な行為を繰り返してきた。

ともあれ、人間はベジタリアンを除いて肉を食する。ペルーではネズミ科の動物を食べる、中国や朝鮮では犬を食べてきた。日本人からすれば、信じがたい動物を食べる人たちが世界中にいる。ヘビを中国やタイの人たちが食べ、その血までも酒の中に入れて飲む。食文化は、国や民族によって大きく異なり摩擦を起こす。捕鯨が、その最たる問題だ。

　野性動物と環境保護の思想は大切で、ヒトと共存する地球でなければならないが、わが国にあっては、シカ、イノシシ、クマ、サル等が増加したため国民生活に悪影響を与えるに至った。どの自治体も駆除を兼ね、低カロリー、高タンパク質、鉄分も多いジビエの売り込みに努力されているが、日本人は食生活に関しては保守的、新しい食材を食卓に並べようとしない。

　パリの市場を歩くと、ウサギやカモが首つきで吊られている様子にビックリする。自民党は、全国のシカ、イノシシ等の食材を売り込むのに熱心で、そのための処理場建設には補助金も出してきた。しかし、健康ブームであるにもかかわらず、ウシ、ブタよりも健康的といわれる食材がブームにはならないのだ。

　熊本へ行けば、馬刺しの看板がやたらと目につく。名物の馬刺しを食べてみたくなる。このヘルシーな馬肉、高栄養である上に美味だ。

　だが、なぜか馬肉は、牛肉や豚肉のように全国民の食する食材とはならない。生産量にも問題があるのかもしれないが、全国的に広がりを見せない。地域だけの名物でしかないのだろうか。熊本の郷土料理で定着させてしまうのは惜しい気もする。

　馬肉の年間生産量は、熊本県がダントツで福島、青森、福岡、山梨と続くが、熊本馬肉はブランドになっている。そもそも馬肉は牛肉の代用としての扱いであった。それだけ美味であるのに普及しなかった。いや、食肉馬は、子馬をカナダや海外から輸入して育てなければならないため、あちこちが馬肉産地となりがたいらしい。

　競走馬の役目を終えた馬が、馬肉になると考えられているようだが、食肉馬はサラブレッドの倍もある大きさで約一トンもある。トウモロコシ、大豆等の穀物をしっかり食べさせ大きくして、二、三年で食肉に加工する。この文化が定着していて、牛肉よりも安価で馬肉が提供されるのに普及しない。もしかすれば、あの美しいサラブレッド馬が、走れなくなったので残酷なことに馬肉になるという偏見があるのかもしれない。

馬刺しが熊本の郷土料理として有名になった。地域には、昔ながらの郷土料理がある。山形県の芋煮を東京・赤坂の料理屋さんで食べるが、自治体は郷土料理を前面に押し出して売り込んでほしい。ジビエだって専門に売る店があればヨーロッパのごとく売れようが、それらを耳にしない。

阿蘇の草原が馬を育てる環境に適していたため、そこで軍馬が育成された。戦後、食料難の折、その軍馬が馬肉へと転じたらしい。

郷土料理が誕生する背景には残酷さもあるが、何かしらの理由があって定着し、好かれるようになったのだ。郷土料理には歴史的秘話が詰まっている。

（二〇一九・一〇・一九）

三〇、芸術家が〝疎開〟する相模原市藤野地区

棟方志功の『板極道』（中公文庫）を読んだ。富山に家族で疎開し、住民たちの親切に接したり、山々の大自然を毎日眺めたりして創作意欲を高めていく。当時、都市部は空襲で危険、多くの人たちが地方に疎開した。棟方志功は、富山で支援者まで得て大輪の花を咲かせる起爆剤となった。富山には現在でも棟方志功の作品が多く残されているという。

芸術家にはアトリエが必要である。広いスペースが求められる。となると、都市部よりも地方の方が好ま

しい。戦前、藤田嗣治をはじめ日本を代表する多くの画家たちが、神奈川県の相模原市緑区にある藤野地区へ疎開した。東京からそれほど遠くはなく、緑の豊富な自然あふれる環境。藤田嗣治、猪熊弦一郎、中西利雄等、一流画家たちが藤野地区に住んだ。芸術家たちは、仲間から刺激を受け、互いに己の作品の質を高めて、大作に取り組む。

全国的に地方自治体が頭を抱えているのは、空き家問題である。和歌山、山梨両県では、五軒に一軒が空き家だ。地方自治体にあっては、過疎化現象がさらに進み、和歌山、山梨両県と同様に空き家問題に悩むこととなろう。子どもたちが都会へ、老人夫婦が地方に残る。核家族が一般的になって久しいが、同時に空き家問題を産むこととなった。

自治体によっては、これらの空き家対策として災害のために利用しようと考えたり、民泊への転用も視野に入れたりしているが決定的な妙案がない。自治体が空き家対策を専門に検討する職員を持たず、幹部も過疎化と空き家は時代の流れと決めつけ動こうとしない。前述した相模原市の藤野地区（旧藤野町）では、三〇年前に県が協力して「藤野ふるさと芸術村構想」を推進した。茨城県の高萩市も同様の政策を推進し、自治体が芸術家たちに住居をあっせんする。陶芸家のための窯づくり、画家のアトリエづくりまでも自治体が協力する。

芸術家たちは、感性を磨くために、創造力を盛んにするため刺激を欲する。芸術論を論じ合う同志も必要であろう。藤野地区には、今では約三〇〇人の芸術家が住み、活発な活動を続けているのだ。疎開で名だたる画家たちが住んだことから、旧藤野町が芸術家たちに注目したらしい。神奈川県の水源となっている相模湖があり、保安林が多くて開発ができない点も拍車をかけることとなったようだ。

ただ、金銭的に恵まれている作家は多くはない。空き家を安く利用できるように自治体が便宜を図る必要がある。藤野地区のように約三〇〇人も芸術家が移住してくれれば、中山間地に活気を与えてくれることとなる。

中央自動車道の藤野パーキングエリアから南側の山の斜面を見ると、腰を抜かすほどに驚かされる。藤野地区のシンボル、「緑のラブレター」が目に飛び込んでくるからだ。大きな封筒、横二六メートルで縦が一七メートルのラブレター。芸術村構想が湧き上がった一九八九年に、ＪＲ藤野駅からも見えるように緑の斜面を利用して制作されたという。旧藤野町の決意だった。両手で巨大な白い封筒を持つが、周囲の緑によって浮き彫りにされる。

また、「芸術の道」に彫刻作品が屋外美術館のごとく道路沿いに集中して設置されている。個性的な特色ある中山間地となっている。

やがて、この藤野地区から大作家が誕生し、藤田嗣治をしのぐかもしれない。地元住民たちが芸術家に理解を示し、芸術を愛する雰囲気を醸し出す藤野地区。ここでの空き家対策は、芸術家を増やすこと。同時に芸術家たちのアルバイトになるような仕事もあるといい。自治体がそこまでサービス精神を持てば、芸術村は空き家対策に苦しまずにできる。

が、過疎化が進み空き家対策に苦しむ自治体には、文化的発想が乏しくて企業の誘致だけに走る。北海道の富良野で創作活動をする作家、芸術家は個性が強烈である。この個性的な人たちを育てようとする気概が自治体にはないのだろうか。

芸術家の疎開地にして、芸術家を応援する道楽のような姿勢を明示すれば、面白い街を作れるのではないか。文化を育てる崇高な心意気ある自治体よ出てこい。

（二〇一九・一一・九）

三一、「子供ファースト」で学校の統廃合を

武部勤自民党幹事長（当時）の依頼で、北海道北見市へ飛んだ。北見市周辺の自治体にある公立高校が、少子化と過疎化で大幅に定員を割っているため、合併策が進んでいるので学校を見てほしいとの話だった。私は副幹事長として武部幹事長を支えねばならない立場。

たった一七名しか生徒のいない公立高校、これでは合併して当然だと、誰しも思うだろうが、合併は地元の大反対で失敗した。学校の統廃合の難しさは、実際にタッチしてみないと理解できない。そもそも選出されている地元の道議や市議が住民の側に立って反対する。統廃合の必然性なんてどうでもいいのだ。卒業生と住民の声は大きく、ついに北海道庁も諦めるしかなかった。

合併が成功すれば、廃校になった学校をどうするか、その利用方法について協力するための視察だったが、徒労と帰した。一〇数年前の話とはいえ、学校存続を望む声は大きい。

近年、災害が全国を襲う。防災対策上、避難所が必要であり、学校がその役割を帯びる。また、地域社会の交流拠点となっている場合が多く、生徒数、児童数が減少したからといって、容易に統廃合は進まない。ところが、文部科学省が適正規模とする中学校の学級数（一二から一八学級）の水準に満たない公立中学校が、全国で五割を超えていると産経新聞が報じた。ちなみに公立小学校も四割を超えているという。

学級数が少ないと集団生活を身につけるための機会が減るばかりか、教育の質の面でも問題が生じる。さらにいえば、財政面でも非効率であり、自治体を苦しめ大きなお荷物となろう。

学級数を増やすべく統廃合を進めねばならないが、学校の設置や運営は自治体に権限が与えられているため、容易でない。児童・生徒が多様な考えに触れ、協調性を育み、多人数によってさまざまなプログラムを体験させるための環境づくりが適正規模の学級数であろう。国が自治体に要望を出しても、地方自治体の権限内の問題であるがゆえ、少数クラスの小中学校ばかりになってしまう恐れがある。

地方自治体の行政は、小中の学区によって行事等も行われるのが一般的。学級不足の面よりも地域で学校の存廃が議論されれば、存続の声に圧倒される。通学が困難になる。時間がかかり、危険度も増す。理解できるにしても、「子供ファースト」を忘れてはならない。教育に不都合が生じるだけに学級数を増加させるために統廃合を進めるべきである。

スクールバスの導入が、あちこちの自治体で見受けられる。アメリカの小中学校の多くは、たいていスクールバスで通学する。学区が大きいに加え、小さな小中学校を作らないようにしてきたからであろう。人種の多い国にあっては、大きい学校の方が諸問題を処理しやすいともいえる。

地方自治体の合併が進まず、小さな自治体は少人数クラスの学校ばかりになる。想定外の少子化時代に生きているのだから、子供の教育を優先させるならば、自治体の枠を越えた教育政策が求められている。クラス替えができない、卒業まで同じメンバー、クラブ活動が人数が足りなくてできない、こんな小中学校を認めてはならない。人間関係を形成する機会の少ない学校社会は、いびつな人間を造り出す。教育学的に許容できない環境だ。

地方自治体に権限が与えられていて、国が口出しできない問題であるのは、地理的条件や財政負担が個々の自治体によって異なるに加え、地方自治体への介入とみなされるためであろう。自治体の責任が大きいのだ。小規模学校では、どれだけデメリットがあるかよく考え、どの自治体も「子供ファースト」で大胆な政策によって小中学校の学級数を増やすべきである。

廃校になった学校の使い方は、いろいろ考えることができる。防災センター、交流センター、観光客宿泊センター、外国人の研修センター。自治体のヤル気次第であると思う。


（二〇一九・一一・一三）

三二、閉店を考えるデパートに何ができるか

小学生になる前、母親が大阪ナンバ高島屋によく連れて行ってくれた。屋上の乗り物も楽しかったし、下を眺めると人が豆つぶに見えて驚いた記憶が今も強くある。南海電車の急行の止まらない和歌山とナンバの中間点に住む子供にとって、デパートは別世界だった。レストランで食べる料理もうまかった。

だいたいデパートは、その地の憧れの場所であるばかりか、ランドマークであった。たいていは商店街の中心に高層ビルとして鎮座していた。おいそれと、誰でも容易に入れるような雰囲気を漂わせず、文字通り高級感に支配される特別の店だった。母親もきちんと着物を着て、子供の私は革靴を履かされたことを覚えている。買い物の包装紙に権威があり、高島屋、三越、そごう、大丸のそれらは一目瞭然であり、うらやましかった。

そして、わずかな期間だったが、東京・日本橋の高島屋に縁あって勤めることになった。日本興業銀行とホテルニューオータニと高島屋と岩井病院の四団体で、日本初のホテル内にスポーツジムとクリニックを併設したクラブを作るために、スポーツ専門家の私が起用されることになったのだ。日大大学院の恩師である浜田靖一教授の人事だった。日本橋の高島屋七階の会議室で幾度も、飯田新一社長等に説明した思い出があ

る。

デパート全盛の時代で、デパートが消えるなんて予測する人は皆無。ニューオータニの敷地に「ゴールデンスパ・ニューオータニ」というスポーツクラブが完成し、稼働し始めたので高島屋を去り、私はアフガニスタンに派遣された。このスポーツクラブは今日でも異彩を放つが、ほとんどが私のアイデアである。

デパートの幹部には、威厳と品性があり、私は「ここにいては出世は無理」だと察した。あまりにもタイプが異なるし、何よりも私には品性が欠落していた。一つのプロジェクトが終了すれば、恩師への義理も果たしたゆえ、日本橋は遠い地となった。

三越が七〇年代に東京の高級住宅街の一角に女性をターゲットにした品のある小さな店を出店し、ブランド力を発揮した。だが、中途半端な店は、三越の力をもってしてでも売り上げを伸ばすことができず、地方都市の県庁所在地等の都市へ出店を開始する。各都道府県には、必ずデパートが一つあった時代の始まりは、八〇年代にさかのぼる。

どこの地方都市に行っても、郊外の大きな市に行っても、名だたるデパートが店を構えていた。スーパーマーケットと同じ発想での出店だったに違いない。各自治体は、有名なデパートの出店を歓迎した。自治体にとっては、一流の店々が軒を並べたり、商店街が活況を呈するのは大きな喜びであった。地価にも変化が生じ、自治体の固定資産税にも影響したばかりか、自治体のイメージを昇華させた。

しかし、近年、地方の有名デパートは、撤退の方向にある。赤字が何年も続き、好転する気配もなく店じまい。その傾向は全国的に広がっていて、デパートの時代が終焉《しゅうえん》を迎えようとしている印象を受ける。地方都市のデパートは、スーパーやモールとの競争に敗れて撤退し、不動産賃貸業へと移行する。さまざまな店じまいの理由はあろうが、車社会になって駐車場の差がデパートを苦しめた。

よく考えてみると、デパートでなければ買うことのできない品なんてないのだ。しかも高いとくれば、客は逃げようか。わずかにお中元やお歳暮の品々を売るだけのデパートになり下がったかに映る。閉店の続く地方のデパート、地域社会のインフラでもあるのに流れは止まろうとしないのは残念だ。

では自治体は、閉店を考えるデパートにどんな協力ができるのだろうか。私なら、デパートの中にまず「道の駅」を創る。すでにデパートの存在意義はなくなっているのだから、大衆性を持たせ、ランドマークとしての存在価値を守る工夫が必要だ。郊外の大型店やネット通販に敗れたデパート、その傾向は都市部へも及ぶ。デパートを助ける知恵持つ自治体よ出《い》でよ。

（二〇一九・一二・一四）

三三、地方の郵便ポストを守れ

近年の通信手段は多岐にわたる。が、私はアナログ人間、ハガキと手紙一辺倒である。ハガキは大学の絵ハガキを使うため、切手を大量に買いだめる。手紙だって切手が必要なので、気に入った記念切手を購入する。値上げした折、一円や二円切手を買って貼る。

ハガキと手紙、全て私は手書きである。機械を用いた文字には血が流れていないので、相手の心を撃つことができないと、決めつけている。日体大講堂の入り口に故保利茂元農林大臣の揮毫《きごう》による「優勝」がある。この大きな額の文字は、お世辞にも上手とは思えない。しかし、元気があり、味がある。で、私は、下手クソでもいいから筆で書くことにしている。己の個性、そのままでいいと思うからだ。

ハガキ、手紙派の人間にとって、最も大切なのは郵便ポスト。いちいち郵便局まで足を運ぶのは面倒ではないか。昔のあの丸い筒型のポストには威厳を感じ、間違いなく届けますという信頼感があったが、近年、すっかり、味のない箱型のポストに転じてしまった。大型封筒類とハガキ・手紙の分類を容易にするためなのだろうが、もう少し気の利いたデザインを考えることができなかったのだろうか。

その身近なポストが、利用者が少ない場所では廃止する傾向にある。日本郵便も株式会社になったゆえ、人件費支出を抑えるためには無駄なポストを撤去するのは当然であろう。しかし、高齢者からすれば遠いポストへ往復するのは骨が折れる。また、日本の郵便、ポストは誇るべき文化である。この文化を縮小させる方向にあるのは悲しい。

郵便ポストは、日常生活上、欠かせない通信手段である。だが、利用者が減少すると行政評価事務所では、廃止を選択せねばならなくなる。そこで、自治体は、郵便ポストの設置されている場所を確認し、廃止されないように気を配る必要がある。郵便局の仕事というより、自治体の住民サービスの一種だ。

日本郵便も、私たちが想像するような役所仕事をしているだけではない。住民の要望には可能な限り応えてくれる会社だ。例えば、大型ポストが撤去されても一回り小さいポストを設置してくれたりするサービスを忘れない。それゆえ、各自治体は撤去されるかもしれない利用者の少ないポストをチェックし、郵便局と相談して小さいポストに変更して完全撤去を防止する必要がある。

印刷が安価となり、機械の文字が一般的となったとたん、通信の早いメールの時代を迎えた。この人たちにはポストは不要だろうが、高齢化が進むにつれ、通信手段はハガキ・手紙へと逆戻りするという。また自治体は、住民に対してポストの利用を呼び掛ける必要もあろう。高齢者がポストへ行くのも運動である。ハガキや手紙を出すことを自治体は奨励してほしい。そうして文化を守ってほしい。

私は外国生活を幾度も経験した。毎日の楽しみは、郵便受けを見ることだった。ハガキや手紙を受け取った喜びは大きく感性を研ぎ澄ましてくれたと思う。私は、若い頃、大物といわれる人によく手紙で直訴した。世に出た人は、たとえ無名の一市民であろうとも無視せず、返事をくれた。多忙な大物になればなるほど骨惜しみをせず、返事をくれた。で、世に出るためには、小まめでなければならないと悟った。その第一歩は、ハガキや手紙を書くこと。

だからポストが気にかかる。とりわけ地方にあってはポストを撤去されてしまうと通信に困る。メールは手紙ではなくただの連絡である。メールに心がこもっていないと私は決めつけていて、己の手で文字を書くことだと思う。文字には究極の個性表現という意味合いもある。手紙やハガキを書くべきではないか。自治体には、ポストを減少されることは、その自治体の文化度を下げることだと認識するべきである。何もかも便利な機械化、その流れに乗ってこそ先進性と考えるのだろうが、私は逆だと考える。今の時代こそ個性の発揮であろう。国民の背にＪＩＳマークを付ける作業に協力してはならず、己を表現すべし。

（二〇一一・一・五）

三四、先端技術で仕事改革に取り組むつくば市

安倍内閣（第一次）、福田内閣と二回続けて文部科学副大臣を拝命した。副大臣は大臣同様、認証官ゆえ、皇居で天皇陛下から辞令をいただく。驚いたのは、そのリハーサルを首相官邸で行い、本番で陛下に失礼にならないように指導を受けたことだ。まずビデオを見て、次いで実際にリハーサルを行った。

辞令をいただいた後、すぐに文科省に入り秘書官が紹介される。次に前の副大臣と事務の引継式。そして

講堂で新大臣と共に職員の前であいさつし抱負を語る。それが終わったら、副大臣室で秘書官からスケジュールを聞く。慣例では、科学分野を担当する副大臣は、まず茨城県つくば市へ視察のために行くという。

つくば市には、約一五〇の研究機関が集中するのだ。宇宙開発機構（ＪＡＸＡ）をはじめ、わが国を代表する研究機関が目白押しの研究学園都市である。遠い感じがするけれど、電車で四五分で都内から行けるほどアクセスがいい。高速道路もあり、比較的容易に行ける。

昨今、このつくば市を国が高く評価しているという。朝日新聞によると、ソフトウェアロボットにより定型的なデータ入力などを自動化する新技術、ロボティック・プロセス・オートメーション（ＲＰＡ）に取り組む企業三社との共同研究でシステムを開発したそうだ。市民税の徴収や処理に伴う事務の単純作業を軽減することに成功した、と報じられた。

つくば市は、市の業務自体を実験場にして、企業を巻き込んで、積極的に事務の軽減研究を行っているのである。この発想と実行力に敬服するしかないが、市長は財務省のキャリア官僚を副市長に起用したことから始まる。それも二七歳の若い副市長である。既存の仕組みを活用しつつ、前例にこだわらない新しい発想で自治体を改革しようとしているのだ。

「役所仕事」という表現が昔からある。特に地方自治体では、いつも住民が用いる。形式や前例にこだわり柔軟性を欠き、しゃくし定規な扱いしかせず、加えて能率の悪い仕事をする。住民ファーストの姿勢をもたず、先例主義に拘泥する役所への皮肉、それが「役所仕事」である。つくば市は、「研究学園都市」にふさわしく、市の仕事を実験に用いて新技術を開発しているのである。まさに自治体発のイノベーションとして注目に値しようか。

もっとも、つくば市に限らず、全国の自治体が先端技術を活用しようとしている例も多数ある。例えば、千葉市ではドローンによる宅配サービス、北海道の無人走行するロボット農機、大分県では観光に活用できるロボットの開発等、自治体もさまざまな取り組みを行っている。もはや「役所仕事」を継続している自治体では、先が見えているという一言に尽きる。世はイノベーションの時代なのだ。

政府は働き方改革にも取り組んでいるが、自治体にあっても残業を減らさなければならない。ITを活用して可能な限り単純仕事を行い、人件費用が増えないように工夫する必要がある。そのための研究も自治体にとって必要である。自治体内には、そのための人材は不在であろうから、ベンチャー企業とタッグを組むのがいい。つくば市の場合も、ベンチャー企業の協力を仰いでいるのである。

つくば市はRPAを市の予算でやろうとすると、財政当局や議会の理解を得なければならないので、企業と市の共同研究という名目で行ったという。つまり、スピードをもって行うためには、アイデアが必要だったらしい。ベンチャー企業と組むことにより、アイデアも人材も提供してもらえるという利点もある。

税の徴収、仕事の効率化、そして残業を減らすためにRPAをつくば市とベンチャー企業が成功させた。どの自治体にも膨大な単純作業がある。選挙管理委員会や教育委員会等にも機械的で単純な仕事がある。税徴収と同じように発送業務もある。これらは先端技術を用いれば、さらに効率を高めることができる。イノベーションは、企業の専売特許と考えられていたが、自治体も参入する。

（二〇二〇・一・二五）

三五、魅力度向上へ今治市に学べ

私はタオル製造〝日本一〟だった大阪の泉佐野市で育った。紡績工場があちこちにあり、綿糸を染める染工場もあり、関連の仕事は多岐にわたった。シャットルという柿の木で造る織機で横糸を走らせる舟型した杼《ひ》を専門に製造する会社も数社あった。織物産業は、各社で分担して仕事をし、最後は織ったタオルをミシンがけする。これらは女性の家庭での内職、全員がタオルに関わっていた。

九州や四国から数多くの女子従業員が来ていて、商店街や映画館は常に人であふれていた。私の父親は会計事務所を経営していて、中小企業ばかりだったので大いに繁盛した。高校の夜間も定員増するくらいで、地方から来た従業員のおかげで街は活気に満ち満ちていた。だが、一九七〇年代に入ると、地方からの女子従業員の確保が難しくなり、織子に不自由する。そこで有力企業主は、四国の今治市（愛媛県）へ織物工場を移しはじめる。

今治市は、国会で大問題となった加計学園が設置した岡山理科大学の獣医学部のキャンパスを持つ。この今治市は、今やタオル生産高日本一である。泉佐野市は「泉州タオル」として売り出しているが、「今治タオル」には水をあけられている。完全に逆転してしまったが、これら日本製のタオルは、中国製品とは比べようもないほど良質である。

今治市は国の支援を受けて「今治タオルプロジェクト」を開始、国内外で積極的にプロモーションを展開中。空港や二子玉川（東京）のような人の集まる地にアンテナショップを作り、盛んに「今治タオル」を宣伝する。タオルの質の原点は、まず綿に尽きる。フランスのごとくマダガスカル産の繊維の長い綿を使用する製品は別格として、エジプト綿、パキスタン綿、インド綿を使用する日本のタオルも悪くない。私は地元の人間ゆえ、綿布やタオル、毛布等の織物の知識は豊富である。

さて、何を書きたいのかというと、今治市の産品想起率は、食品以外を除いて二〇一五年から〝日本一〟になったということだ。今治市のタオル組合、商工会議所、そして市が一体となってタオルを宣伝した結果、多くの国民が「今治タオル」の存在を知るようになったのだ。泉佐野市は、完全に今治市にお株を奪われてしまったのである。

デザイン、新製品、売らんがための研究も進み、中国製品より高価であるが、国民もだんだんと日本製の良さを理解するようになってきた。それにしても今治市はタオルで有名になったが、その背景に市自体が大きな協力をしたことを知っておかねばならない。この知名度は、つまるところ自治体の魅力と直結する。情報接触度や観光意欲度も増し、自治体の発展へとつながろうか。

毎日新聞によると、ある調査によって茨城県の大井川和彦知事が、「県のイメージを著しく損なっている」と怒りをあらわにしたという。それは民間シンクタンク「ブランド総合研究所」（東京都港区）の「都道府県魅力度ランキング」の順位だという。一〇年前の調査開始以来、ここ数年茨城県は最下位の四七位に位置付けされているというのだ。何をもって魅力というのか判然としないが、発表元は「あくまで県名の印象」だという。一位が北海道、二位が京都府、三位が東京都、四位が沖縄県である。いわば人気度の指標であろうか。

定義付けられない魅力度で最下位、大井川知事の怒りも理解できるが、茨城県は今治市に学ぶべきである。県だけではなく、アピールすべきもの、特徴的なものを大胆に売り出せばいいのだ。かすみがうら市には宝物がたくさんあるのだし、水戸市にも売り物が多くあるではないか。自治体は、「ボーっと生きてんじゃねーよ！」。

情報の時代であるのに、自治体が積極的にわが街をいかにして売るかの研究不足が目立つ。国民に自治体を知ってもらうことによって、さまざまな政策が生きてくる。ちなみに茨城の次に順位の低い佐賀県。江藤慎平や大隈重信を売り出し、県も本気になって動き出している。

（二〇二〇・一一・一五）

三六、歴史的建造物は遺すべきだ

東京・六本木の新国立美術館は、各種の催し物でにぎわっている。この美術館は、美術品を所蔵せず、もっぱら美術展のための会場だ。さまざまな芸術のための会場ゆえ、このような新タイプの美術館が求められていたことを理解することができる。が、この美術館建設に「待った！」をかけたのは、衆院文部科学委員会理事であった私自身なのである。

約六〇〇億円の予算、黒川紀章氏設計の大胆なデザインの近代的な建造物。外壁は四角のガラス、レンズであるかに見える中国製のぶ厚いガラスだ。しかし、私は反対した。その理由は、昭和八年に建設された日本最初の鉄筋コンクリート製の陸軍兵舎があったからで、日本建築学会等、多くの団体が「歴史的な建造物で、しかも卵型の珍しい設計である」ので、遺《のこ》すべきだと陳情を受けたからである。

なるほど、赤レンガの外壁は美しいが、古い。当時、東大生産技術研究所が使用していたが、どうみても機能的ではないかに映った。それでも、リニューアルすれば古風な美術館に変身できると私は思った。予算委員会で、文部科学委員会で、あたかも野党の議員であるかの私の質問に、遠山敦子文科大臣はタジタジ、ついに一部を遺すことで決着した。

そもそもこの兵舎は、第三歩兵連隊のもので、二・二六の際に兵たちがここから総理官邸に向かったのである。政府は総理官邸を新築したが、古い二・二六事件に襲撃された官邸は遺した。歴史的な建造物であるからだ。ならば、兵たちが出発した兵舎も遺すべきだと私は考えた。しかも、当時の兵や多数の関係者が、この建物を見学に訪れていたのである。

だが、私の反対論は遅すぎた。すでに調査費が執行されていたばかりか、設計も決定していて工事に入ろうとしていた。与党議員の挑戦は、一部を遺すことで勝利したと矛を収める。文科省の官僚たちも困るだろうし、建築学会や建築士団体の方々もそれだけで喜んで下さった。後日談、当時の文科省幹部は、私に「松浪先生のリニューアル論で押し通すべきだった」とのたまう。で、幹部たちは、古い文部省の建物を計画変更して遺すことにしたのである。現在、文化庁が使用している。

これらの話を想起したのは広島市に残る最大級の被爆建築である「旧陸軍被服支廠《ししょう》」の倉庫三棟のうち二棟を解体するという報道に接したからである。大正二年に完成した建物でレンガと鉄筋コンクリートを併用した珍しいものだ。軍服や軍靴などを作り、保管した倉庫。老朽化によって危険であるに加え、耐震工事に大金が必要だという。

歴史が金に負けてしまう図である。貴重な建造物を遺すという文化的思考が希薄である現実を悲しむ。役人たちは、「新築の方がリニューアルよりも安くつく」という数字、金額についてだけで論じる。このレンガ倉庫が、原爆に耐えたこと、被爆した市民が搬送された救護所として活用されたこと、建築物として価値が高いこと等々を、なぜ考えないのか。

何よりも観光資源になるではないか。広島県は、保存方法を考え、いかに三棟を活用するべきかを研究すべきである。知名度は、それほど高くないけれど、平和公園とともに原爆を語り継ぐ上でも貴重な、建築史的な建物を、なぜ保存しようとしないのか。予算的にできないのなら、「ふるさと納税」で全国民に呼び掛け協力してもらえばいいではないか。

この問題は、どの自治体にも共通する。歴史的な建造物は、どんな理由があれ、遺すべきである。合併によって庁舎を新築する自治体が多いが、価値高いものであるならば旧庁舎を遺してほしい。かかる公共物でなくとも、個人の所有する貴重な家屋についても条例を作って保存すべきである。住みづらい古い家屋も所有者の協力を仰いで遺すべきだ。

民泊施設が必要になってくる。自治体が宿泊施設を古い家屋を買い上げて造ればいい。観光客は地方にもやって来る。そのための心構えと準備はできているのだろうか。古い物、歴史を生かす時代である。

（二〇二〇・三・二二）

三七、「ふるさと納税」で国と闘う泉佐野市

「坊主憎けりゃ、袈裟《けさ》まで憎い」のか。総務省は、またもや泉佐野市をいじめる。二〇一八年度の「ふるさと納税」全国トップで四九七億円を集めた泉佐野市を、今年は特別交付税（特交）を約四億円減額すると発表したのだ。「ふるさと納税」と「交付税」は、まったくの異質な税で使途も違う。総務省は、「ふるさと納税」で独走した泉佐野市を一九年六月からの「ふるさと納税」を他の三自治体とともに除外した。今回の減額は、制裁であり、いじめである。

特別交付税については、私には強い思い出というか体験がある。衆議院初当選、最初の仕事は地元からの首長による陳情、それは特交の増額だ。当時の自治省へ行く。官僚に平身低頭して増額をお願いする。こうして私は故郷の泉佐野市の特交を毎年のように増額するために働いた本人であった。

本当は、地元に有力な与党議員がおれば、総務省もこんないじめをしないと思われるが、「ふるさと納税」

の制裁かのごとく減額するという。

総務省の官僚たちは、泉佐野市が政府にどれだけ貢献したかを忘れてしまっている。どのようにして、あの迷惑施設とされた関西国際空港を造ったのか。泉佐野市と市民の理解と協力があったからこそ、航空機時代の到来を見込んで築造することができたのである。神戸市、大阪市をはじめ周辺の自治体は関空の騒音を怖れて反対、泉佐野市が手を上げてくれた歴史は官僚の頭の中から消失したようだ。

国際空港の玄関口となった泉佐野市は、さまざまな国際都市としての投資を行ったが、リーマンショックをはじめ、航空需要の低下等で赤字再建団体へと落ちた。北海道の石狩市の次に財務状況が悪いといわれながらも、現在の千代松大耕市長の出現で、大胆な政策によって、ついに市を立て直した。その苦労を総務省が一番知っているはずである。

関空の街であるがため、災害復旧やあらゆる医療対策上必要な基幹病院を造った。市民病院から「りんくう総合医療センター」へと国と府の協力を得て衣替え、新型コロナウイルスのような感染症治療もできる国際基準を満たす立派な病院を持つ。政府の水際対策上、最も大切な病院ではあるが、やはり市の出費は大きい。特別交付税は、自治体の財源不足を補うためのものであり、泉佐野市はこの病院の運営経費に使う予定だったのに減額、新型ウイルス騒動中なのに総務省の感性が問われる。そんなに泉佐野市をいじめたいのか。

「ふるさと納税」をめぐって、市は除外決定の取り消しを求めた裁判では、大阪高裁が今年一月に市の請求を棄却した。理由は、不当な方法で多額の寄付金を集めた、からだという。国が地場産品で寄付額の三割以下に返礼品を抑えるように通知したのだが、これは「あと出しジャンケン」、泉佐野市の反論だ。

大阪高裁も、財政立て直しに必死になる、知恵をしぼる泉佐野市を理解していなかったかに映る。中央官僚の主張に負けた印象を受け、泉佐野市の創造力とアイデアを評価しなかった。

ところが、上訴した最高裁では、市と国の意見を聞く弁論を六月二日に行うと決定した。いよいよ高裁判決が見直される可能性も出てきたという思いがある。

泉佐野市は、私の故郷である。泉州タオルと水ナスの浅漬けだけが地場産品、「ふるさと納税」で小中学校のプール建設をはじめ諸施設の充実のために健全な形で使用してきたが、総務省は相当、泉佐野市にハラを立ててきたようだ。私にいわせれば大人げなく、見苦しい。評価するくらいの余裕があってもいいではないか。

泉佐野市は、孤軍奮闘。国と闘う姿勢を崩していない。自治体は国の奴隷ではなく、対等であるはずだ。全国の自治体の首長、議会は泉佐野市と同様、国とも闘うという姿勢を持つべきである。特別交付税は、地方交付税と同等の基準によって出されるが、特交についてはその基準がゆるい。で、泉佐野市をいじめたといえる。地方自治体と国が対立する図は悪いことではない。地方自治を守るためにも。（二〇二〇・五・二）

三八、タブーを除外しチャンスをつかめ

大阪府泉佐野市は、関西国際空港の開港をチャンスと捉え国際映画祭を開催した。二、三回の開催で幕を閉じたが、いい企画だった。当時の向江昇市長のアイデアで始められたが、地方で開催するには、ちょっと早過ぎた感じだった。立派な会場があり、十分な宿泊施設もあったのだが、航空機代が高価過ぎた。この集客のためのネックが地方での映画祭を撤退させる。また運悪く話題作にもこと欠いた印象を受けた。

地方での一流アーティストのコンサートは花盛りである。地方というハンディをものともせず、想像できぬくらいのファンが殺到する。日本財団は、数年前から東京・駒沢公園で障がい者たちの車イス駅伝を始めた。観客席は満員となる。応援団がスマップだったからだ。選手たちが場外を走っている際、スマップは数曲歌うサービス、会場は沸く。駅伝も盛り上がり、この大会は定着している。

既成の発想で、私たちはモノゴトを判断する。ＣＨＡＮＧＥのＧの小さなＴを外すとＣＨＡＮＣＥになる。小さなＴは、Ｔａｂｏｏ《タブー》のＴを意味しているという。改革をするためにタブーを除外すればチャンスが訪れるという教え。地方でのマラソンやコンサートの隆盛ぶりを見ていると、地方創生に求められるのは「感性」と「先見性」だと痛感する。優れた「感性」を持つ人材が役場や市役所に存在するかどうかのチェックが必要だ。特に役人の「趣味」を調査するがいい。その「趣味」が自治体の救世主になるかもしれない。自治体を瓢箪《ひょうたん》から駒、棚からぼたもちで再生させる可能性をはらむ。もはや一般的な普通の発想では、再生などおぼつかない。

私は、けっこうおしゃれである。身だしなみに気を配るだけではなく、靴から髪まで金をかけるタイプだ。ダンディというほどではないが、アルマーニやエルメスのスーツを愛用してきた。ともかくスタイリストであろうと努める人間である。美意識は大切で、服装に頓着しない人はグータラ人間でしかない。

男性よりも美意識、ファッションにうるさいのは女性。女性は年齢を増してもいつも衣服について考える。そもそも朝から化粧を宿命づけられているのだから「美」にこだわる。そこで、その女性の特性を地方自治体も活用するがいい。コンサートの地方興行は大成功、ならばファッションショーだって面白いのではないか。「東京ガールズコレクション」、略してＴＧＣをご存じだろうか。

東京・代々木をターゲットにして開催される、若い女性対象のファッションショーだ。なんと三万人を集めるイベントで、二〇〇五年に開始されて三〇回を迎えた。TGCの企画や運営等は「W・TOKYO」という制作会社がしているが、この会社の高邁《こうまい》なビジョンに頭が下がる。「すべての女性に、輝く舞台を」を標榜《ひょうぼう》していて、国連をも動かす力を持つ。若い日本人女性の発信力のすごさでもあるが、新しい文化が定着している現実を理解しておかねばならない。私も代々木で驚いたことがある。

私たちの感性や美意識や目では、まともに見られないキラキラ・ギンギンのド派手なファッションに頭がクラクラする。が、この信じがたいド派手なファッションこそが、今や世界中の若い女性たちを引きつけているのだ。

しかもTGCは、地方創生にも大きく貢献している状況についても知っておかねばならない。一年に五、六回、地方と東京でショーを開催してきたのだ。現在も地方からの開催を希望する声が多いという。代々木や原宿の若い人のファッション、私たちではついていけないが、すごい人気を誇り世界的なのである。「W・TOKYO」は、地方に協力的なのだが、全国からの申し込みに対応できないくらいだという。二匹目の若い女性相手のドジョウはいないのだろうか。あの奇抜なファッションショーに人気があり、地方でも満員になるという。何でもいいから、やってみようよ。それにしてもコロナ禍に泣かされる。

（二〇二〇・六・六）

三九、認知症を予防する方策

昨年一〇月、私は『私の肖像画・いろいろありました』（産経新聞出版）を刊行した。古希を過ぎ、比較的時間に余裕ができたので、己の人生を振り返って、それを活字にしようと考えた。認知症の予防にもなるだろうし「自分史」にまとめて人生を回顧するのも楽しい。何よりも糖尿病患者が認知症になりやすいというからクワバラ。

最初からそのように考えたのではなかった。がん治療を終えて職務復帰した頃、産経新聞社から「話の肖像画」の連載の話が舞い込んできた。面倒くさそうなので断ろうとも考えたが、ある意味では波瀾《はらん》万丈の人生、その生きざまは特異で小説的ですらあると言われてみると取材を断れなくなった。二週間、一〇回の連載だという。で、インタビューが続く。かつて日本テレビの「いつみても波瀾万丈」という日曜の午前に放送された番組に取り上げられ、出演した経験もある。が、連載が始まると、テレビ以上の反響が寄せられた。本人は、別段、何とも思わない事象だが、第三者からすればおもしろいらしい。あっというまに一〇回の連載が終わった。大きなトピックだけが活字になったが、私からすれば不満足、不完全燃焼。そこで小さな事も記述する「自分史」を書いてみようと考えるようになった。

昔を思い出すことは、脳を活性化させると耳にしたので、毎日が回想することが仕事となる。認知機能の低下を防止するどころか、すでに多くの事柄、体験を忘れてしまっている。で、書きたし、書きたして原稿用紙のマス目を埋めていく。私は今も手書き、アナログ人間そのものだが、辞書を片手に記述を楽しむ。

人生を振り返る機会は、それほど多くない。妻に質問しながら、記憶をたどる。まさに「自分史」作りは、認知症予防につながると実感する。妻と昔を思い出しながら語り合う機会ともなったが、どっちの記憶が正確なのか、思い出を共有していないことに気づく。私はこれまで多くの著作を世に問うてきた。が、「自分史」となると、家族のこと、一族のことも書かねばならない。とくに具体的に両親について書きながら、いかに愛情を受けたか、いかに迷惑や苦労をかけたかを回顧する機会ともなった。

政府も自治体も高齢者の認知予防や介護に役立つ政策に苦しんでいる。そこで「回想法」につながる「自分史」作りを支援する自治体も出てきた。それは随筆集、写真集、句集でもいいのだろうが、脳を活性化させるのが大切で、認知症を予防したい。自治体が各種の講座を開催して高齢者を刺激するのはおもしろい。老人大学なるものが全国あちこちにあるが、高齢者本人を主役にすべきだ。

東京都文京区は二〇一八年度から、委託した相談員が高齢者宅を訪問し、本人や家族と話し合いながら自分史をまとめる取り組みを始めた（日本経済新聞）。素人が、ましてや高齢者本人が、自身で「自分史」を作るのは難しいが、自治体が手助けしてくれるのだから、適当な緊張感をもちながらも楽しいに違いない。目次を作る。年代別に人生を書く。得意だったこと、住み慣れた地域のこと、自分らしく生きる動機を見つけたこと、書くことが多い。また、回顧する楽しみも大きい。

日本経済新聞は、「自分史作りは高齢者施設でも広がっている。こうした中、国立長寿医療研究センター（愛知県大府市）は、自分史を記憶したロボットと高齢者本人が会話することで回想法と同じ効果を生み出す研究を続けている」と報じていた。若年性認知症も社会問題化しているが、自治体も住民の脳の活性化についても考えねばならなくなっている。

そもそも、認知症は脳の働きが悪くなって障害が起こるものらしい。生活に支障が出るばかりか、家族全員が困ってしまう。厚生労働省の推計によれば、認知症患者は二〇二五年には七三〇万人、六〇年には一一五四万人に増加する可能性があるという。この数字は脅威的で、長寿はまっとうできても、多くの高齢者は認知症になる恐れがあると示唆している。さあ、自治体はどうすべきか、東京・文京区に続いてほしいものだ。

（二〇二〇・八・一）

四〇、専門技術の養成機関をいかに持つか

私の高校の隣に工業高校があった。地元に数多くの紡績会社があり、繊維産業が盛んで、あちこちから織機は音を響かせながら耳を打つ。シャットルの往来する織物は、当時の日本の輸出を支えていた。紡績、織物、染色等、子供でもその構造を知識として持つ。かかる産業を営む家の同級生たちは、工業高校に進学。その高校には、「紡織科」があった。

ところが、紡績や繊維産業が斜陽化し、坂道を転がるように工場の閉鎖が続いた。中国に人件費で水をあけられ、日本の機械が輸出されると産業として成り立たなくなる。すると、「紡織科」への進学者がいなくなった。全国に地元の特色を生かし、後継者育成のためのコースが高校に設置されていたが、産業に変化があると、そのコースは閉鎖された。

農業高校や農業科は、高度経済成長期には、お荷物的であった。が、バイオによる農業や園芸が注目されるようになると、状況は一変、女生徒までもが進学する。流行、傾向は予想しづらいが、大学までもが影響を受けて変化する。大学の推薦入学は、かつては普通科の高校生だけを受け入れてきたが、現在では多様だ。

農業科を卒業した高校生を各大学の農学部が受け入れる。工業科を卒業しても同様で、国立・公立の大学の工学部が受け入れている。名古屋工業高生が、名古屋大工学部や名古屋工業大に入学している現状は、高校の価値観が能力、偏差値に支配されずに適性と意識を優先させていると教えてくれる。私どもの日体大

は、全国の高校にある体育科生を受け入れていないのは、運動能力のレベルと学力に開きがあるからだ。

いずれにせよ、地域産業を盛んにするためには、専門家の育成が焦眉の急であろう。専門的な知識と技術がなければ、特色ある産業への成長は難しい。大学進学のためには、普通科が有利という時代は去った。その道の専門家になろうと強く考える意識の高い高校生を大学や専門学校は待っている。また、地方の大学には特色ある学部や学科が設置されている。

たとえば、山梨大学の生命環境学部地域食物科学科の中にワイン科学特別コースがある。学部一年生から修士課程修了までの六年間でワインづくりの名人を養成しようとしている。日本唯一のワインを専門とした教育・研究機関である。山梨県は、「ワイン県」を新しく知事になった長崎幸太郎氏が宣言した。ぶどう生産日本一の山梨県のワインづくりの意気込みが伝わってくる。

イチゴ王国の栃木県。県は二〇二一年度から県立の農業大学校（宇都宮市）に、日本初となる「イチゴ学科」を開設するという。栃木県のイチゴ収穫量は、この半世紀ずっと全国一位で、栃木の代表作物である。代表品種は「とちおとめ」、栃木県の稼ぎ頭である。

しかし、近年、福岡県は「あまおう」、静岡県は「紅ほっぺ」などを生産し、各地で各地なりのブランドイチゴを作っている。神奈川の伊勢原市でも大粒の甘いイチゴを首都圏で売りまくっている。各地域の新品種の開発は、まさにスポーツなみの競争、しのぎを削っているのだ。で、すぐになぜか韓国や中国でも生産されるからたまらない。

全国の農業で問題視されているのは、生産者不足と高齢化である。昨今の農業には魅力があるとはいえ、栃木県は特色ある学科を新設することによって、若者を全国から集めようとする作戦に出た。イチゴ農場経営に強い意欲のある人材を育成し、イチゴ生産日本一のタイトルを死守しようとする栃木県。

入学時は農業の基礎知識から実践的なイチゴ栽培技術や経営管理等を学び、将来のイチゴ専門経営者を育成する。イチゴ栽培には、観光の一面もある。旬の季節には、あちこちから「イチゴ狩り」の客が訪れる。出荷、観光、単なる農業ではないだけに専門知識が求められる。また、新種づくりの面白さもある。

時代は多様化しているとはいえ、専門技術や知識が地域社会には必要だ。その養成機関をいかに持つか、その器量と実行力が各自治体に求められている。

（二〇二〇・八・二九）

四一、歴史的遺産「城跡」の活用を

スウェーデンの歴史あるリンネ大学（学生数三万）と日体大が交流協定を締結する際、その場所に驚かされた。広い大学キャンパスの片隅にある古色蒼然としたキャッスル（城）で行うという。式典を行う立派な会場だった。レストランもあり、ホテルとしての客室もあった。

欧州の城は石造り、戦災を逃れた城はどこでも活用されている。歴史と文化の重みを痛感させられるが、私たちも欧州の城の扱いについて学ぶ必要がある。歴史との共存だ。

私の兄たちが学んだ岸和田高校は、岸和田城内にあった。岸和田城は公開されていて公園にもなっている。城内の端には武道館も建つ。石庭が特に有名で、多くの見学者も来場。この城は、人々にとっては街の誇りともなっていた。城は鉄筋コンクリート（ＲＣ）製の天守だが、城のあの独特のデザインが日本人をとりこにし、心を撃つ。

幼い頃、父親に大阪城に連れて行ってもらった鮮烈な記憶がある。石垣の石の大きさにビックリ。小豆島から運ばれたと聞いてビックリ。日本建築の堅固さや設計、城庭の広大さに興味を募らされた。ニッポン再発見に私たちの「城」が大切だと思われる。

近年、ＮＨＫをはじめ多くの放送局が城を取り上げる。日本国内に約三万の城跡があるという。どの自治体にもいくつもあるという計算だ。で、これらの史跡が活用されているのだろうか。ＴＶが熱心に城について放送し、ファン層を拡大中なのに指をくわえているだけだとしたなら、かなり鈍感、無能と言うしかない。

どの城にも地理や地形の特徴を生かして築城、一様でないところに魅力と緻密な戦略性がある。非日常の観光資源の大要因である。

二〇一九年春、平成最後の築城と話題になっていた尼崎城が完成。城跡は歴史遺産の中でも、住民たちの原風景だ。兵庫県尼崎城は、江戸時代に築城されたが、明治期に取り壊された。が、市出身の篤志家が私財を投じて築城、恩に報いて寄贈したという。初年度の来城者は二一万人、城の人気の高さを教えられる。

この尼崎城の一例は城跡をもつ自治体に大きな示唆を与えてくれている。東京・千代田城は、日本人にとって歴史の役割が引き継がれつつ、国民に開かれた城跡であるが、尼崎城は役割を終えたときに壊されたものゆえ復元が可能だった。ところで、歴史に埋没した城跡を放置したままにし、その歴史的遺産を活用しないままの所も数多くある。もったいない話だ。

築城する場合、いかにして建設費用を調達するか。自治体や観光協会のアイデアが試される。「ふるさと納税」もあろうし、高齢者の遺産の寄付、またはクラウド・ファンディングで全国からの寄付も考えられるが、まず自治体が城遺跡を重要視しているかが問われよう。観光資源の開発も大切だが、歴史とその土地柄で、住民の心の原風景と故郷の誇りを育てていくことも大切だ。熊本城の復興、首里城の復元は、それらを求める地元の人々の心の大きな叫びであろう。

代議士時代、共に古典的な建造物を遺す運動をした同志の河村たかし名古屋市長は、名古屋城をＲＣ造りから木造での建て替えを目指す。歴史に忠実な名古屋城の復元、市長の英断だ。建築基準法は、大型木造建築を規制してきたが、改正されて木造復元が可能となった。歴史的大型木造の城として歓迎され、人気の的になると想像することができる。

城は、瓦を用いて漆喰を使った黒と白の絶妙なコントラストで、日本人の魂を揺さぶる。城郭ファンは、間違いなく増加している。城には、必ず「物語」「伝説」が存在する。城跡もつ地域、自治体にあっては知恵を出して城郭整備に乗りだすべきである。今後、新しい発見もあり得る歴史。観光時代を迎えている今、歴史と文化が国民間に深く浸透するように考えてほしい。城跡の活用は、自治体の再認識と取り組みとともに、スケールの大きい地域おこしとなりそうだ。

どんな城にもファンは大変な興味を持つ。


（二〇二〇・九・一二）

四二、緑地保護に熱心な大都市横浜に学べ

働き方改革と同時にコロナ禍によって、何もかも地元志向になりがちである。で、地元の有名な名所や公園を訪れる。行政が住民のためにどれだけ憩いの場を整備しているかが問われる。都市部は公園や広場の設置は難しいが、少し足を伸ばせば緑の豊かな里山のような環境が整備されておればありがたい。

横浜市は三五八万人の人口を持つ。わが国を代表する貿易港、海岸線や山下公園のように港湾近くの街を

想起させられるが、実に大きな市である。特に三〇数年前から港北ニュータウンの開発や、新幹線の新横浜駅近辺の開発によって、人口増加の一途をたどる。港北ニュータウンには、あちこちに里山や森を作り、豊富な緑を生かす。ハイキングコースも多数あり、横浜市の大都会の都市というイメージを払拭《ふっしょく》する。市民税としての緑税が生きている。

横浜市は、さまざまな森を守り、里山と一線を画し、樹木の特徴を教えてくれる。神社の境内などに植えられているカシやシイの常緑広葉林は、横浜の原生的な森に多いらしい。スギやヒノキは針葉樹、そして竹林、これらは人が生活する上で植林されたものである。ブナ科のクヌギやコナラは、昔から関東の武蔵野に自生していた樹木だが、人々が暮らすうちに林を作り、材木のためにも必要としたのであろう。

これらの森が横浜市のあちこちに点在し、森の周辺には水田や畑があって里山を形成している。地元の自治区で店を出したり、陶芸場を経営したり、民間活力で釣り堀、レストラン、ゴルフのショートコースなどがある。駐車場とトイレをあちこちに作り横浜市は五カ所の里山に「ウェルカムセンター」を設けている。このセンターに展示されている産物、昆虫の標本や動物の剝製が面白い。

横浜市は、民間の人たちの協力を得て、二〇数カ所の里山と市民の森を持つ。都市としての開発が進み、郊外の小規模な農家が多いだけに、市が協力して市民の要望を生かすために景観を残す政策をとってきた。美しい自然こそは、私たち日本人の原風景、四季折々の風情は潤いある生活を提供してくれる。自治体が、その地区の人たち、自治区の住民たちと自然環境を守り生かすという理念の共有あればこそ、横浜市のごとく里山や森を整備することができる。その意味では横浜市に学ぶべきだ。

高価そうなカメラを首からつるす人、バードウォッチングのために双眼鏡を持つ人、ヘラブナ釣りのために釣竿を手にする人、里山を少し歩くだけで異なった目的を持つ人たちに出会う。全て自然を相手に楽しむ人たちだ。近代的な都市生活を続ければ続けるほど、私たちは自然を求める。その自然が、ごく近くにあるとすれば、私たちの精神もなごむ。

横浜市は森の土地所有者の理解と協力を得て、「市民の森」「ふれあいの樹林」として保全した上で公開するのに成功している。里山や森を歩くためには、マナーを守ることを求め、自然の保護に注意を促す。火やコンロは使用しない。ポイ捨てはしない。道から外れない。ゴミは持ち帰る。生き物を持ち帰らず、持ち込まない。このほかにもフィールドマナーがあるが、森や里山は個人の協力で存在している現実を知っておかねばならないが、横浜市はパンフレットや看板で注意を喚起しているのには感心させられた。

森をウォーキングしながら自然に触れる楽しさは、日常のストレスを吹っ飛ばしてくれるが、コースから外れるとやっかいだ。横浜市は、ていねいな地図を配布したり、コースごとに矢印が迷子を防いでくれる。案内サイン、トイレ、ベンチ、水飲み場、そしてバス停まで案内が行き届いていた。

さらに一年を通じて多岐にわたる催し物、行事などもあり、参加を勧めてくれる。横浜市環境創造局みどりアップ推進課が、これらの里山や森を管理しているのだが、あちこちに公園緑地事務所が置かれ、住民サービスの質が高い。これほど緑地、自然保護に大都市の横浜市が熱心であることを各自治体は学ぶべし。

（二〇二〇・一一・一二）

四三、大阪の「都構想」が投じた一石

二〇二〇年一一月に行われた二回目の大阪市の「都構想」は、住民投票の結果、再び否決された。賛否の

差は、わずか一万七千票、提案した大阪維新の会からすれば、あまりにも無念だったに違いない。とはいえ、府と市の二重行政をなくそうと提案して、住民にその判断を委ねた積極性は評価されていい。

橋下徹大阪府知事が誕生した折、私は知事と府と市の二重行政について語り合ったことがある。当時、府と市の首長の支持母体が異なり、市は府に対して協力的であったとはいえない状況下にあった。かつて府と市が協力してオリンピック誘致運動を展開し、立候補して中国・北京に敗れた際は、両自治体の関係はまず良好であった。

もともと府よりも市の方が権威があると見られていた。市長の方が知事よりも給料が上、市会議員の給料は府議会議員を上回り、市会議員が秘書を持つという具合であった。

そもそも大阪市は、日本最初の市であり、その歴史と伝統は市民も共有し、誇りとしていた。その「大阪市」を廃止しようという住民投票は、市民にとっては複雑な思いがしたのかもしれない。選挙では強い支持を得ていた大阪維新の会をもってしてでも「大阪市」を廃止することができなかったのである。

市民の「大阪市」への愛着があったかもしれないが、橋下知事が誕生し、市長も維新の会が占めてより、府と市の対立はなくなった。この状況が一〇年も続けば、市民たちは何の不合理性を感じず、今のままでいいではないかという投票結果を招来させたと思われる

大阪府が活力を失したのは、太田房江知事が当選する以前、横山ノック知事を生み大企業が本社を東京へ、東京へと移してからであろう。太田知事になっても流れは変わらず、改革は一歩も進まずじまいだった。変化のない大阪、府民は橋下徹という人材を知事に就任させ、活気が戻ってきた。いや、改革がどんどん進んでいたかに映ったばかりか、市の失政を次から次へとあぶり出す。

で、府と市の対立が激しくなり、維新の会の橋下知事が市長選に打って出るという奇策に走る。まさに橋

下劇場の幕開けであった。「オモロイ」ことの好きな大阪人、橋下劇場のキップを買いまくった。今や、府議会も市議会も第一党が大阪維新の会だ。地方政治のあり方を徹底的に有権者に訴え、理解を得ている限り、維新の会は強い。加えて国会議員も維新の会が力を発揮している。

ただ、堺市を巻き込むことができなかったところにインパクトを欠いた印象を受けた。当初、堺市も都構想に参加することになっていたが、当時の市長が寝返った。いや「堺」という歴史的な地名を失いたくなかった住民は、大阪市と一線を画したように映った。堺市には独特の文化があり、世界遺産もある。最初から都構想に入るには無理があった。

さて、この大阪の都構想は、全国の自治体に、自治体のあり方、地方分権について、地方議会のあり方に一石を投じたといえる。地方の成長や課題を考えた場合、中央の大政党の流れをくむ議員が多数を占めた方がいいのか、それとも地方議会の構成は独自性が大阪のようにある方が好ましいかもしれない。地方議員は、国会議員の集票マシンにならず、自治体のため、住民のための存在であるべきだ。

さらに、全国の県庁所在地の自治体と県の関係を見直す機会を都構想がもたらしたともいえる。二重行政がどうなっているか、政令都市としていかに独自性を発揮しているか、自治体のあり方を問われている。また、改革を推進させ、地方分権の議論や広域行政の研究等にも取り組む必要がある。

大切なことは、選挙権を持つ住民の意識がどうかも問われる。政策を提示できない候補者に投票するような、縁を重視するような投票行動が昔日のごとく定着していたのでは自治体の発展は望めない。近年、自治体の議員を就職と考えている候補者も目立つという。選挙民が本気になって自治体を考えるような時代を迎えたいものだ。

（二〇二一・一・一一）

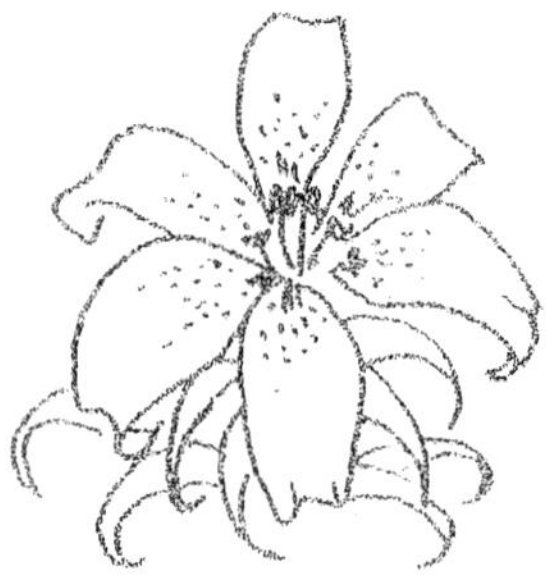

Ⅲ　感性とアイデア

一、伝統技術の承継を！

春から夏にかけて欧州を旅する一番の楽しみは白アスパラだ。マヨネーズをかけて太い茹でられたアスパラをナイフで切って食う。最高の美味である。あとは、ワインやビール好きでもフライドポテトで十分。私などは、昼も夜も白アスパラとポテトで満足する。白アスパラの栽培は手間がかかるうえに難しいという。緑の普通のアスパラは年中、マーケットで売られているが、輸入品の方が安価。人件費の問題なのだろうが、輸入品は細い。もちろん、味は国産に遠く及ばない。

太くするには幾年もかかるらしい。網走市に今春、日体大は特別支援高校を開設したが、そこで農業実習で白アスパラを栽培しようと考えている。生徒たちが作るため人件費は不要だ。立派な太い白アスパラを作りたいものだ。

都内の高級マーケットでは白アスパラも販売されてはいるが、緑の五、六倍もする高値だ。刈り取ってから白アスパラは、四、五日するとクニャクニャになって商品価値がなくなるため、どうしても高価になる。昔から白アスパラは缶詰にして売られてきた理由がわかる。

生徒たちの生産した白アスパラを空輸で東京へ送り、マーケットと契約して販売する。生徒たちの学費負担を軽減できれば、と考えている。机上の話ゆえ、実際、計画通り運ぶかどうか自信はないが、実現させたいと意気込んでいる。素人の浅知恵だが、面白いと思う。網走市の隣りは北見市。昔は薄荷《はっか》の大産地だった。特産品だったのに、これも人件費の高騰で作られていないのだ。しかも化学の力で薄荷と同じものを人工的に作成できるというから、農家が取り組まなくなるのもうなづける。で、私たちが復活させたいと準備する。

特徴ある産品を人件費の問題や輸入で消失したモノが全国にある。伝統あるモノづくりだって消えてしまい、大切な技術までもが雲散霧消してしまう心配も募る。日本人は安いという理由だけで飛びつき、伝統技術を軽視する傾向にある。

一〇数年前、日本の炭鉱が、すべて閉鎖されることとなった。しかし、九州と北海道の二カ所で細々と国の力で発掘を続行中である。採掘技術を伝えるためであり、いつか国産の石炭が必要になる場合に備えての国家策である。農産物にとどまらず、あらゆるモノづくり技術を、単に伝えるだけではなく、復活させる研究が求められる。

後継者不足のために、伝統技術にＳＯＳのランプが灯る。経産省、農水省、文科省は、調査を密に行い対策を早急に練るべきであろう。おおむね、地方の産品が危機に瀕している。いつの世にも好奇心の旺盛な若者がいる。その啓発のための努力を地方や国がしているだろうか。

京野菜や江戸野菜が見直され、売られている。高価であろうとも、特徴があれば売れる。私の故郷である大阪・泉州では、特産品の水ナスの浅漬けが高値で全国で販売されるほど人気が出てきた。まさかあの水ナスが高級野菜になるなんて、地元の人たちは考えもしなかった。ちょっとした工夫が大化けした好例であろうか。

輸送手段やパッキング方法が飛躍的に発達した。生鮮食品でも翌日には配達される便利さ。先日、広島から驚いたことに「お好み焼」が贈られてきた。「チン！」しただけでおいしくいただいた。知恵と工夫で地方の産品は、間違いなく蘇る。

（二〇一七・三・二五）

二、五輪のレガシーは健康寿命

いつの頃からか、オリンピックの「レガシー」（遺産）が盛んに語られるようになった。二〇二〇年の東京開催が決定してから、その「レガシー」作りが議論されてはいるが、今のところ決定打なし。競技場はじめ試合会場もレガシー候補であろうが、話は小さすぎる。

一九六四年の「レガシー」を想起、回顧して、二〇年を考える必要がある。敗戦国ニッポンが、わずか一九年で先進国の仲間入りを果たし、近代国家を建設したと世界中にうたいあげた東京オリンピック。時代の流れはあったにしろ、ニッポンは革命的変貌を遂げたことを忘れてはいまいか。

「都民ファースト」なんてケチくさい。六四年は、「国民ファースト」だったと述懐する。東名・名神高速道路、新幹線などのインフラ整備は横に置き、国民生活向上のために、政府がどんな政策を実現させたか反すうすべきであろう。私は文字通り、革命だったと思う。

まず、売春禁止法が成立。健康保険制度や国民年金制度が確立。上下水道が整備され、水洗トイレが推奨され、ハエを食卓から追放した。一一九番と救急車のデザインの全国統一。野良犬を駆除し狂犬病をなくしたりして、保健衛生策が近代化に拍車をかけた。全国に国立の医学部を設置したばかりか、私立大の医学部設置を容認し、医師不足に手を打つ。

六四年のレガシーは、東京のみならず全国的に影響を及ぼし、国民の健康を考慮し平均寿命世界一の基盤を築いたのだ。

全国の道路に街路樹を植えたり、花壇の設置にまで補助金を出して、自治体を刺激した。つまり、オリンピックを契機に、国の姿と国民生活を飛躍的に改善する起爆剤としたのだ。ところが、二〇年を目前にしながら、何の熱も伝わってこない。わずかにカジノ法案を成立させたり、たばこの喫煙問題だけ。都や近辺の県の会場の負担金というさまつな話題、ゴルフ会場の男女差別などに拘泥し、全国に波及する「レガシー」となるべき政策が見えてこない。

スポーツ庁が発足したにも関わらず、全国の自治体とオリンピックが無関係とは情けない。都や周りの自治体だけのイベントにしてしまっている印象をうける。

私は、二〇年の「レガシー」は健康寿命を伸ばす運動、国民が自らの健康管理を動機づけるものにすべきだと考える。医療費の削減もあるが、「寿命大国」を世界にアピールする機会にするといい。その政策実現のために、政府は各省庁ともに総力をあげるべきである。スポーツ基本法に基づき、スポーツ庁が音頭をとれば容易にできよう。

「平均寿命世界一」だけでは自慢できない。「健康寿命」を現在の男性七一歳、女性七四・五歳から一〇年延ばす政策を立てて欲しい。老人が元気である国は魅力的だ。

六四年のオリンピックは、世界銀行から借金をして多角的な政策で成功した。二〇年は借金をする必要がない。都には莫大な税収があり、国も応援する。財源が足りなければ、たばこを一律五〇〇円に値上げすればいい。相当な収入増となる。オリンピック施設の建設資金はたばこで十分である。「もったいない」といって、ケチ話が先行し、経済を委縮させるのは悲しい。

オリンピックは世紀の祭典。国民の半数は次回の日本開催を見ることができないのだ。過小評価せず、全国民のレガシー「健康寿命」のためにやるべきである。

（二〇一七・四・八）

三、イスラムへもっと目を

世界中でテロ。特に欧米が狙われている。その多くはイスラム過激派集団によって起こされているようだ。日本へも飛び火する可能性はゼロとは断言できまい。

で、トランプ米大統領の「イスラム教国からの入国を認めない」なる政策、どの国もイスラム教徒を敬遠中であるのは事実。イスラム教国は五五カ国と一地域（パレスチナ）があるけれど、私たちはイスラム教に対する誤解を内包してやいまいか。

私は、永らくイスラムの国で暮らした。その体験からいえば、現実は素晴らしい宗教だと思う。かつては砂漠の宗教とも語られたが、多様性に富み、理解さえすれば違和感はない。

とはいえ、宗教に律されない日本人からすれば、日々が信仰の実践であるイスラム教徒は異質に映ろうか。紙幅がないので詳細は省くとして、本稿では食品に限定して記述をする。

まず、彼らは豚を飼うことも食することも禁止。理由は、豚は何でも食し、非衛生的環境でも生きる動物だかららしい。豚の油の使用も許さず、豚皮製品も認めない厳格さ。クラレが豚皮のランドセルを贈ったが、受け取りを拒否されたほどだった。

豚以外の肉は食するにつけ、死肉はダメ、動物の血を飲むことも許さない。生きている牛、羊、ヤギ、ラクダ、鳥を屠殺するのだが、その前に祈りを捧げる儀式を行う必要がある。その儀式を経ていない肉、異教徒が屠殺した肉は口にできない教え。儀式という重要な手続きを踏まえた肉を「ハラル」といい、これを食することができる。

日本でも多数のイスラム教徒がいる。このハラル肉を売る店が、東京はじめ各地にある。中東の産油国は、おしなべてイスラム教国だ。豊かだから高価な商品が売れるのに、良質の日本からの食肉の輸出は多くはないのである。業者が「ハラル」についての知識不足ゆえだ。

わが国の食肉は世界一。中東に輸出すべき食品だと思うが、イスラム研究をせず、最初から非イスラム国だけを相手にする。日本にもハラル認定機関があり、認証のシールを発行している。その研究を行い、輸出すべきである。日本の牛肉は売れると確信する。

優れた瞬間冷凍機が開発され、鮮度を落とさずにどこへも輸出できる。イスラム教国を避けずに挑戦すべき。逆に、日本人の食するタコの八割は中東からの輸入である。イスラム教徒は、タコやイカを食べないのだ。

飲酒禁止は有名、刺身やナマ肉も禁止だ。食生活までも律するイスラム教だが、甘い食品が大好き、ゆえに干し柿や干しイモなど、地方の産品にも輸出のチャンスがあろう。調査、研究を行い、販路の拡大を計って欲しい。

イスラム教国の女性たちは、頭や顔を隠すさまざまな衣服を身にまとう。これらの布地は日本製がほとんど。男性の衣服の布地だって日本製が占める。研究次第で売れる物がまだまだあろうか。

あらゆる商品を日本の商社は輸出してきたのに、食肉類は手つかず、地方の人たちの出番ではないだろうか。イスラム教を避けずに取り組むべきであろう。知識なき偏見は、経済を盛んにしないのだ。

（二〇一七・六・三）

四、国際交流のすすめ

中東にある産油国カタールを一〇数年前に二度訪れた。あちこちでビル建設工事、高層ビルが林立する豊かな国。水に不自由する砂漠の国だが、天然ガスが富をもたらす。

カタールの日本人会から要請あり。「日本人学校を作って欲しい」と。日本人児童は一一人しかおらず、日本政府の開設要件の二〇人に達していない。そこで知恵を出すことに。必ずカタールの日本人の人数は増加する。今のうちに教育状況を整えておくべきだと判断した。

日本人学校だからといって、日本人だけの学校にせず、先進国日本の教育を受けさせたいと願うカタールの親もいるに違いない。で、私は教育大臣と会い、その話をする。大臣は最初のケースゆえ、タミーム皇太子の許可が必要だという。王様の国だから手続きが面倒くさいのに閉口。

皇太子と会うことができた。まだ三一歳という若さで二メートルの長身、私などは胸元までしかなかった。「カタール人も日本人学校で学ぶことを認めます」と述べ、瞬時に決断されたのにはビックリした。しかも「学校はカタール政府が準備します」。さすがに親日国、日本を大切にしてくれる。うれしい悲鳴を思わず上げたのである。

「名古屋万博」の折、カタールのホスト市は知多市であった。知多市は濃密な交流を熱心に展開し、親日家を増やしてくれていた。この交流は有名になっていて、政府要人にも深く浸透していた。市民外交の成功例であろう。

皇太子から注文（条件）が寄せられた。第一は、校内にイスラム教の礼拝所を設置すること。私はOKと返事するも、日本人の子弟はムスリムではないため礼拝はしないともつけ加えた。「もちろんOKだ」とのこと。第二は、女子児童の頭を覆うイスラム習慣のスカーフ着用を認めて欲しいという。登下校の着用は認めるが、学校内では日本風でやると主張した。

カタール人の女児も小学校から異文化を理解させる必要性を説いたところ、皇太子は「承知した」と返答してくれた。次なる注文は、「給食には豚肉を使用せず、他の肉はハラルを経た肉を使うこと」。即座に私はOK。これでカタール首長国の首都ドーハで日本人学校の開設が決まった。外務大臣政務官としての私の仕事が実ったのである。

文部科学省は数名の教員を国費で派遣し、経営は日本人会が行う。日本大使館も協力するが、進出している日本企業の大手がスポンサーになってくれる。この図式は世界共通だ。

学校が完成すると、知多市は一枚の大きなけやきの、校内に掲げる「カタール日本人学校」という看板を寄付された。たった一枚の看板だったが、盛大にセレモニーを行い両国の友好をさらに深めた。小さな地方の市が一国に印象づける交流を行い、友好の絆を強めている好例であろう。グローバル社会の今、地方にあっても国際交流できる手法は多岐にわたろう。交流を密にして、子どもたちに外国や異文化に興味をもたせる動機づけは大切である。知多市はカタール政府に深く入り込み、上手に交流中だ。

タミーム皇太子は、父君が王位を降りたため国王たる元首の座に就かれた。IOC委員も務められ、昨年来日されて親日家であることをアピールされた。世界平和は、小さな交流の積み重ねで構築できるゆえ、各自治体も知多市に続くべし。

（二〇一七・六・一〇）

五、JICAの力を生かせ

学生時代、どうしても海外生活をしたかった。外国は憧れの地で、「洋行」なる語がよく使われていたことを想起。

五〇年の歴史を誇る国際協力機構（JICA）の青年海外協力隊は、アジアのノーベル賞ともいわれる「マグサイサイ賞」を受賞。すでに五万人に達する隊員を八八カ国へ派遣し、顔の見える援助（ODA）として評価された。

私も一九八〇年代に八年間も隊員の選考委員を務め、現在も年三回の壮行会に出席、祝辞を述べるほど熱心に協力隊を応援している。

若者が「洋行」し、発展途上国のために協力する。この体験は人生の糧となる。娘も甥も隊員を経験、国際人に成長したのが嬉しい。想像以上にたくましくなるに加え、国際交流の担い手としても活躍してくれる。どこの自治体にも帰国隊員がいるだろうから、かれらを活用しない手はなかろう。

途上国の小中学校生徒の図画を交換しあう。国際交流の発想、自治体と異国の自治体の姉妹関係を結ぶ橋渡し役をしてもらう。先進国との交流には金がかかるけれど途上国ならそれほどでもない。児童生徒たちの国際交流の動機づけを考えた場合、帰国隊員は大いに役立つ。

私は、七〇年代に三年間アフガニスタンに住み、日本との交流に汗を流してきた。国連においては大国も途上国も同じ一票ゆえ、どの国も大切にしなければならぬ。各自治体も国際交流を視野に入れ、政府に協力すべきだ。自治体の首長や教育長に国際人が少ないため、国際交流の発想、アイデアが乏しい。

二〇二〇年のオリンピック・パラリンピック、一九年のラグビーW杯などの合宿地として各自治体が名乗りを上げる。自治体内の帰国隊員を特命大使に起用し、東京の大使館や地方の領事館を回ってもらえば効果もあろうか。

隊員たちは、応募し合格すると、七〇日間の厳しい研修を受ける。長野県駒ケ根市、福島県の二本松にある研修所で語学、異文化など、途上国の現地で住民並みの生活ができるように訓練を実施する。厳しくないと派遣されて途中で帰国されると困るからである。

なじめず研修中に脱落者も出る。国際人へ脱皮させるため、悲鳴をあげるくらい指導する。JICAの他に国際交流基金も人材を派遣しているが、人数は多くはない。

協力隊員の活用、かれらに活躍の舞台を提供して欲しいと強く望む。行動的で語学に強く、途上国の知識も豊富、文字通りの国際人だ。

個性的な活動家であるにとどまらず、ボランティア精神の旺盛さに脱帽させられるほど頼もしい。京都府・市、東京都、大阪府、横浜市などの大都市は、優先的に小中高校の教員採用に帰国隊員を合格させる。国際化時代、先生が国際人である必要があるからだ。

自治体によっては職員にも採用している。駒ヶ根市は、職員を隊員として派遣し、国際的なイベントや交流、観光（外国人）のために帰国後活躍させるべく人づくりをする。

アフリカや南米、アジア、中東の国々と地方の自治体が交流すれば、住民にどれだけ刺激を与えることができるか。住民の中にいる人材発掘を進め、グローバル社会のために協力してもらう環境を整備する必要がある。

（二〇一七・六・二四）

六、学校という学校に駅伝チームを作れ！

一〇〇円ショップのダイソー矢野博丈社長や会社の人たちと会う機会があった。大学構内に出店したいという希望をもたれているという。席上、社長は会社でも女子駅伝チームを作りたいとも話された。従業員たちの楽しみもあろうし、会社の活性化に役立つ。

正月、毎年わが一家は家族そろって箱根湯本ホテルに集合する。風物詩となって久しい箱根大学駅伝の応援だ。ホテルは満室、一見客はおらず応援のための常連が占める。文字通りのスポーツ・ツーリズム。駅伝人気の高さは、旅館やホテルの予約をとる困難さでも認識できる。母校愛の発揮だ。

ホテルはビンゴゲームをはじめ、正月らしい客を楽しませる企画をたて、豪華賞品を準備。司会者が絶妙な語りで宿泊客を喜ばせる。で、わが一家も六年前から二泊し、往路と復路の応援を年中行事としてきた。このホテルは、日体大幹部、青学大幹部が宿泊し、レース前から火花を散らす。

五年前、日体大が三〇年ぶりに一〇度目の優勝を飾った。すると、東京の一流ホテルの営業合戦がスタート。祝勝会の予約を取るために、ＯＢ社員が熾烈な競争を展開。箱根駅伝の祝勝会ともなると二千人の大宴会となる。

大学スポーツの中にあって、箱根駅伝は横綱である。経済効果は想像以上に大きく、大学スポーツを逸脱して三五〇億円とも電通がはじく。甲子園の高校野球の優勝並みだ。で、各大学は血眼になって強化に取り組む。

全国の高校生の五千メートル走のランキングを入手し、一四分三〇秒以内で走るランナーを毎年一〇人前後スカウトする。スカウト合戦も強烈、ありとあらゆるツテを頼って交渉。今年の箱根でMVPに輝いた日体大の秋山清仁選手はランキング外のランナー、無名だったのに大学に入ってから急成長した。いわば拾い物選手。が、高校時代の実力はうそをつかない。

沿道の動員客は一〇〇万人を超え、テレビ視聴率は三〇％に達するオバケ・コンテンツだ。オリンピック種目でもない駅伝が人気なのは国民性にある。日本人はリレー好き、家族主義から発する愛校心を刺激し、正月休みに母校や関係校を思い出す余裕が、火に油を注ぐのであろう。家族そろって応援する。抜いたり抜かれたりのドラマ、二日間にわたって一〇時間も続くノンフィクションだ。

高校駅伝はクリスマスの折、京都で開催される。毎年、私も行くがホテルは満杯、苦労する。応援者に加え、大学や企業のスカウト陣もそろう。野球をはじめ、名だたるスポーツ・イベントは間違いなくツーリズムにつながる。平和な日本では、これらの祭典は大切な誇れるコンテンツとなっている。

駅伝チームを作るのに施設は不要。指導者さえおれば、道路を使って練習すればいい。高校、中学に駅伝チームを作って欲しいと望む。そのうち、中から立派なランナーが出現する可能性があろう。金もかからないのに、駅伝チームをもつ学校は多くはないのである。

熱心な指導者を探して、学校という学校に駅伝チームを作れば、市内が盛り上がるだろうし、いずれヒーローが誕生する。箱根を走るランナー、オリンピックに出場するランナーの出現だって夢ではなかろう。

中学、高校に駅伝チームを作らせるために活動してくれる人材は、あなたの町にはいないのか……。

（二〇一七・七・一）

七、レプリカを生かす

古くから有名なモノが世界各地にある。日本各地にもあるものだが、実際にその有名なモノや名刹に接して、時にガッカリさせられることもある。個人の感覚の問題であろうが、イメージと現物が大違いだったりするのだ。

石庭で有名な京都・龍安寺に参り、名だたる石庭を眺めて感じるのは、あまりのスケールの小ささであろう。広く知られている「名園＝スケールが大きい」と勝手に決め込んでいるものだから、正直、落胆してしまう。

ただ、五〇〇年前に禅僧によって作庭された石だけの庭に加え、それを囲む土塀に味があると知る。菜種油を混ぜた土で作られ、時の経過による油の変化が独特な風合いを醸し出しているという。この風流さを解し、一五個の庭に置かれた飛石を自由に空想して解釈する楽しみ。哲学する心のトレーニングといえた。

金閣寺のすぐ近くにある龍安寺なのに、外国人観光客は金閣寺に集中しているのは、石庭の魅力を理解できないからだろうか。それともスケールが小さく知名度が劣るからなのか。いや、外国人に日本的な風流さを求めるのは酷なのだ。

そこで、観光名所として知られる世界の三大像を概観してみよう。三大有名像を直視した経験をもつ私はショックを覚えるほどガッカリ。インチキじゃないか、とも思った。

デンマークのコペンハーゲンのシンボルである「人魚姫の像」。護岸部の岩に設置されていたが、わずか一・二五メートルの小像でしかない。

ベルギーのブリュッセルの「小便小僧」も有名だが、やはり小像でガッカリ。細い路地で放尿する姿に罪はないにしても、訪れた観光客は一様にガッカリするしかなかろう。

シンガポールの「マーライオン」は、コンクリート製で八メートルの高さとはいえ、魅力的な像ではなくガッカリさせられた。この三体は、有名であるのに見物客を落胆させる期待外れの観光名所と断言できる。

しかし、世界的に有名なのである。で、「小便小僧」は日本の各地にレプリカ像が建つ。ＪＲ浜松町駅のホーム、兵庫県伊丹市の荒牧バラ公園、徳島県三好市の祖谷渓にあるアレンジ像などが知られている。かつて東京駅の大丸に純金製の像が飾られていたが盗難にあった。

「人魚姫の像」についても、大阪港をはじめ名古屋港、岡山県のチボリ公園、愛知県安城市にあるデンパークなどにレプリカ像が建つ。他人の褌で相撲を取っているかの印象を受けるが、なぜか、やっぱり見たくなる。この野次馬的心理が人を呼ぶに違いない。

「マーライオン」像は、シンガポールのあちこちに五体あるが、日本にレプリカはない。比較的歴史が浅いことと、あの異様なライオンの顔が日本人を惹きつけないからであろう。それとも日本人の欧州コンプレックスからかもしれぬ。

小さくて製作費用が安くつくため、容易に建立できる。わが街角にこれらのレプリカ像を設置したらどうだろうか。茨城県牛久市の大観音像は立派だが、相当な予算が必要だったたと想像できる。

金をかけずに人を呼ぶ、新しい名所を作る。世界の有名な像のレプリカが手軽だ。日体大には、三越から贈られたライオン像が玄関にある。訪問客は像にまたがって写真を撮る。人気スポットとなっている。龍安寺の石庭だって真似できる……。

（二〇一七・七・八）

八、日韓友好への布石

韓国と日本の間では、慰安婦の問題が横たわる。日本政府は解決済みと考えているが、反日感情の強い韓国民たちは納得していない。困ったものだが、時間をかけて相互の理解を深めるしかあるまい。

二階俊博自民党幹事長が、安倍晋三総理から特使を依頼され、先頃大統領に就任された文在寅氏と会談をもつべく訪韓された。私も幹事長から電話をいただき同行させていただいた。同行者三六〇人、わずか五日間で集まった訪韓団。政財界の重鎮も参加され、韓国政府を驚かしたのは申すまでもない。

特筆すべきは、全羅南道の木浦市にある「共生園」を訪問されたことだ。

高知県出身の日本人女性であられた故田内千鶴子（韓国名　尹鶴子＝ユン・ハクチャ）さんが、朝鮮戦争中に孤児たちを養育するために孤児院「共生園」を設立された。三千人以上の孤児たちを立派に育てあげ、韓国政府から文化勲章、木浦市民賞などを受けた。

民間大使として、日韓の架け橋となり、重要な役割を果たして下さったのである。一九九五年、「共生園と田内千鶴子の生涯」を描いた日韓共同映画「愛の黙示録」が製作され、大勢の人々の感動を呼んだ。

保護者のいない子どもたちや養護を必要とする子どもたちを入所させ、キリスト教精神に基づき、健全な市民として自立できるように大変な面倒をみてこられた。社会福祉を通して日本人の意気を韓国民に知らせしめた貢献度は絶大であった。韓国民には、歴史的ないきさつもあって、日本人を誤解し、その印象が今も深く宿っているかに映る。

で、二階幹事長はその誤解を解くべく、木浦市まで足を運ばれたのである。子どもたちの熱烈な歓迎を受け、記念植樹もしたが、すでに数年前、故小渕恵三総理が二〇株の梅を寄贈されていて、みごとに成長して実をつけていた。そのアピールも韓国民にテレビを通じてできたのも大きかった。

木浦市は、ノーベル平和賞を受賞された故金大中大統領の出身地でもある。立派な記念館があり、私どもも金大統領の軌跡と業績を学ぶことができた。親日派であられた金大統領は、共生園の存在や日本人の献身的な奉仕についてご存じであったに違いない。

私は、代議士時代に青瓦台で金大統領と会談させていただいた経験がある。日本語は日本人並みの流暢さ、加えて日本の知識も豊富であられた。木浦商業時代、多くの日本人を友にもたれていたからであろうか。親日家をいかに増やすか、とりわけ韓国や中国ではそのための作業が必要だ。

どの地域にも外国人や在日の朝鮮半島の人たちが住んでいる。その人たちは孤立していないか、町の行事などに参加できる仕組みができているか、再検討が求められる。地方にあっても、一人でも多くの親日的な外国人や在日の人たちを私たちの手で作っていかなければならない。

先日、白川郷を旅した折、裸婦で有名な画家であられる焔仁画伯のアトリエを訪問させていただいた。ご夫人はデンマーク人なのだが、日本式にきちんとお茶を出され、日本の様式美を理解されていたのには感心した。町中に知られた外国人で、本物の親日家であられた。

二階幹事長一行の訪韓団は、日本人理解を深めさせ、親日家をいかに増やすかを問う集団であった。そのためのパーティーを二度、三度と行い、韓国の有力者と絆を太くする旅でもあり、私たちも韓国の文化を理解し韓国好きになったのは多言を要するまでもない。

（二〇一七・八・五）

九、デンマークの国民体育文化祭に学ぶ

デンマークの南、オールボウ市へ行ってきた。首都コペンハーゲンから飛行機で一時間の距離。フィヨルドの美しい海を持つ人口一〇万人の小都市だ。デンマークの国民体育文化祭の視察のために組織委員会から招待を受けての渡航。デンマーク体操で古くから知られ、歴史ある祭典ゆえ、胸を躍らせて出発した。

驚いたのは、勝敗を決するスポーツ大会ではなく楽しむ大会で、文字通りの国民の祭りそのものであったこと。参加することに意義があり、老若男女が笑顔で全国各地から集う。

王女が出席しての開会式から盛り上がり、観客までもが参加意識を持っていて、日本では想像もできない大会であった。

デンマーク体操は、日本のラジオ体操の元祖である。体操の集団美や「ニュースポーツ」と呼ばれる競技を路上や広場で楽しむ。どこも多数の観客で盛況。立派な施設を準備せず、あちこちの空間が利用されていた。市内は人であふれる。

ホテルが十分でないため、いかにして宿泊するのかと心配するが、遠来の選手たちや客は、全ての学校や公共施設が無料開放されるので寝袋で泊まる。もちろん、ホテルは満室。朝食をはじめ、食事はあちこちのテント村で市民ボランティアの手によって供与される。

参加費を払えば食券や入場券がセットになったものを手にする。感心するほど安く、ボランティアによって大会が運営されていることに気付く。

主催は「ＤＧＩ」というデンマーク体操協会だが、この組織の中に日本でいえば日本体育協会が入っている。体操の国ゆえ、各競技団体を「ＤＧＩ」が面倒を見ているそうだ。

これといった特別の施設を設置せず、どこもかしこも各種の大会場となっている。審判、審査員もおらず、自分たちで楽しむ。順位をつけないので表彰式も賞品もなし。メジャースポーツでもないのに人が集まる。こんな文化と伝統を育んできたデンマーク国民に敬意を払うしかあるまい。

市民のボランティア意識は高く、組織委員会の事前準備は大変だろうが、四日間の祭典は問題もなく閉じた。「する、見る、支える」という理念が徹底していて、白夜の街はスポーツ、音楽、ダンスの競演に酔うのが羨ましかった。ここまで国民性が異なるのか、ひたすら感心するばかり。

頭に浮かんだのは、これなら日本のどこの自治体でも開催可能だということだ。ただ大勢のボランティアを集めること、寝袋で宿泊すること、道路を封鎖して会場にするなど、日本では理解を得るのは困難であるに違いない。参加費でまかなう質素とはいえ食事の世話、会場の管理運営なども慣れたボランティアが求められよう。

しかし、近年の日本人も変化してきた様子は大災害の折、全国からボランティアが集まることからでも明白である。日本人のボランティア意識が目を醒ましたかに映る。この利用を自治体は本気になって考えるべきだ。

国民性や市民性も固定されたものではなく、変化するということを理解しておかねばならず、この変化を敏感に捉え、利用することを考えれば、かなりな行事、プログラムを実現させることができよう。が、そんな挑戦的な自治体は多くはない。国は、オリンピックとパラリンピックには、八万人のボランティアを募集することにしている。

様式、形式にこだわらず、もともと日本人にもあった「手弁当」の精神を生かすべし。ボランティアの重要性と街ぐるみの祭りのあり方をデンマークの地方都市で学んできた
（二〇一七・八・二六）

一〇、古い民家の保存活用を

いよいよホテルや旅館が足りなくて、民泊が常態化する。若い頃、外国ではユースホステルなど、安い宿泊所を探した思い出がある。外国人旅行者が増加するにつれ、宿泊施設不足はつきまとう。「ベッド・アンド・ブレックファースト」（朝食つき宿泊所）は、英国の民宿、大英博物館で研究していたおり、私たちの定宿だった。

近年、どの自治体も旧庄屋や旧寄り合い所の古い民家風の建物を買い上げ、いろんな工夫をしながら活用している。外観は昔のままであるとか、立派さが抜群であるとか、保存価値の高い建造物は重要文化財に指定される。が、それほどでなくとも遺《のこ》すことは大切だ。

安芸の宮島や柳井市などは民芸館風に活用していて、訪問客にロマンを提供してくれた。古い道具や家具、日用品等は、当時は珍しくもなく安価だった。今となっては貴重な資料である。私たちは古い物を捨てる習性をもつ。そもそも保存すべくスペースをもたない。

明治のはじめ、維新政府は欧米から「お雇い教師」を多数招聘《しょうへい》した。大森貝塚を発見したエドワード・モース博士は、考古学者ではなく、魚介類の研究者であった。モースは、滞在中、民具を収集して帰国時に米国へ持ち帰った。農具をはじめ女性の化粧道具、力士の道具等、多様性にとむコレクション。高価で貴重

な品々ではなく、ありふれた物ばかり。

シカゴのモース記念館で展示されているが、現在では異彩を放つ収集品だ。これらは日本にはなく、研究者はシカゴへ飛ぶしかない。私たちには、一〇〇年先を読む能力なんてなく、スペース第一主義にとどまる悲しさしかない。

滋賀県守山市では、旧酒蔵とその住居を買収し、上手に改造していた。驚いたのは料理屋、集会所、みやげ物店として活用されていたこと。市民や観光客の憩いの場となり、守山の歴史を識《し》る資料館ともなっていた。建物は威風を漂わせ、江戸時代の文化、近江文化の雰囲気を実感することができる。宮本和宏守山市長に近江牛のスキヤキをご馳走になりながら、この建物の貴重さを講義していただいた。

もし、この建物が民間業者の手にわたっていたなら、マンションに転じていたに違いない。守山市が買い上げ、公民館、土地の料理を提供する料理屋を経営。「何もかも順調です」と宮本市長が胸を張る。

ビックリしたのは、この旧酒蔵と住居は、元内閣総理大臣だった故宇野宗佑氏の実家だったということ。宇野総理は文化人としても知られ、書家なみの腕前だった。私も色紙をいただいたが立派な字に圧倒される。氏のコレクションも館内に寄贈されていた。

民家を解体し、それを利用しての住宅建築も流行しているにつけ、大型の民家は工夫を凝らして遺すべきである。

私は、民泊施設に改良するのがいいと考える。外国人旅行者からすれば、日本文化に触れることから喜ばれると思うのだ。日本建築の技術は文化であり、日本の宝である。重要文化財に指定されなくとも、登録文化財でもいい。私たちには、後世に文化を伝える使命がある。

全国に古い立派な家屋、民家がある。その利用は民泊施設か自治体のゲストハウスに転用し、活用すべきである。自治体が音頭をとって今日風の保存活用を考えてほしい。

（二〇一七・九・九）

一一、スポーツ合宿の誘致を考える

二〇二〇年の東京オリンピック・パラリンピック開催が決定して以来、あちこちの自治体から私に陳情あり。二〇一九年のラグビーW杯についての陳情もある。おしなべて金太郎飴のような内容だ。「外国選手団の大会前の合宿地にしたいので、国を紹介してほしい」というもの。合宿地になれば、国際交流ができる、教育効果がある、地元が盛り上がるという読み。で、早く国を決定して招致する算段。この種の自治体戦争が激化し、組織委員会も頭をかかえる。

先進国は事前調査を密にしていて、ほぼ決めつつあるため、もはや国名を問わず、合宿に来てくれるのなら、どの国でもいいという。しかし、日本チームだって、事前には第三国で合宿をし、開会式直前に乗り込む。だから、日本国内で合宿するとは限らないし、費用負担の問題も大きい。

オリンピックを自治体発展の起爆剤にしようとする狙いは認める。多分、サッカーのW杯で幾つかの自治体が合宿地となり、マスコミで報道された二匹目のドジョウ狙いだ。また、スポーツ・ツーリズムとして施設を活用し、その施設のハク付け。

大相撲の九州場所のおり、日体大出身力士の激励会を北九州市で開催した。元小結の垣添（現・雷親方）と武蔵川親方（元横綱・武蔵丸）が出席。中間市に宿舎を借りているという。で、中間市の松井市長をはじめ、副市長や教育委員会幹部も参加してくれたのには驚いた。

相撲部屋が増えたため、宿舎探しが大変らしい。本場所の体育館へ一時間以内で行ける地なら好都合だと耳にした。宿舎を持つ自治体は、連日、幼稚園児や小学生に見学させたり、老人ホームでの力士との交歓会を行うなどの多彩なプログラムを展開させる。市民を元気にする薬を手中にしたようなものだ。大阪、名古屋、福岡と年間三場所が地方で行われる。

だが、相撲部屋の宿舎を招致すべく熱心に行動する自治体がない。交通の便がよくなっているゆえ、かなりな遠隔地でもＯＫらしい。伝統を持つ部屋、人気力士を抱える部屋などは、すでに宿舎を固定させているが、親方が替わると宿舎先も変わる。もし、自治体が手を上げれば、宿舎に選定される可能性は大だ。

相撲界にコネクションがなければ、協会巡業部に連絡して紹介してもらえばいい。自治体の施設を工夫すれば、容易に宿舎となろう。寺院の協力、廃校となった学校、ちょっと知恵を出せば、どんな自治体だって宿舎を準備できるに違いない。自治体に発想がないばかりか、流行を追う単線型思考に支配されているのが残念である。

国際スポーツ大会だけをターゲットにせず、さまざまな行事に眼を配り、自治体の活性化に結び付けようとする姿勢が大切であろう。先日、徳之島の方が日体大を訪問された。「駅伝チームの合宿地に選んでいただきたい。交通量の少ない最適なコースを完備した」という。

私たち大学の運動部も、地方の期待に応えたいと考える。毎年合宿は春、夏、冬の三回、同じ地での合宿ではマンネリ化を招くうえ、教育的にも他地方を見せる必要もあるため、合宿地を変えるよう指導している。

各自治体が、オリンピックにこだわり過ぎ、国内のさまざまな団体についての研究不足が目立つ。日本レスリング協会は、北海道旭川市の要請を受け、合宿地としている。

（二〇一九・九・一六）

一二、時計がスイスに勝てない理由

浅田次郎の現代小説を読んでいると、主人公は「ブランパンに眼を落した」とか「ブレゲの金色のブレスレットが光った」、などと出てくる。読者にとって理解しがたい表現であろう。理解できる読者は、相当な腕時計マニアか、その超高級腕時計の持ち主だ。

ブランパンとは、スイスを代表する歴史的な腕時計メーカー。凄くシンプルなデザインを特徴とするが高価。ブレゲとは、飛行機を造ったフランス人のブレゲ兄弟の一人がスイスで時計会社を設立したブランド。ブレゲ製の腕時計はフランス海軍が採用したことから有名になり、デザインをあまり変更せず今に伝える高級品。

日本の時計メーカーは、数社しか存在しないが、スイスには無数のメーカーがある。ほとんど私たちは知らないけれど、小会社から超高級宝飾時計の有名なブランドや他の一流ブランドの会社がひしめく。カメラをはじめ、精密機器で名を馳せる日本といえども、腕時計に関してはスイスに遠く及ばない。車と同様、メカニズムは負けねども、デザインで敗れてしまうのだ。

だからといって、スイス製は斬新というわけでもない。伝統的な特徴ある気品とデザインを基調とする。一目で、どのブランドであるか判断できるデザインを大切にしている。しかもメーカーのマークのデザインもいい。これも自動車メーカーに通じようか。

ローレックスやオメガのマークは、あまりにも有名だが、今ではブランド力を低下させていて、大衆時計の部類のトップメーカーらしい。日本ではファンが多いのに、普及しすぎたのかもしれない。価格も手ごろらしい。

時を刻む正確さにおいては、日本製時計はチャンピオンなのに、ブランド力は下位に沈む。腕時計の価値は、ファッション性に集約され、使用される金属の価値観にもよろうか。

近年、腕時計のカタログ風の雑誌が多数出版され、若者の間にも時計ブームが見られる。ステータスと憧れの的になっているのだ。高価な品々に興味をもつのは、美意識を高めるうえでもいいことであろう。デザインについて考えるだろうし、ブランド力について学ぶことにもなろう。感性を高めたり養ったりするのにも役立つ。

時計の輸出国トップはスイス、日本は二位に甘んじる。が、時計部品の輸出の一位は日本で追随を許さない。この現象は、日本らしさを謳っている。しっかり仕事を確実にするけれど、表舞台に立つ器量がない……。

H・スターンなるブランド時計がある。この会社はブラジルの名だたる宝石会社で、腕時計も売る。欧米では根強い人気があり、かの田中真紀子元外相も身につけられていた。外側は日本製の人工サファイアで、デザインはフランス、製造はスイス、部品も多分日本製と思われる。特徴ある気品を漂わせる高級品で、三〇年ほど昔、高島屋が単独で販売に熱心だったが手を引いた。あまりにも個性的で成金趣味的なデザインを日本人は受け入れなかったようだ。

私の主張したいのは、何をするにしても美意識をもたねばならないということ。次にデザインを大切にするということ。

全国を旅するが、駅を降りてウンザリする。何もかも金太郎飴、特徴も個性もなし。金沢駅は素晴らしかったが……。時計がスイスに勝てない現実を、日本人は学ぶべし。

（二〇一七・一〇・七）

一三、パリの自然史博物館に脱帽

「街づくり」は、歴史の積み重ねであることは、ヨーロッパを旅すればよく分かる。住環境を整備するためには、住民たちに哲学と美意識がなければならないとも教えられる。たんに近代化させればいいのではなく、自然との調和が大切なのだと認識させられる。

パリのセーヌ河沿いの地下鉄カーデルリモーネ駅の近くに広大な国立自然史博物館がある。植物園と動物園の他に、鉱物展示館や宮殿を改良した動物の進化を学ぶ剝製館がある。この施設を訪れれば、フランスの偉大さとフランス人の旺盛な知的好奇心の深さが伝わってくる。住宅街のど真中に、この広大なスペースを公園にしつつ自然史博物館にしているのだ。かかる思想は、せせこましい国に住む日本人には残念ながら生まれない。

「街づくり」のための都市計画は、何も描いていない純白のキャンバスの時に練らねばならず、数百年前もの先人たちには住環境についての発想があったことをうらやむ。

欧米の名だたる都市の中央には、広大な公園を作る思想は一般的だと既述したが、知的好奇心を深化させる公園は珍しい。かつて私はガラパゴス島を訪れ、ダーウィンの進化論に触れたことがあるけれど、パリの国立自然史博物館では脱帽するしかなかった。動植物園は、原種保存を考慮し、珍種を見せることを主眼にしていないのにも感心した。ただの雑草であれ、これらの原種を保存しようとする姿勢には負けた。

習志野市にあった東大の植物研究所では、大賀ハスの原種保存等をしていたが、東京の郊外へ移転させた。この東大施設の拡大版をパリでは国立博物館として市民たちに親しまれているのだ。研究を市民に見せるという発想と公共施設の大衆化という理念は日本人には弱く、学問の府の施設は住民の生活の中に融け込ませる姿勢も稀薄であろう。

だから、自治体のもつ公立学校は、なかなか開放されず、かかる施設は住民とは距離があったりする。公共の建造物、施設でありながら、住民たちの意識を反映させず、〝聖域化〟したものとなっていて、その傾向は全国的だ。住民の協力を得て、公立、私立を問わず、学校を知的好奇心をそそる場にできないだろうか。

教育学的に「無目的教育」が、人づくりのために重要である。さりげなく置かれた彫刻や絵画、書は、やがて子供たちの心づくりに影響を与える。公立学校は、災害時の際のただの避難施設であっていいわけでもなく、学校の公園化、その工夫を強く望む。

パリの国立自然史博物館の樹木は、剪定されていない。松が大きくなるとどのように枝を張るのか、銀杏やプラタナスを剪定しないとどうなるのか、凄いスペースが必要だと教えられた。日本の樹木は、植木であるかぎり剪定される。日本人の美意識は、樹々の自由を許さない。ヒマラヤ杉の枝が伸びると、私たちでは想像できない大テントとなる。こんな自然をパリの住宅街で学ぶとは想像外であった。

ハゼの研究で知られた昭和天皇は、パリ訪問の際、最初に見学を希望されたのはこの自然史博物館だったと木寺昌人駐フランス大使が教えてくれた。一七九三年に国民に開放され、園内に二六の研究所を持つ。ルイ一三世が一六三五年に「薬草園を作れ！」という命令を出し、やがて自然史博物館へと発展したという。これもフランス革命の賜物らしく歴史を感じる。

このような世界的な特徴ある博物館をもつ気概を、私たち日本人はもたない。（二〇一七・一〇・二八）

一四、京の寺院の美しい紅葉

日本私立学校振興・共済事業団は、毎年、「私学リーダーズセミナー」を開催している。今年は京都で行われた。ちょうど秋たけなわの季節だったので、紅葉見物をした。あちこちの寺院はライトアップしていて、知恩院に足を運んだ。人がゾロゾロ、美しさも圧巻。

私は、秋が好きである。中近東での生活が長かったため、秋のない暮らしを体験した影響だと思っている。BC一五世紀、ヒッタイトでは、春はライオン、夏はヒツジ、冬をヘビで表わした。ライオンが命を懸けてヘビを退治し、春を迎えるという伝説があったが、秋は登場しない。日本人は秋のある季節を当然と思っていようが、四季のある国・地域はそれほど多くないことを知らない。

広葉樹が、赤、黄色の彩りで山々を覆う美しさ、しみじみと日本という国で生まれたことを幸運だと感じ入る。四季おりおりの季節感、情緒、この自然に私たちは感謝の念を忘れてはいまいか。

京都の寺院や他の庭園は、紅葉を計算し、その美しさを池に映す配慮までして設計されている。庭師の感性は、芸術家をしのぎ、自然の力をいかに利用するかを考慮しているのには感動すら覚える。針葉樹をいかに背景に使うか、その計算が憎い。ライトアップされている紅葉、池面にそれが映り、うっとり眺めているとコイが跳ねる。波が立ち、紅葉がゆらぐ、これも計算のうちなのだろうか。

古代ギリシアには、空想上の動物キメラがいる。顔はライオン、胴体はヤギ、尾っぽがヘビだ。ヒッタイトから伝わったのか、ここにも秋が存在しない。熱い夏、急に寒くなって冬を迎える。私の住んだアフガニスタンやイランも同様であった。だから、風情がトゲトゲしく感じてしまう。日本人の心の美しさは、おそらく四季の変化に支配されたものだと私は決めつけている。

それにしても、京都には紅葉の見どころの寺院がありすぎる。京都こそが日本を代表する都市であるのは万人が認めるところだろうが、戦災にあわなかった賜物であろう。平和の尊さを、京を旅して実感してしまう。

永観堂禅林寺と東福寺へ行く。知識があって行くのではない。新聞の特集に「もみじ見ごろ」とあったからだ。記事はウソではなかった。記事以上に紅葉は美々しくあり、外国人観光客で賑わっているうえに、写真を撮る人が多いので前へ進めない。永観堂の庭は紅いモミジ一色。火の中に立つ仁王像になった気分。東福寺もいい。

真如堂へも行く。ここは拝観料をとらない。やはり大木のモミジが歓迎してくれる。菩提樹の古木が本殿横にあり、黄色の葉を寂しそうにつけていた。

真如堂の隣の金戒光明寺に参る。非公開の若冲の作品に心を躍らせた。庭がいい。四季おりおり、いつでも鑑賞できるように樹々が植えられているではないか。

ところで、一九六四年の東京オリンピック前より、国土庁（当時）は街路樹を植えたり、花壇を設置する場合、その自治体に補助金を出すようになった。現在でも国交省は街づくりのために補助金を出しているが、自治体はその樹木に無頓着でありゃしないか。東京・表参道の銀杏並木、黄色に葉が染まった時、その葉が落ちた時、いずれも私たちに足を止めさせる。

自治体によっては、外来種の樹木を植えている所も多い。早く成長するからだという。公共団体は、たとえ一本の木を植えるにしても、創造力を盛んにして美を意識していただきたいものだ。

（二〇一七・一二・一六）

一五、公共建造物への寄付呼び掛けを

米国の大学や高校を訪問して驚くのは、多くの教室や体育館、ホール等は、個人の寄付によって建築されていることだ。米国には公共物が寄付によって建てられているという寄付文化が根強く横たわる。寄付者の名は永遠に遺るに加え、最大の社会貢献となろう。

先日、国士舘大学の創立一〇〇周年記念式典に出席した。全国体育スポーツ系大学協議会の会長として祝辞を述べる光栄にもあずかった。ホテルニューオータニの一番広い宴会場は満員、同窓の絆の強さをうらやましく感じた。式典後の祝賀会にも三笠宮彬子女王殿下もご臨席され、久しくテーブルを囲ませていただいた。国士舘大にはイラク考古学研究所が設置されていて、故人となられた三笠宮崇仁殿下が日本オリエント学会の会長であられた関係で、三笠宮家と国士舘大の関係が深いらしい。

女王殿下の右隣りに大澤英雄理事長の席があり、その隣は、毛利元敦氏であられた。私もすぐ近くに席をいただいていたので、毛利氏と親しく話をさせていただいた。「毛利」と聴いて、すぐに長州藩主の末裔だと想起した。国士舘大との関係について失礼ながら質問させていただいた。

創立者柴田徳次郎翁が麻布から世田谷の松陰神社の横に移転した際、土地の世話をして下さったのは毛利家であったという。現在では一等地であるが、吉田松陰の思想を継ぐ柴田翁の国士づくりの心意気に感動し

た毛利家は、江戸時代からの長州藩の土地を大学に提供されたという。それで私は納得した。なぜ大学が毛利氏を女王殿下の近くの席にしたかを、だ。

国士舘大学は、この少子化時代にあっても勢いよく発展されている。武道を大切にしながらもアジア二一世紀学部というグローバル時代を見越した学部を数年前に設置し脈々と吉田松陰の思想を継承されているかに映る。

もし毛利家が土地の世話をしなければ、現在の国士舘大学は隆盛を極めることができなかったかもしれない。とくに東京二三区内にキャンパスを持つ大学の強みは表現しがたいほど大きく、私たち日体大もその恩恵に浴している。大学の持つ土地の資産評価が高いため、これを担保に借金すれば立派な校舎が建つ。東京二三区内の大学の強さの原点は、土地の価値にあるといえよう。国士舘大は、毛利家に建学の精神を理解していただき、名だたる総合大学として一〇〇周年を迎えられたのだ。

日本人には、大成功した人でも母校に寄付をするという発想が乏しい。小学校であれ、中学校であれ、卒業した成功者が個人の寄付として校舎を建てた例を私はあまり知らない。大学には幾つかの例はあるが、それほど盛んではない。

地方自治体は、「ふるさと納税」には熱心であるが、校舎や公共の建造物への寄付を呼び掛けるべきだと思う。年ごとに相続税が高くなり、国への貢献は大きくとも、故郷の発展は限られる。米国にあっては建造物に寄付者の名前がつけられるが、奥ゆかしい日本人はそれを嫌う。しかし、その日本人の国民性が寄付文化を限定してきたのである。祭礼や神社、寺等の寄進は伝統的であるにつけ、公共建造物への寄付を促進させるための策を練ってほしいものだ。父親が小学校に土俵を寄付し、その土俵開きの大会で、私が負けた。その時のガッカリした父親の顔を忘れない。

ちなみに日体大にも附属支援学校にも多額の寄付をして下さる卒業生や支援者がいらっしゃる。私は、その方々の善意を後世にまで伝えるようにさせていただいている。

国士舘大の校章は楓《かえで》の葉である。それは松陰神社に植えられている楓の葉だという。式典に紅葉した楓が飾られていたのが印象的であった。

（二〇一八・一一・一一）

一六、自治体が謳う「宣言」

「暴力追放宣言」「交通安全宣言」「核兵器廃絶宣言」「健康寿命延伸宣言」等、さまざまな宣言を自治体の議会が行う。立派な看板を、これ見よがしに建てる。が、住民の活動を巻き込んだ宣言を、なぜか見かけない。住民が、「自治体に何ができるか」を問わないのだ。

「美しい街宣言」「親切市民の街宣言」なんてあれば、初めて訪れる人たちをワクワクさせるに違いない。昨今、自治体は住民を巻き込んだ行事をあまりしないようだ。一部の特定の人たちの協力を得るか、自発的にボランティア精神のある人たちや諸団体の関係者を頼りにする。間違っても「強制」や「義務」のある行事を企画することはない。

安倍総理は、最初、「美しい国づくり」というフレーズを用いて総理大臣の座に就いたが、もう忘れてしまっている感じ。自治体の首長選挙も、「美しい街づくり」を政策にせず、「改革」「福祉」「教育」を俎上にあげて戦う。よく理解できるが、その街を住民以外の人が訪れた際、どのような印象を持つかを考えて政策を問うことはゼロ。選挙民の生活しか視野に入っていないらしい。

世界で最も「清潔な街」は、私の体験からすれば、北朝鮮の平壌であろう。ポプラ、カエデ、イチョウの黄色に染まった落葉を、早朝から住民が竹ぼうきではいていた。ゴミ一つない平壌市内、モラルが徹底しているのか、政府の政策によるのか判然とせぬが、清潔感の漂う都会だった。東京・表参道、神宮外苑のイチョウの積もる落ち葉は風情があって、それなりに私たちを惹きつけるが、税の投入によって処理せねばならない。

北朝鮮のニュースは、おしなべて政治的なものばかり。私は、すでに三回訪朝し、清潔な都会・平壌をおよそ概観してきた。郊外は途上国のたたずまいのままだが、観光地はよく整備されていた。交流がもし始まれば、観光客が押しかけるほど魅力があろうし、歴史的遺産は日本人からすれば興味深い。

わが国の自治体は、どこも金太郎飴、隣接する自治体とは政策までも足並みをそろえる。中央集権的国家ゆえ、自治体の特徴を見いだし得ないにつけても「個性的自治体づくり」は難しいのだろうか。北朝鮮は特筆すべき個性的な国ゆえ、恐ろしく感じる人もいようが、一度は訪れてみたくなろう。「ふるさと納税」の景品にだけ個性が見られるなんて悲しい。

北朝鮮は申すまでもなく個性的国家、それゆえ、恐ろしいもの見たさで、訪れてみたくもなろう。魅力づくりには、特筆すべき何かがある、追随を許さない特徴があることが大切だ。人間の五感を揺さぶるものがほしい。「豪華」もいいが、「清潔」だっていい。金をかけずに人間力で魅力づくりを考えるのも手だ。

島根県・海士町の標語は、「ないものはない」である。小さな離島なのに、何でもあると豪語するのがおもしろい。もしなければ、町が用意するという決意を表明しているかに感じる。海士町には、全国から毎日毎日、視察団が押し寄せ、町の経営するホテルは潤う。町民全員が公務員よろしく、客をあたたかく迎えてくれる島だった。

各自治体が謳いあげる「宣言」は、画一的なものではなく、また政治的なものでもなく、その自治体の魅力を主張するものにしてはどうだろうか。「おもしろい自治体」をアピールするべきだと思う。神奈川県大和市は、「図書館の日本一のまち」を謳っている。

たいていは特産品を前面に出し、経済効果を狙う向きも多いが、これからはどんな時代であるのかを読まねばならない。全国が観光地となっている昨今、どんな特徴を打ち出すかが問われている。

（二〇一八・二・三）

一七、古典園芸を再評価しよう

東京・銀座から新橋側に向かう。がんセンターに着く前に、古ぼけた風格ある料亭の前を通る。江戸時代の昔からの伝統を誇る料亭だ。よく観ると閉店したかの様子。赤坂の名だたる料亭も店を閉じ、もう数軒しか料亭は残っていない。企業家も政治家も料亭を使わなくなって久しい。私が初当選（平成八年）したころ、先輩議員がよく案内してくれたが、橋本内閣が終わったころから料亭政治は幕を閉じたと思う。座敷から椅子の店へと移行したのだ。

料亭の話を書くのではない。その料亭には有名な日本画家の舞子像が、あちこちに飾られていた。まるで美術館のようでもあった。が、この料亭の自慢は、日本画よりも随所に置かれてある盆栽だった。どれもこれも一級品、古典らしき盆栽に感動させられたものだ。絵画にとどまらず、器も有名陶芸家の作品を次から次へと料理を盛って出す店だった。が、売りは盆栽だったのである。

一級品を愛す趣味人が政界にも財界にもおらず、ズボンのシワを気にするサラリーマンが世を支配する社会に転じてしまったが、伝統的な日本式の料理屋が姿を消すこととなった。

さて、私は植物に興味を持つ者である。趣味がサボテン栽培である関係もあろうが、盆栽も好きだ。皇居の有名な盆栽はともかく、時間があれば、あちこちの盆栽展に足を運ぶ。埼玉アリーナでの全国から集められた盆栽展を鑑賞した折、盆栽とは芸術だと感じ入った。外国人が興味を持ち、日本の文化として賞賛される理由がよく分かる。が、興味のない日本人は、盆栽に血潮をわかす人たちを特殊な人だと決めつけてはいまいか。

相当な美意識を持ち、植物の特性を解し、自然の特徴を生かし育てる盆栽は、かなりな経験が必要である。私などは、大胆にハサミを入れる勇気がないため、すぐにダメにしてしまう失敗を重ねるド素人だ。最近、盆栽に興味を持つ若い女性も増えつつあると耳にする。もはやお年寄りの専売ではなく、一般化しつつある。どんな植物でも盆栽名人の手にかかれば盆栽となる。山野草だって、苔と石を組み合わせて小庭園を造る。私はソテツの盆栽に熱を入れているが、百年以上の作品である。手に入れる前に幾人もの人が育ててくれたものと解すれば、簡単に枯らすわけにはまいらない。

盆栽は、一代でも作れるが、凄い作品は、おしなべて年代物である。つまり数十年も継承されている、いや百年以上の盆栽もザラにあるのだ。歴史を感じるにとどまらず、生きた骨董品という一面もおもしろい。毎日のように温室に入り、サボテンの手入れをするが、私の鉢は、古いものでせいぜい二〇年。盆栽の比ではない。その魅力について理解しても、経験則がモノいうだけに、私たちの手には負えないのが現実であろう。

秋には紅葉するモミジやカエデ、イチョウ、その美しさと風情は、盆栽を超越し、まさに芸術と表現するしかなかろう。この日本の誇る古典園芸を、なぜ自治体は積極的に評価しようとしないのだろうか。おそらく役人や議員に趣味人が不在であるのと、最初から盆栽家を特殊な人という色メガネで眺めているからではないか。

富貴蘭をはじめ、日本には多彩な古典園芸がある。その再評価をしようとする自治体は多くはない。文化の継承、伝統の保存に本格的に取り組む教育委員会の出現を強く望む。環境教育にとっても大切で、菊づくり等、植物栽培を奨励する特色ある自治体の出現を望む。埼玉県には盆栽町という町がある。

（二〇一八・一一・一七）

一八、元気なお年寄りのプログラムを盛んに

講演を依頼された。テーマは「イスラム教の国々と文化」。もとよりイスラム教の専門家ではないけれど、この宗教を国教とする国で生活したり、滞在した経験が豊富であるゆえ、意外と得意とするテーマではある。欧米ではイスラム国（ＩＳ）関係のテロが多発して落ち着かない。一体、イスラム教とは、どんな宗教なのか、イスラム原理主義とはどんな思想なのか。これを分かりやすく説いてくれる講師が不在らしい。で、私に白羽の矢が立ったのだ。スンニー派とシーア派の相違点を語れる人も多くはない。「砂漠の宗教」とも表現されるイスラム教を、日本人は理解に苦しむ。専門家や学者の話は、正直、おもしろくない。専門的すぎて難しい。一般人の興味を引き出し、生活体験からの身近な話題が喜ばれる。

そんな話を、と注文された。依頼主は、大阪府の岸和田市にある老人大学。皆さん、お元気でいらっしゃ

る。前期・後期の授業にさまざまなテーマで生徒たちが集う。市がホールを提供し、学費と教育委員会の支援で講師の講演料をまかなう。講師の知名度が高いと、やっぱり生徒が多く集まる。六〇歳以上の男女生徒が熱心に授業たる講演を聴く。もちろん、質問時間もあるため、それなりの準備も必要だ。

大変なのは、アンケートによるテーマから講師を選定することだという。このコーディネートできる人材がいると生徒は集まる。大阪という土地ゆえ、大学が多数あり講師に困らない。講演料は、もちろん安い。それでも講師は特殊な生徒たちのため協力を惜しまず、熱心なお年寄りたちの期待に応えてくれる。私も多忙だったが、社会貢献だと決めつけて喜んで引き受けた。

学問や知識に興味を持ち、その情熱が伝わる雰囲気の教室であれば、講ずる者は意気に感じよう。知的好奇心の旺盛なお年寄りと接すれば、講師自身も元気をいただくこととなる。

この老人大学は週に一回の講演会であり、書道や俳句の実習もある。外へ出て多くの人たちと語り合う生活は刺激を受け、若さを保つ秘訣ともなろう。

かかる企画は、市役所の協力、教育委員会の支援なしでは困難である。生涯学習の実践の場とはいえ、集う生徒たちの住所は問わず、近隣の自治体の人たちも参加できる仕組み。ある程度の参加数がなければ、運営が難しいし講師にも失礼であろう。

お年寄りが身だしなみを正し、外出する行動は気分転換にとどまらず、脳を活性化させよう。ボケ防止と健康維持にも役立つ。林真理子の本を読んでいると、「恋に年齢制限がない。美しくあるためには恋をすべし」とあったが、多くの人との出会いも楽しいに違いない。

老人大学は立派な福祉である。役所は困った人たちには手を差しのべるが、元気なお年寄りを顧みない。長寿社会が現実のものとなった今、自治体は元気なお年寄りたちのためのプログラムを盛んにする必要がある。

お年寄りの楽しみは、孫との交流や己の趣味だけであっていいはずがない。好奇心を研ぎ澄まし、自分の世界を広げていただくことも考えねばならない。深遠な知性を持たせることから始めたいものだ。

イスラム教という非日常的な話題は、ニュースでも頻繁に報じられるためか、けっこう人気が高かったのには驚いた。テロ事件の報道から、とんでもない宗教だとする偏見を宿していた人たちからすれば、私の「とってもいい宗教です」の言にはビックリの様子だった。マスコミから流される一方的なニュースは、時に誤解を招来させ、正確に本質を報じているとは言い難い。じっくりと専門の話を順を追って耳にすれば理解が進む。

長寿社会をどうするのか。自治体はボランティアを多用して、魅力あるプログラムを作るべし。

（二〇一八・三・一七）

一九、変人を使い、組織を活性化させる

アフガニスタンの国立カブール大学の教壇に立っていた頃、一番仲の良かった日本人はドクターの山野慶樹先生だった。整形外科の名医で野球好き、よくアメリカ大使館のチームと試合をした。バッテリーを組んで楽しんだ思い出がある。この山野医師と知遇を得た関係で、先端医学について学ぶことができた。

二度目の文部科学副大臣に就任した折、大阪市大医学部整形外科のトップであられたその山野先生から電話をいただいた。「京大の山中伸弥教授の研究は、ノーベル賞ものだから研究予算をばっちりつけてやって

ほしい」とのこと。担当者からレクチャーを受け、私は政府としても応援せねばならないと感じ入った。新規予算ではあったが、破格の一〇五億を支給することにした。私の直感、担当副大臣冥利に尽きる仕事だった。私は山野先生の実力を信じていたに加え、人間性をよく理解していた。

かつてES細胞という卵子を用いての再生医学に関する法律を作る際、自民党の質問者が私であった。ヒトの卵子を用いるため、さまざまな問題があり、法による規制が必要だったのである。が、山中教授の「iPS幹細胞」は、その人の皮膚の一部から人の臓器を造ることができるという世紀の大発見だったのだ。

すでに研究は進み、眼や一部の臓器に関する臨床実験が行われ、難病対策に光がさしつつあるのがうれしい。山中教授は、特許をとらず、世界中の医学者に患者のために研究をしてもらいたいという学者。本人は、マラソン大会に出場したりして研究費の募金にも熱心で、ノーベル賞学者として異彩を放つ。

最初の研究記者発表会は、京都駅前のホテルで行われた。政府を代表して私が最初に祝辞を述べたが、山中教授は私に対して感謝の言葉を話されたのには驚かされた。大きな予算のついた御礼だったろうし、研究の評価の高さがうれしかったに違いない。翌日の紙面は、それほど大きくなく、まだまだ知られぬ研究だった。

山中教授は、天王寺高から神戸大医学部へ進み、大阪市大の整形外科で臨床を経験する。山野先生が指導されたが、手術が下手クソで「ジャマナカ」とバカにされた話は有名だ。手術に関する技術は、かなり劣っていたという。そこで、米国留学の枠が大学にあったので、追い出すように送り出したらしい。

山中教授は、手術しなくとも完治させる方法はないかと考え、細胞研究に取り組み、世紀の大発見をするに至る。もし、山野先生のごとく手術の名手であったなら、おそらく大発見はなかったかもしれない。

私の言いたいのは、それほど仕事のできない人がいたとしても、起用の仕方で大仕事を成し遂げる可能性があるということ。人材というのは、開花させるためには適材適所が最良というわけではない。適材適所は間違いのない期待通りの仕事をしてくれようが、それ以上のことは無理であるかもしれない。革命的な飛躍的な仕事をするのは、意外にも無能と陰口をたたかれていた人であろう。

感性や創造力と運は数値化できないため、外からでは評価できない。たいていは、〝変わり者〟としての評価で、マイペースで生きる。が、起用の仕方によっては、組織のエースに成長したりする。山中教授は米国へ島流しされたがゆえ、ノーベル賞学者へと昇りつめた。

役所にも学校にも、〝変わり者〟がいる。この変人の使い方が、往々にして組織を活性化させる。人材の起用は、どの組織も適材適所をベストとするが、この発想は普通でしかないことを知るべし。そういえば、山野先生もアフガニスタンの日本人会では〝変わり者〟と陰口をたたかれていた。

人事の見直しが、組織を蘇えさせるのだ。中央官庁の人事は二、三年で動くが、癒着を恐れると同時に、官僚の能力の再発見を狙っている一面もある。

（二〇一八・四・二一）

二〇、地元史を小中学校で教えよう

ＮＨＫテレビの「西郷どん」を楽しんでいる。西郷隆盛の小説や資料は、ほとんど読んでいるので、物語の展開もよく分かる。私は幕末から維新にかけての日本の動きに興味があり、その種の歴史や小説のファンでもある。

先日、山口県の日体大同窓会に出席した。新幹線の新山口駅から車で一五分の湯田温泉で開催され、温泉で汗を流すうれしい会だった。日体大の同窓会組織は強固で、全国都道府県に存在し、毎年、熱心に会が開かれるので私も参加させていただいている。

一番喜ばれるのは、地元の歴史的な話をゲストの私が語ること。それほど事前に勉強して出席するわけではないが、長州藩にまつわる維新の話なら山口県人は熟知している。それでも桂小五郎や大村益次郎の詳細な伝記については、私の方が詳しい。吉田松陰に関する資料や文献も多数読んでいるが、桂や大村の方も面白い。

明治維新は、新生日本国を作る革命であった。士農工商の身分制度が厳しかった幕府政治から新政府に転じて、爵位は藩主や宮家のガス抜きのために設けられたとはいえ、われら水飲み百姓の身分だった先祖をもつ身でさえ、あらゆるチャンスを手中にできるように変わった。現日本国憲法第一四条にあるがごとく、何の差別も受けずに活躍できる社会の第一歩を明治維新でスタートしようとしたのだ。

山口県や鹿児島県を旅すると心が躍る。中央政府を作ったり、動かしたり、人物の出現によってこの国家を織ってきた歴史は燦然《さんぜん》と輝くにつけても、どんな地方にもその地の発展に尽力した人物がいる。また、古くから伝わる特有の伝説があったりもする。

私の故郷は大阪・泉州地方。この地は天領で古くから綿を生産し、綿織物の地として栄えた。「和泉もめん」は有名で、その伝統で神戸港が近い関係もあって紡績会社も多数できた。染色工場をはじめ、織物に関する産業が地域を支配して繁盛した。綿生産から輸入綿、紡績、加工、綿製品から他の織物製品へと進み、商業地大阪を持つがゆえ全国的に販売できるという地の利もあった。織機の開発が進み、織物全般の産地へと発展し、九州、四国から女工さんが数万人も集められ、商店街は人であふれていた盛況を私は記憶している。

で、時代は、すっかり変わってしまった。現代っ子たちは、もはや地域社会の歴史をよく知らない。先生方も他地域から赴任してきているがため、地元史に興味を募らせない。これでは教育の地域性や独自性を発揮できず、子どもたちは故郷に関心を持たずに成長してしまう。

小中学校では、地域史、地元史を教える必要があろう。故郷の知識をもち、地元で活躍した人物、先人について学ぶべきである。

先生が指導できなければ、地元の郷土史家か商工会議所の会員、あるいは敬老会の方でもいい、地元の歴史を教えていただきたい。進学のための学習ばかりに精を出し、学校という学校が予備校化して久しいが、初等教育のあり方に自治体は一石を投じるべきである。

初等教育が画一化してしまって、学校は面白さを失している。地元の偉人の再発掘を多方面で行うといい。私の地元では、タマネギの新種、キャベツの新種を作った先人がいたし、今日の織機の原点たるダルマ式織機を考案した先人がいた。全国的に有名な人でなくとも、地域社会発展のために尽力した人材がいたに違いない。

教育には刺激が求められる。子どもたちを刺激するには、近くにいた偉人の業績を学ぶのがいい。また、古刹や歴史的建造物だって地域に遺《のこ》っているはずだ。郷土史を学ぶことは、故郷に愛着を覚えるにとどまらず誇りを持つようにもなる。

私の故郷では、「私」のことを「ウラ」という方言がある。これは大和言葉の名残だと教えられたが、古くから栄え、歴史が息づき伝えられてきたことを物語る。ちなみに夏キャベツの新種は、「マツナミ」という。

（二〇一八・五・二六）

二一、慰霊祭を「住民の祭典」に

実に五一年ぶりにロシア（旧ソ連）を訪問した。そして、あれこれと想《おも》う。初めて私が訪れた外国はソ連であった。「鉄のカーテン」「赤のカーテン」と揶揄《やゆ》されていた共産主義国のソ連、その国を二〇歳の私がレスリングの日本代表として、日ソ対抗戦の選手として遠征することとなった。一九六七年六月、夢にまで見た外国、憧れの外国遠征日本代表、私は小躍りして喜んだ。

当時、日本とソ連の関係は、まだまだ氷解しておらず、交流は密でなく未知の国といえた。ソ連はレスリング最強国で、日本は強化上、ソ連の技術を学ぶ必要があった。私は学生チャンピオン、全日本二位の新進気鋭のメキシコ五輪候補選手、顔も肉体もアスリートそのものだったと述懐する。で、この遠征が、私を国際派の人間にするプロローグとなった。

米一ドル三六〇円、外国への持ち出しは五〇〇ドルまで。外国旅行は一般的でなく、高嶺の花。「洋行」という表現が幅をきかせていた。友人たちは募金を集めてくれて、自己負担金を工面してくれた。日本経済は右肩上がりの状況とはいえ、それほど豊かではなかった。忘れもしない梅雨どき、私たち選手団はソ連客船バイカル号で、カチューシャの曲に送られて横浜港を発った。五色のテープが舞い続ける。

一泊二日でナホトカ港に着岸、乞食《こじき》の群れに囲まれてシベリア鉄道でハバロフスクに向かう。ナホトカ港では、ソ連に抑留された日本兵たちの帰国の悲劇、引き揚げ者たちの物語を識《し》っていただけに、平和の使者たる選手団の私たちは、まだ二〇年ほどしかたっていない戦争の深い傷痕を想起せねばならなかった。

入国審査の際、ソ連官吏は「日露戦争は日本が勝利したのではなく、仲裁国があって休戦しただけだ」と講義したのには驚いた。まだ、そんな時代だったのだ。ハバロフスクでは、私たちは日本兵の墓地を訪れ、花束を供えた。戦後とはいえ、傷は生々しくあり、完全に癒えておらず、ソ連は敵対国という印象を引きずっていたかに映った。

それにしても、日本兵の犠牲者の多さにショックを受けた。抑留され、この過酷な厳寒の風土の地で命を落とさねばならなかった人たちの心境を想う時、戦争の惨さを認識する。あのシベリア鉄道だって、日本兵たちが敷設したばかりか、あちこちの立派な建造物も日本兵たちが建設させられたと耳にした。

数年後、モンゴルを訪れた際もウランバートルの日本兵の墓地に参らせていただいた。そこで両手を合わせると、平和の尊さを感じるとともに繁栄した近代国家の母国を知らぬ日本兵の不憫《ふびん》さに涙を流さずにはおれなかった。

高校時代、体育の先生であられた市野春弘先生は、抑留された引き揚げ兵であった。雨が降って授業できない折、決まって厳しい抑留生活の話をして下さり、私に多大な影響を与えて下さった恩師だ。その先生も数年前、鬼籍に入られた。

日体大の正門の隣に「魂」と彫られた御影石の大きな碑が建つ。理事長に就任した私は、「一日たりとも花を供えることを忘れてはならぬ」とゲキを飛ばし、毎日、両手を合わせる。この石碑は、学徒動員によって帰らぬ人となった先輩たちの慰霊碑。毎年八月六日、盛大に多数の卒業生も参加して慰霊祭を開催している。で、平和への誓いをたてる。

毎年八月、東京・武道館で天皇・皇后両陛下の御臨席のもと、慰霊式が開催される。しかし、遺族の方々が減少しつつある。犠牲者を弔うに加え、不戦の誓いの場ゆえ、多くの国民も参加すべきである。

各自治体も主催者となって遺族を迎えて慰霊祭を挙行する。だが、この式典も遺族会の人たちの参加だけで形骸化しつつあることを残念に思う。戦争の悲劇を忘れてはならず、平和の尊さを学ぶ式典へと衣替えすべき時代にさしかかっている。住民の祭典にしてほしいと強く願う。

ロシアの地を久しく踏んで、私は戦死者たちの悲劇を学び、恩師の苦労を彷彿《ほうふつ》とさせられた。

（二〇一八・七・二一）

二二、ダンスの効用を見直そう

役職というのは、だいたい多忙な人に回ってくる。私も多忙な日々を送る一人ではあるが、またもや役職が増えた。辞退すべく数回、きちんとお断りしたのだが、森喜朗元総理から「引き受けてやってくれ！」の一言でゲームセット。いやはや大変である。

「日本ボールルームダンス連盟」の評議員なる肩書が付くことになってしまったのだ。音楽とダンスは大の苦手、それゆえ逃げ回っていたのに、この公益法人の役員に就任してしまった。ダンスが全国的に人気があり、特に若い人よりも壮年期を迎えた男女によってブームが広がっている現実を知っていたが、よもや私がその役員になるとは夢想だにしなかった。

中学校で武道を必須にする際、ダンスも同時に必須にした。コミュニケーションを上手にとる人間性を育むために、能動的な性格にするために、リズム感を養うために等々の理由で必須にしたことを覚えている。その法案づくりの中心的人物でも私はあったが、自身はダンスは苦手なのである。

代議士時代、選挙区では夜にはよくダンスホールに行った。踊るためではなく、あいさつのため、支持のお願いだった。ダンスフロアには、ミラーボールとスポットライトが輝き、政治家がその中でマイクを握るのは異様に映っただろうが、選挙のためなら何でもするのが政治家。

しかし楽しそうに踊る人たちを見ていると健康的でうらやましくなる。ワルツやタンゴ、ルンバ、チャチャチャ等、音楽に合わせて自由自在にステップを踏む人たちは自己陶酔の体、ストレスはありませんと語っているようでもある。リズミカルに若々しく踊っているのだが、シニア層の男女が圧倒的に多い。ダンスホールを経営するというより、主宰する人たちは、定年後の趣味で仲間と始めたり、公的施設を借りて楽しんでいるようだ。趣味に加えて出会いの場を求めて人々が集まる。何よりもスポットライトを浴びる感激、若さを取り戻した気分を満喫できる。

近年、少年漫画の人気もあって、小中学生のダンサーも増加中である。年末に日本女子体育大で開催される「ダンスサミット」（会長は私）でも、小中学生の部を設けているほどなのだ。で、老若男女が集う場とホールがなっている現状を理解しておかねばならない。

リズム感を養いスポーツを楽しむように体を鍛える健康志向、現代にマッチした身体文化でもあろう。これら社交ダンスに偏見を持つ人たちも散見できるにつけ、一度ホールに足を運び、あの美しさと迫力に圧倒されればすぐにファンになるだろう。ダンス連盟の役員会に出席して話を聞いていると、公式ではないにしてもダンス人口は日本が世界で一番多いと知って驚いたことがあった。

なのに、このダンスは日陰者のごとく扱われ、自治体が振興に力を入れたり、公的施設を作ったりしない。ダンスをスポーツと認識せず、美しく着飾る特殊な人たちの趣味と決めつけている印象を受ける。古来ダンスは、神と対話する手段として受け継がれ、巫女《みこ》だけの文化ではなく大衆の身体文化となって世界中で楽しまれるようになった。

地域社会では、地域の人々が密着し、コミュニティーを形成して、シニア世代に孤独感を与えずにいる。ダンスを通じて交流することによって安心感を手中にし、地域の活性化につながる。シニア世代に居場所を提供するにとどまらず、地域を居心地の良い誇れる地と感じる人たちを増やすことにもなろう。

都市部には多くのプロたちが教室を運営し、弟子たちを養成しているが、月謝は安くなく高額である。その影響でか、若い人たちよりもシニア世代が多いのかもしれないが、もし、公的機関や自治体が協力すれば、さらに老若を問わず各種の競技ダンサーを増やすことができようか。会も盛んで、時に私もタキシード姿で出席する。この欧米的な雰囲気も心地良い。

「ダンス」の持つ効用を見直し、偏見を捨て、普及と振興に各自治体も乗り出すべきである。


（二〇一八・八・四）

二三、自治体もアスリートの採用を

打倒中国に燃えて一喜一憂したジャカルタで開催されたアジア大会。日本は中国に次いで二位の成績、久しぶりに韓国を金メダル数で上回った。強化策が実を結び二〇二〇年の東京オリンピックに弾みがついた感じがした。

近年、女子選手を中心に、大学進学をせずに高卒後にスポーツに力を入れる企業へ進むアスリートが増加中だ。仕度金はプロ級、企業の宣伝と社員の団結のために一流選手を勧誘する。

和歌山県庁では以前より相撲部を設けていて、存在感を示してきた。県庁職員として、アマチュアで活躍する学生力士を入庁させ、県民たちに元気と力と誇りを与えてきた。アマ横綱にまでなった石川県出身で日大卒の野見典展氏は、副知事にまで昇任した名物役人、特色ある県であろう。県では伝統的な全国大会を主催し、多くの県民のファンを持つ。

埼玉県庁には、マラソンの川内優輝選手が在職するが、最近、来年四月からプロになると宣言した。県民に自信と話題を持たせる意味において、自治体がアスリートを抱える発想があっていいと思うが、その例は乏しい。

公務員の仕事は、アスリートが練習できないくらい多忙なのだろうか。部署によっては練習時間くらい工夫したり捻出したりできるのではないか。

自治体にオンリーワンのチームを保持、育成しようとする発想がない。企業のごとく仲間を鼓舞したり、意識統一を図ったり、話題作りなどは考えないのだ。

何よりも採用試験の公平性を前面に打ち出し、すべて民主的でなければならないとする役所。ならば、特技、特色を点数化させたり、募集要項に最初から明示しておけばよい。「駅伝選手候補若干名」「卓球選手候補若干名」等と。職場にアスリートがいると、仕事がきびきび運び、明るくなる効用もあろう。

自治体のマネジメントの第一は、住民サービスのために職員の志気の高さをいかに強めるか、である。首長は四年ごとに選挙という洗礼があり、大胆なリーダーシップの発揮と政策をためらう。で、アスリートを抱えて全国的に知名度を高めるための発想など持たずじまい。「ふるさと納税」を例に挙げるまでもなく、自治体も宣伝の時代に突入している。

正月の実業団駅伝に、ときに自治体チームが出場する。私は敬意を払って応援するが、上位へ食い込むのは難しい。名だたるランナーたちは有名企業に入るからだ。が、選手引退後のことを考えれば、公務員は魅力的である。安定した生活が保障されているのだから。

かつて、国民体育大会には、教員の部があり、各県が競って有力選手をスカウトする時代があった。教員免許を持つアスリートが全国に散らばり、日本のスポーツ振興と強化にどれだけ貢献しただろうか。

今夏の甲子園、高校野球の話題は秋田県立の金足農業高が独占した。東北地方の公立高が、都市部の強豪私立高を撃破し準優勝した。高校に二億円の寄付が集まり、秋田市の「ふるさと納税」が増えたとメディアが伝えていた。

スポーツの持つ魔力であろうか。金足農高には野球部の伝統があり、偶然の出来事ではなかったにしろ、地方の公立高は弱いというイメージを打破したがゆえ、人気を高めたのだ。スポーツの力を自治体も企業並みに利用する時代だと痛感させられた。

カタールやバーレーン、オマーンといった中東諸国は、アフリカの一流アスリートを帰化させ面倒をみている。国威発揚のために国力をもって選手強化をする。古代ギリシアの強者たちも、オリンピックのために都市国家間の争奪戦に巻き込まれたと史実が伝えているが、スポーツの持つ不思議な力は歴史的にも認知されていた。

一般の役人を雇用するだけではなく、一芸を発揮して全国にアピールする役人が自治体にも必要ではないか。自治体も活性化のためには、横並び行政をやめ、独自性をうたい上げるべきである。自治体の役人が、国体に出場するだけでも地元の話題になる。想像以上のリアクションは、金足農高が私たちに教えてくれたではないか。

（二〇一八・九・一五）

二四、トレンドを読むには京都を見よ

休暇があれば、自然と足が京都に向く。大した目的もないのに、行きたくなる。日本を代表する歴史的な都、象徴的な観光地である。

外国からの若者たちは、貸衣裳屋で着物を借り、楽しそうに街や名所を行く。世界中から旅行者が訪れるため、国際都市化しているため、余計に日本文化を前面に押し出し、観光地としての魅力を倍増させている印象を受ける。京都らしい産業も多数あるが、表面上は観光都市である。

わが日体大には、片岡球子画の「富士に献花」と題する巨大な緞帳《どんちょう》がある。京都・川島織物の製作でつづれ織り、西陣織物の伝統を継ぐ作品だが、これらは京都以外では作れない。織物にとどまらず、古都であるがゆえ、伝統的な品々を産業化している都市でもある。

新幹線の便利さが訪問客を呼び寄せ、多様性に富む旅館やホテルが期待に応えてくれる。しかも四季を通じて催し物や祭りが多数あり、それに自治体や各館の企画力が図抜けている。市の条例によれば、会合での乾杯は日本酒と定められ、市長は着物姿で登庁する。人も街も日本文化を徹底させ、京の都としての面子と誇りを前面に打ち出す。名だたる名刹《めいさつ》の寺院や史跡が、建造物が他都市の追随を許さないほどあり、国内外からを問わず観光客でにぎわう。

京都府教育委員会、市教育委員会ともに、小中高校教員採用は、国際経験の豊富な人材を優先して行うという。先生が海外での指導体験があり、国際人になっている人こそ京都の先生にふさわしい。国際都市の児

童・生徒たちも国際人にしようという思考は京都らしくもある。京都なる環境は、すべからく国際性を求めている。

教育面でも地方の特色を打ち出す例は珍しい。いや、その発想に乏しく、近辺自治体との横並びを好む。国際人は、宗教、人種、異文化等に偏見を持たず、フレンドリィという性格に染め抜かれ、何よりも明朗である。外国体験をさせるため、わが日体大も毎年五〇人前後の卒業生や学生を青年海外協力隊に送り込んでいるが、帰国後はおしなべて独立心が強く行動的な人間へと成長しているのに感心させられる。協力隊はボランティアと表現されてはいるが、現実は留学である。私も二〇代の頃、三年間アフガニスタンに派遣され生活した。この体験が、私の人生の原点となった。

語学力が弱いと、いかに指導しようかと研究し、知恵を出して工夫する。で、語学力を身に付け、外国人との交流に自信を持つ。かかる若い先生に学ぶ児童・生徒たちも積極性を増し、国際人へと成長するに違いない。外国での体験談は、子どもたちを刺激し、興味をふくらませる。

政府が政策、特にＯＤＡによって多くの若者を発展途上国へ派遣しているにもかかわらず、帰国後、彼らを有効活用しているとは言い難い。ならば、各自治体が声を上げ、国際人となった若者たちを生かすべきである。京都のごとく前向きに採用してほしい。

私の娘も甥《おい》も協力隊員であった。独立心が強く己自身の道を歩んでいる。昨今、日本の若者が外国へ留学しなくなった。文科省は「トビタテ」のキャンペーンを張り、外国留学を応援しているが、それほど増加しない。アメリカへの留学は、三分の一にまで減少、留学が魅力でなくなっているらしい。

私の高校の同級生が、京都嵐山で京料理・旅館の「嵐山辨慶」の女将をしている。「外人さんのお客さんが圧倒的に多いのよ」という。数年前と事情が急に異なり、変化を実感しているが、まだまだ変化に気付かない自治体や組織がある。変化の波は、間違いなく全国に及ぶ。国際化の嵐は、二〇二〇年のオリンピック以後、私たちを襲うと予想される。

いつの世も変化は京都から始まる。トレンドを読むには、まず京都を見るがいい。国際化対策に本気であるか。日本文化の継承に本気であるか。観光客対策がとられているか。京都で三日も暮らせば、新時代を読むことができる。

（二〇一八・九・二九）

二五、地方の小中学校を私立化する

私は、日体大の武道学科の卒業生である。「武士道」を学び、己の死に場所を探す人生にしなければならないと悟った。ちょっと時代錯誤的であったかもしれぬが、教科書が宮本武蔵の『五輪書』であったり、佐賀の『葉隠』（鍋島藩士の山本常朝の談話）、新渡戸稲造の『武士道』だったから、どうしても江戸時代の「侍」入門の勉強であったと述懐《じゅっかい》する。

武士は、もともと武芸に優れ、戦闘に専心する身分の者を指したが、この武士の心が日本人の国民性となった。約束を重んじる（武士に二言なし）、弱い者の立場に立ち恩恵を施す（武士の情け）、互いに助け合う（武士は相身互い）、体面を重んじる（武士は食わねど高楊枝）。いつの間にか私たちの心奥に沈殿する、私たちの心であろう。

しかし、「武士」が「侍」とも呼称されるようになると、イメージに変化が生じる。もともと公家や皇族を護《まも》る仕事が侍のものであったが、武芸と教養、知識、学問を同時に身に付けるようになる。文武両道、文武不岐の誕生だ。私塾や藩校で学びつつ、武芸の稽古に精進する。平和が続くと戦闘がなくなり、学問にウエートが傾く。で、武士階級でない子弟たちは「寺子屋」へ通うようになった。「寺」には修行という意味があり、寺院だけを指すのではなく、知識を身に付ける場が「寺子屋」で、読み、書き、ソロバン等を学ぶ。

身分制度のなくなった明治五年に学制配布、全国に学校を造って教育制度を徹底させるようになり、文盲のいない国造りへと突き進む。以後、地方の特色がなくなり、国定教科書によって全国画一の教育が常識となった。教育立国としての成功であり、やがて人材輩出に伴って繁栄する国家となる。幾度も戦争を経験したとはいえ、先進国としての地歩を固めてきた。

公教育は世界最高水準にあり、個性的な特色ある教育は、私立学校法に則って公教育の一翼を担うようになった。ただし、私立学校は都市部に集中し、地方には公立の高校、大学しか設置されず、地方の義務教育はほとんど公立学校で行われてきた。そこで、義務教育の小中学校を地方でも私立化させて、特徴ある教育を施すことを考えるべきではないか。

少子化の波は全国を襲う。ピンチはチャンスである。統合による廃校になった学校を、私立学校へ寄贈し、面白い教育、特色ある教育を授ける学校を造るがいい。スポーツに、芸術に主眼を置く小中学校、理科や数学を中心に捉える小中学校、才能を伸ばす個性的な学校が求められる時代である。ルールに縛られ、この分野で「特区制度」を活用しようとする自治体が存在しない。全寮制の学校なら、全国から児童・生徒を集めることができる。義務教育だから、何もできないと決めつけてしまう自治体ばかりなのが寂しい。

廃校の校舎の活用について、多くの自治体は頭を抱えているが、大胆な発想に乏しい。日体大は網走市の廃校を利用して特別支援高校を設置した。連日、見学者が全国から来校されるが、見学のための見学で終わっているかに映る。廃校の活用は、特色ある教育への転化と決めつけ、面白い学校を作ってほしいものだ。興味のある学校法人は、間違いなくあると私は思っている。

自治体は、食わねど高楊枝の姿勢を守り、攻撃に転じようとはしない。国民性の弱点であろう。今や外交・営業の時代である。積極的に攻めるべきではないか。「先手必勝」、決断力も武士の心得だ。自治体の中に侍は不存なのか、それとも議会は機能していないのか、座して死を待つ武士は無能の象徴である。

アイデアは、大胆であればあるほど注目される。小手先の政治では、ピンチをチャンスに変えることは難しい。ハラを切ってでも、「やる」という侍の出現を自治体が期待しているのか、全国から公募という手もあろう。

中曽根内閣の「国鉄民営化」、小泉内閣の「郵政民営化」、この大胆な発想が国を救い、経済を活性化させたことを忘れてはなるまい。

（二〇一九・一〇・一三）

二六、コンプライアンス社会で求められること

企業であれ役所であれ、不祥事の多くは内部告発によって表面化してきた。昨今のスポーツ界の諸問題も、ほぼ関係者や内部の人たちの告発によって表沙汰になっている。

この傾向は歓迎すべきであり、どの団体・集団の中にもコンプライアンスの徹底が当然視される風潮を是認するものである。告発者を擁護する法律も施行され、ルール厳守が定着しつつあることは、この国の民主主義が前進した意味を持つ。

告発によって、団体・集団が不利益を被るゆえ、告発者は躊躇《ちゅうちょ》するであろうが、正義感を奮い立たせる勇気には敬意を表さねばならない。その組織が、一時的に不利益を被り、イメージを低下させたとしても、大局から見れば、国民に利益をもたらせたことになる。

スポーツ界には、近年、かなりな税が投入されている。東京オリンピックのために強化費を増大させ、遠征や合宿を盛んにするためだ。が、スポーツ界にはほとんど外部の人材が関与していないため、家族的雰囲気、仲間意識に支配される。金銭の流用、不正はそんな環境の中で常態化し、誰も疑問を持たず、意識をマヒさせる。ゆえに告発者に憎悪の念を抱く。

金銭面の問題のみならず、パワーハラスメントに関しても同様。権力のあるポストに一人の人間が長く就いていると、自然とカリスマ性が増し、その支配力が強まる。レスリング協会や体操協会の問題は、その見本だった。己の存在を絶対視し、錯覚してしまうようだ。ただ、本人は気づかず、周囲の者も忠告せず、権力者にこびるようになる。で、さらに増長してしまう。村社会の特徴だ。

公益通報者保護規程は、どの組織も内閣府の指導に基づいて作られてはいるが、永年の習慣によって規程が生かされていない場合が多々あるようだ。東京医科大の入試問題もしかり、まだまだ内部から告発する行為が定着しているとは思えない。かかる規程は、組織防衛上重要であり、幹部も不正に関して鈍感になろう。

昨今、首長のスキャンダルが内部告発によって表面化、辞職する市長や町長が相次いだ。かつては金銭の贈収賄をめぐる事件が多かったが、今ではパワハラやセクシャルハラスメントに関する問題が多発する時代となった。責任ある地位に就く者にとって、言動や行動次第では命取りに直結する時代だ。

その昔、旧ソ連やイランでは、秘密警察が市中にウヨウヨいて国民の反発を買った。自由にしゃべれず、体制批判は逮捕される社会。息苦しい空気に支配され、やがて活力を失って体制が崩壊した。日本の組織・団体も通報者保護規程を持つゆえ、息苦しさは否めない。

ユーモアを交えて話しても、聴く側からすればパワハラと受け止められる。一字一句、言葉を選んで話す必要がある。私も大学理事長として、毎日のように教職員の前で話す機会があるが、注意するよう努めている。間違っても語気を荒げず、冷静に、丁寧に話さないことには、パワハラといわれる。どこで、誰が録音しているかも知れず、息苦しい。

内部告発が一般化し、ガバナンスが徹底され、コンプライアンス社会が定着しつつあるのは喜ばしいが、組織・団体が自由な雰囲気をもっていかに活気みなぎるようにするか、その研究も求められる。閉塞《へいそく》感に支配される組織・団体であってはならず、何もかも透明性が高く、誰もが理解するような説明。この作業を怠ると反感を買う。組織上、上下の関係があろうとも、世相は平等扱い、ゆえに幹部になればなるほど注意せねばならない時代に私たちは生きている。

自治体にあっては、指針、政策を全職員が共有し、命令系統というより相互の理解を深めながら推進せねばならなくなった。軍隊のような、上意下達が難しくなっている。パワハラであるかないかは、第三者が決めるから、常に内部告発を意識しておかねばならない。

己の周囲は、スパイばかりと決め込みつつ、説明責任を丁寧に果たしながら、活力を失しないように仕事する日々である。

（二〇一九・一・二）

二七、オリンピック招致問題を考える

ＮＨＫの大河ドラマ「いだてん」がスタート、いよいよ東京オリンピックのムードを高めようとする矢先、スポーツ界に衝撃が走った。招致を巡る贈賄疑惑で、フランス司法当局が日本オリンピック委員会（ＪＯＣ）会長の竹田恒和氏を対象に「予審」という捜査手続きに入った、とする報道が大きかったからである。日本スポーツ界もドーピング問題のロシアと同様、穢《けが》れていると決めつけられる恐れが生じたのだ。「予審」はフランス特有の制度で、強い権限を持つ予審判事の手によって捜査される。世界のメディアが、この問題を疑惑として報じているが、日本では及び腰の感があり、その重大さが伝わっていない。「金で買った東京オリンピック」とフランスの司法で決めつけられたなら、日本の信用とイメージは失墜するだけでは済まないと覚悟せねばならない。

竹田会長は、私の目からすれば犠牲者である。旧皇族という血脈に加え、父親の永年ＪＯＣ会長を歴任された恒徳氏の存在感によって、恒和氏もＪＯＣ会長職に一七年間も就いている。オリンピック・ムーブメントの眼目とされる品格と高潔性を携えるばかりか、馬術のオリンピアンとしての経歴は、ＪＯＣ会長に最適任であられた。

が、石原都知事が再度オリンピック招致に名乗りをあげる。後に小池都知事へとバトンタッチされたが、国内の招致委員会の理事長にオリンピックの〝光と影〟をよく識《し》る竹田氏が就任する。国内オリンピック委員会は自国において、オリンピックの開催を目指し、立候補申請する都市を選定する独占的な権限を持つ

（オリンピック憲章）ため、国際的にも知名度の高い竹田氏に白羽の矢が立ったのは自然の成り行きであった。

しかし、招致活動はW杯サッカー大会と並んで以前よりうさんくさいものと噂され、正攻法では成功しないと認識されていた。

長野冬季オリンピックの招致活動も黒い影を落とし、その反省から名古屋、大阪、東京と日本は招致に三連敗した。正々堂々と一一五名のＩＯＣ委員に日本開催を愚直に訴えるだけだったからであろう。

私は、それで良かったと考える。二〇二〇年の大会招致もコンサルタント会社など使わず、堂々とやるべきであったが、国の威信にかけてどうしても四連敗は避けたかったに違いない。

オリンピック憲章には、ＩＯＣ委員は倫理規程を守り、いかなる政治的、商業的な影響を受けず（中略）ＩＯＣとオリンピック・ムーブメントの利益を促進することを誓うと書かれ、義務として上記の内容を再確認している。にもかかわらず、全員とは言わないが、憲章を守らない委員が多数存在するのが現実で、その実態をＪＯＣは把握していた。で、招致成功の鍵を握るコンサル会社を用いる策を選択したが、それは正攻法だったのかが問われている。

さて、ＪＯＣのオリンピック招致問題を書いたのは、どの自治体も住民に好まれない迷惑施設を設置するに当たり、頭を抱えているからである。例えば、原子力発電所を建設するとすれば、どんな抵抗が予想されるか、容易に想像できようが、どうしても建設したいとなると、果たして正攻法だけで可能だろうか。条件闘争もあろうし、正攻法以外の方法を模索せねばならないかもしれない。

かかる状況に直面した際、自治体はどうすべきか難しい問題であろう。オリンピック招致委員会はコンサル会社の利用を考えたが、どうも失敗した印象を私たちに与えている。保育園、老人ホーム、障がい者施設等、住民が反対する施設が増加し、住民のエゴが幅をきかせる時代に突入している。

どの施設も必要であるにもかかわらず、住民は土地の価格に影響を与えると反対する。住民のエゴを許さないように、早め、早めに条例を保険のごとく定めておく必要がある。

法治国家である限り、法で対応するしかないのだ。オリンピック招致委員会は、法よりも倫理に敗れたといえる。

（二〇一九・二・一六）

二八、北山三村の「三本の矢」

一本の矢よりも三本の矢は強い。広島県安芸高田市を訪れた際、毛利家の三兄弟の話に納得した。とにかく、まとまれば大きな力を発揮するのは古今東西、同じであろう。

私の日体大は、地方社会に貢献すべく地方自治体と「スポーツの振興と健康促進」のために連携協定を結んできた。すでに七〇の自治体と締結を終え、活発に活動中であるのがうれしい。締結している愛知県、三重県、新潟県を除外して、最も大きな自治体は兵庫県の西宮市、人口四九万人である。最少の自治体は和歌山県の北山村で、人口はわずか四三二人だ。

しかも北山村は、全国で唯一の飛び地の自治体で、奈良県と三重県に囲まれている。古くから林業で栄え、水運を生かして和歌山の新宮へ木材を運び、その結びつきが強かった。明治の廃藩置県の際、下流の新宮との結びつきが強かったがため、この北山村だけが和歌山県に組み入れられ、今日に至る。

かつては「北山郷」と呼ばれ、奈良県にある下北山村（人口九〇九人）と上北山村（人口四九五人）、そして北山村が隣接する関係で県境を越えて交流があったのは当然である。ところが、この三村の特産品が、なぜか異なるのだ。上北山村は、「こんにゃく」「とち餅」が特産品。下北山村は、葉野菜の「下北春まな」を産し、北山村はすでに有名なかんきつ類の「じゃばら」を産する。この北山村の「じゃばら」については、当欄で紹介済みである。

数年前、奈良県の知事選挙の応援のため、二階俊博先生に同行した。山間部であるのに、あちこちの街頭には多くの有権者が集っているのを不思議に思った。演説に力が入る。和歌山県北山村の人たちは、和歌山三区で二階先生の支持者が圧倒的に多く、珍しいことに支持率八〇%を超す。この北山村の二階ファンの人たちが、上下の北山村の有権者に呼び掛けて動員をかけてくれたのであった。三本の矢として機能していたのには驚いたが、血縁関係も多く交流が密であるという。

三本の矢が強くあろうとも過疎化と少子化の波に飲み込まれ、三村ともに共通の悩みを持つ。そこで三村が連携して特産品などをPRするイベント「第一回北山三村フェスタ」が県境を越えて開催することとなった。三村の魅力を発信するいい機会となるであろうし、さらに交流が深まるに違いない。

実行委員会には、地域おこし協力隊の人たちもいて、三村の自然豊かな景色を巡りながら、魅力をアピールして新たな人の流れを期待している。三村の自然は、観光資源としても貴重、売り出す研究の機会ともなろうか。紀伊半島の中間に位置する三村、私も訪れたことがあるが、ある意味では秘境であろう。

どの自治体も互いに協力して隣接する自治体とイベントをやろうとしない。盆踊りや祭りの日程調整もせず、協力し合うという姿勢の見られないのが一般的である。隣の自治体は敵ではなく、協力すべきパートナーという感覚が乏しいのが残念だ。

小規模自治体でなくとも、近隣の自治体はほぼ共通の問題点を抱える。迷惑施設の建設問題もあろうし、種々の協議会等を発足させて、三本の矢を創ることを考えるべきだ。道路も川もつながっているのだから、互いに協力してイベントを企画すれば、より大きくＰＲにつながる。北山三村の企画は、三村の住民たちだけを対象にしているのではなく、奈良県や和歌山県、三重県、大阪府等にも広く宣伝している。三村の観光協会も本気で取り組む。

過疎化は、少子化を生み、高齢化社会を作る。どうしても過疎化を食い止めねば、その自治体の未来はない。が、時代は観光ブーム、あらゆる所が観光資源となり得るゆえ、いかに魅力を発信するか、その発信力が人を呼ぶ。人の往来を盛んにするための企画力が過疎化を防ぐ。三本の矢を新しい発想の中に組み入れるべきである。

北山村は「じゃばら」生産だけで経済状況は良好だが、人口が増えない。三本の矢がどんな効果をもたらすか興味をもって見守りたい。

（二〇一九・六・一二）

二九、共生社会の構築を二〇二〇年のレガシーに

一九六四年の東京五輪開催前、日本政府は敗戦から立ち直り、先進国への仲間入りを果たしているアピールを世界に向けて発信した。「封建」なる語が戦後も生きており、そこから脱皮した民主主義社会と復興した新生日本を披露する。科学技術の進展ぶりも見せたかっただろう。「革命」とも呼ぶべきダイナミックな改革が、国を挙げて成し遂げられた。

まず、売春防止法を作る。国民健康保険や国民年金制度も整える。東京都民だけが対象ではなく、全国民

を五輪を契機に近代国家へと誘う。ハード面では新幹線、東名・名神高速道路、都内の環状高速道路と地下鉄網の整備など、書き尽くせない改革をソフト・ハード両面でスピードをもって行った。

しかも世界銀行からの借金で賄ったのだから、戦後の政治家には度量があったといえる。平成二年に借金を完済し、以後、政府は国債を発行するだけで、国際機関や諸外国から借金せずにきた。ともあれ、東京五輪は、「先進国・日本」をうたう昭和維新であったと思う。

で、二〇二〇年は、世界に何を発信すべきか。私は、障がい者の社会参加を広く認め、健常者と共生する理想的な社会を構築したと訴えるべきだと考える。パラリンピックも盛り上がり、国民間の偏見も薄らいできた。私の日体大でも障がい者（全盲を除く）を受け入れ、共生社会づくりに取り組む。そこで、国や自治体は、共生社会のために何を行うべきかを調査・研究し、実行すべく手順を模索せねばならぬ。

バリアフリー法が成立した後より、全国的に駅のホームのエレベーターが設置されるようになった。当初、駅の利用者数によって設置されたが、「弱者」の視点に立つ心配りの政策によって、かなり設置数が増加した。障がい者やベビーカーの利用者、高齢者が増えたからである。

東京のノンステップバスの普及率は、全国一位で九割を超える。国交省が補助金を出し、「弱者」のためにノンステップバスの普及に熱心だが、自治体によっては普及していない。車いす利用者らが乗れる福祉タクシーも同様だ。バリアフリーの意味について、自治体によっては理解が追いつかず、いまだ健常者中心の政治が続けられているのは残念である。

バスにしろ、タクシーにしろ、「弱者」が乗ったり、降りたりする際、道路に段差があると困る。私は膝を痛めて歩行困難だった折、この段差の危険性を認識させられた。歩道と車道の段差のない場所を造っておいてほしいものだ。大きくはないにつけ、街の形をバリアフリーのために変える必要があろう。

日常生活を車いすに頼る人たちは、意外に多い。少子化といえど、ベビーカーの使用者も多い。親切心も大切だが、まずハード（設備）面の点検を行い、「弱者」のための施策を重視し、共生社会を自治体が率先して住民に見せるようにしてほしい。

街の形を変えるとはいえ、たいていは政府から補助金が出る。自治体のやる気が問われているのだ。先進国である欧米の都市では、「弱者」中心の行政が当然視されている。キリスト教思想の影響もあろうが、社会のあり方についての基本的思考が異なる。「弱者ファースト」を徹底させ、民主主義の理解度にも大きな隔たりがある。

二〇一二年のロンドンでのパラリンピックが、史上最高の成功だったという。障がい者に対する対応、協力姿勢の大きさを示し、関心の高さが成功に導いたらしい。私たちも障がい者の立場に立って行動すれば、ロンドンに負けない大会を開催することができる。健常者と共生する精神社会をつくることが私たちの責務である。

障がい者の雇用を水増しして発表していた二三の省庁、おそらく各自治体も点検すれば、同様の問題点が浮上するかもしれない。政府が共生社会づくりに逆行していた責任は大きい。

私たちは、ホンモノの共生社会を私たちの手で構築せねばならず、それこそが二〇二〇年のレガシーとなろう。「精神革命」の遂行だ。

（二〇一九・六・一九）

三〇、観光客が企業を呼ぶ時代

漫才師の横山ノック氏が大阪府知事に当選すると、大阪が激変した。大阪生まれの有力企業、本社を大阪に置く上場企業等が競争するかのごとく大阪から脱出していった。その理由は、漫才師知事を産んだ大阪は二流都市と決め込んだのか、それとも情報を早く入手できる東京の方が有利と判断したのか、各企業は本社を東京へと移した。

太田房江知事が誕生しても、本社移転の流れは止まらず、名だたる大手の企業は上京してしまった。女性知事誕生は大阪では初めて、新鮮味が感じられたが、各企業は大阪を捨てる。その結果、税収は大阪から東京へと移ることとなった。東の東京、西の大阪と固定された歴史的な両都市の関係であったが、にわかに異変が肌に伝わってくる。

政治のワシントン、経済のニューヨーク。東京と大阪の関係も同様であったのだが、政治も経済も情報も東京が独占し、悲しいかな大阪はローカル都市に陥落してしまった。大阪在住の人たちは感じないだろうが、私たちのように毎月往復していると、名古屋、福岡、横浜よりも大阪の元気のなさが気にかかる。

ナンバから心斎橋を歩くと、歩行者の八割が外国人旅行者、店々もその対応をしていて状況は昔日の大阪ではない。商業都市から観光都市へと転じた印象を受ける。ユニバーサルスタジオ、大阪城、通天閣等、外国人からすれば魅力的な都市であろうし、買い物を楽しむこともできる。京都と大阪、ツーリズムでの存在感は想像以上である。

かつて、宮崎県知事にタレントの東国原英夫氏が就任した際、知事が県産品の宣伝マンになり宮崎ブームを展開した。果実を売り、牛肉を売り、知事の活躍は異常なほどだった。知事が専修大の卒業生であったので、元教授の私は知事にも協力したし、また協力もしていただいた。

知事の人間性や知名度によって、その自治体が急変する。選挙という洗礼を経て、首長が決まるとはいえ、誰が首長になるかが自治体の運命を左右する。大阪と宮崎の例を記述したが、選挙民は首長選挙の重要性を理解していないのではないか。

首長のパワーを横に置いても、近年、大阪への本社移転が増加傾向にあると帝国データバンクが教えてくれる。大阪・関西万博が決定したことやカジノを含む統合型リゾートの誘致計画等で、大阪経済の好転を期待する企業が増えているという。ビルメンテナンスやコンサルティングといった工場や店舗等を持たない企業が移転しているらしい。

兵庫県からの移転組が最も多く、次に東京、京都、奈良、愛知と続くが、近畿5府県からの移転が6割を占める。大阪の方が商売になると読んでの移転であろう。経済の成長を期待しているのだ。23年ぶりの高水準で移転が進む。大阪から出て行った企業が戻ってきたのではなく、10億円（年商）規模の比較的小さな企業が圧倒的に多いという。

大阪から転出する企業の数が、転入する企業を上回る「転出超」の状態が続いているとはいえ、その差がうんと縮まったのは喜ばしい。近年は訪日外国人客が大きく伸び、ビジネスチャンスが増大したことも背景にあり、その恩恵を大阪が受けているかに映る。大阪は宿泊税を導入し、観光立国サマサマ、だ。「大阪維新の会」が、大阪を支配してからは、観光に関する政策を積極的に取り入れてきた。

どんな小さな自治体であれ、観光客をターゲットにする政策が求められていることに気づかねばならない。全国各地が観光地になって久しいが、その波はさらに加速する。観光について熱心でない首長はアウト、観光スポットや名物を作る知恵が企業も呼び込む。統合型リゾートの誘致合戦も熱を帯びている。

国挙げて観光政策、その影響をどの自治体も無視できず、上手に宣伝した自治体が勝利者となる。昔からの観光地だから有利に思えるかもしれぬが、東国原知事のような人材が出てくると大逆転もあり得る。観光客が企業を呼ぶ時代に突入したようだ。

（二〇一九・八・二四）

三一、「市民大茶会」の開催を望む

あのニューヨークのマンハッタンにある世界貿易センタービルが、あたかも映画のごとく航空機によって破壊された九・一一。多数の犠牲者を出した上、米国防衛上の心臓であるペンタゴンも襲われた。大国の威信を失墜させられた米国は、アフガニスタンに潜むアルカイダの犯行と断定、すかさず攻撃に出た。

私は、米軍やＣＩＡに協力し、アフガンを支配するアルカイダの支援するタリバン政権打倒を支持した。で、反政府ゲリラ集団が、アフガン政府を樹立した。当時、私がアフガン事情に通じていると思われていたのである。

わずかにアフガンに平和の光がさし、荒漠たる荒涼とした国に活気を取り戻しつつあった頃、著名な方からの紹介で茶道の大家とお会いすることとなった。「野点《のだて》でお茶をふるまい、とげとげしさが薄れるようにしたい」とのこと。国民が二手に分かれ対立、やっと氷解の機運が高まり始めた頃だった。アフガン人のお茶好きをよく知っておられたのにも感心した。

「稽古」という言葉がある。日本の文化を学ぶ際、この「稽古」を用いる。様式、形式、作法を身に付けるために稽古する。これは練習やトレーニングとは異なり、心のありようを学ぶものだと私は解している。つまり、己の心を殺し、雑念を払ってニュートラルにし、相手の立場に立つ心を涵養《かんよう》するものであろう。茶道には、それらを学ばせる文化的意義が強くある。

「アフガン全国で野点を行い、民族融合を図り、平和の礎に役立てたいのです」。こう熱心に私に説かれた茶道家は、千宗室先生であられた。日本独自の文化を、中東の国の平和のために生かしたいと行動される先生に敬服するしかなかった。早速、私は大統領府と連絡をとり、先生のご意向を伝えた。

毛氈《もうせん》を作る国であり、チャイ（茶）を日に幾度ともなく楽しむアフガン人にとって、茶会の開催は素晴らしいアイデアであった。ところが、平和は一瞬で、各地で戦闘が再開され今日まで続く。この悲劇は、国民間に文化の種をまくことを許さないものとなった。

お茶を飲む日常的な営みを、わが国を代表する歴史的な文化にまで高めた茶道。武骨な私などには敷居が高い茶の湯の世界だが、仕事柄、親しませていただく機会が多い。本格的な茶席であっても、私は気軽に楽しむ。背筋を伸ばして正座するシャンとした己に出会う。

私の日体大では、年に数度、世界中からスポーツ指導者を招聘《しょうへい》してクリニックを開催中。文科省・スポーツ庁のプログラムで好評を博している。その中で、具志堅幸司（ロス五輪体操金メダリスト）学長が、お茶会を催すことになっていて、外国人に茶道の心を体験していただいている。私も伝統文化について話し、作法室を有効に活用中である。

外国人から質問が飛ぶ。「なぜ茶碗を回すのか、なぜ茶碗の正面を避けて飲むのか、なぜ茶器を清める布はシルクを用いるのか」と、面白い。相手を思いやり、道具や器を大切に扱い、己が謙虚になるためだと説明すると、日本文化の神髄に触れたかのごとく感嘆する。床の間の花について、茶菓子について、掛け軸について、茶碗について、説明せねばならないゆえ、私たちの知識ではおぼつかず困りはてる。茶道の奥深さに目をさますしかない。

「お運び」の着物姿の女学生たちが、抹茶碗や菓子を運んでくれて、所作の美しさを見せてくれる。正座の苦しくなった外国人たちは、安座でもよし。そんなに形式にこだわらず楽しんでいただく。お点前を披露して「和の心」を少しでも理解していただければ大成功である。

お茶の心を広く伝えるため、大規模なお茶会「東京大茶会」（東京茶道会）が毎年秋に開催されている。浜離宮恩賜庭園で行われるのだが、地方にあっては公園や広場での野点がいい。伝統文化を未来に伝えようとしない自治体は、感性の乏しい住民の町となろう。

「市民大茶会」を春と秋、野点で自治体が主催して実施することを強く希望する。それにしても、文化意識の低い自治体が多すぎる。

（二〇一九・一二・一）

三二、外国人が暮らしやすい地域に

戦後生まれの私たちは、ジープに乗る米軍兵の姿と町内で接するのは日常だった。私たちは、何も恐れずにジープを追う。兵隊たちは、子どもたちにガムやチョコレート、キャラメルを配って融和政策をとる。で、戦後生まれの日本人は米国に対して敵意を持たず、むしろ友好的だったと述懐する。私も米国に憧れ、留学したいと小学生時代から考えるようになっていた。

留学には先進国へ行くのだから大金が必要で、富裕層の子弟でなければ難しい時代だった。それでも卓越した学力、才能や技術力があれば、米国は外国人の入国、留学を認める国だと知った。で、私はレスリング修業に打ち込み、この強さを武器にして留学することに成功した。大学で全額奨学金を受けたが、米国の大学は世界中から留学生を受け入れていたのには感心した。私のルームメイトは、ドミニカからの留学生で陸上選手だった。

移民の国である米国は、一九六〇年代であるにもかかわらず、すでに国際化していたと認識した。四面海に囲まれた敗戦国日本、外から入りにくい国だけに異なる民族が入らずじまい。外国人と共同生活をするなんて考えもしなかった。が、時代は変わった。日本社会は人手不足に陥り、外国から人材を受け入れなければならなくなり、法整備も行われた。

日本には市区町村の自治体は一七四一あるけれど、外国人の住民が不在である自治体は、たったの五自治体にとどまる。住民基本台帳人口に基づくと、日本国中に外国人が居住していて地域社会をも支えてくれているのだ。すでに二七〇万人の外国人が住み、二〇一六年だけでも四三万人が増加した。難民を受け入れない日本ではあるが、独、米、英に次ぐ四位の流入数である。新たな外国人の受け入れ制度が始まり、人口減少を補う切り札として外国人の定住を増やす自治体が一般化する時代だ。国際化の幕開けというよりも、日本の総人口一億二七七〇万人の穴埋めの役割を帯びている。

現在、外国人の居住人口は、全体の二%。五〇人に一人の割合で、すでに外国人が私たちの身辺で暮らす。先進国は、どこも人口減少に苦しみ、経済力を維持するために移民政策を認める。欧州の国々では、一〇人に一人が外国人という具合で、自国民だけでは国家が成り立たない。日本も昨年の出生者数は九〇万人を割り、欧州と同様の道を歩むしかないのだ。

一年間で日本人は三七万人が減少する。そこで外国人を年に一七万人受け入れてきたが、新法によってその倍以上増加する。人手不足が深刻化する都市、地方にあっては、外国人の受け入れが増える。すでに外国人依存度を高める業種や地域が明確になっている。

広島の漁業の目玉であるカキの生産は、六人に一人が外国人。茨城県の農林業の従事者の二一人に一人が外国人。岐阜県の製造業、特に織物業界の一八人に一人が外国人。東京のホテルや飲食業の従事者二七人に一人が外国人だ。介護の分野では、今後五年間で六万人の外国人が必要で、外食業は五・五万人、建設界は四万人、ビルの清掃も四万人、農業も四万人という具合、あらゆる分野で外国人労働者が求められているが、まだまだ増えようか。

こんな時代になるなんて予想だにしなかったが、少子化の波は国際化を促進させる。今後は、日本人と外国人が対等に支え合う社会を構築し、住民ぐるみで外国人が暮らしやすい地域にせねばならない。祭りへの参加、消防団への加入、差別することなく文化の違いを超えて共存社会を作る工夫が自治体に必要だ。

外国人の定住を進めるには、日本人と同水準の労働環境を整え、多文化共生政策と日本語指導教育を徹底させてほしい。政府の外国人受け入れ政策よりも、その自治体の特徴ある政策を期待したい。例えば、地元民との文化交流会や料理教室等、多様な行事が居住を進める。

もう私たちには、外国人に対する偏見や差別心を持つことは許されないのだ。地域を支えてくれている現実を認識せねばならぬ。

（二〇二〇・一一・八）

三三、厳粛な式典、中止は許されない

私どもの学校法人日本体育大学は、大学をはじめ一〇校の設置校を持つ。一万二千人の大所帯である。その責任者として、いつも考えることは全員の安全だ。この時季、卒業式と入学式で多忙を極めるが、学校経営者は最も大きな喜びを感じる。仕事冥利《みょうり》に尽きる話だが、今年は例年と異なり「新型コロナウイルス」の猛威に頭を痛めることとなった。

どうやら政府は水際での封じ込めに失敗したような印象を、日々の発表で濃くする。東京マラソンの一般ランナーの出場中止をはじめ、あちこちの各種イベント、特に公的なイベントが中止に追いやられている。かかる事態を受けて、私ども学校経営者は右往左往する。卒業式、入学式という人生の通過儀礼を中止すべきか、挙行すべきか。

私たちは、中止という策を選択しなかった。感染の拡大、防止を視野に入れながら冷静な対応で、この人生一度きりの式典を実施することにしたのである。まず、マスクの着用を認める。消毒液を出入り口に置き、全員に励行させる。父母、家族は式場に入れず、講堂や教室でテレビ参加とする。時間を短縮し、可能な限り簡素化する。呼名を中止して代表者だけにとどめる。そして、式辞や祝辞の時間制限をし、登壇者を絞る。感染対策としては十分でないかもしれぬが、多くの行事も中止した。応援団のエール、餅つき大会、各種表彰（ホームページで行う）等だ。

危機を管理することができなくとも対応することができる。予測できない事態を招来させたとしても、迅

速に知恵を絞って対応すべきだと考える。管理できるような危機なら、それは想定内のもの。マニュアルのある事態は、危機とは呼ばない。リーダーたる者は、常に冷静に対応し、最良の方策を思考すべきである。「中止」という選択は、一番楽な道だが、人生に幾度もない式典を挙行してこそ参加者に勇気を与えると考えた。主催者の哲学、教育効果の理解が問われるとも考えた。

新型コロナウイルスの猛威を過小評価したわけではない。隣国の中国・武漢から発生した新型ウイルス、地理的に考えても日本も影響を受けるだろうと政府もあまり考えなかったようだ。エボラ出血熱をはじめさまざまなウイルスが各国で発生しても、日本は深刻な影響を受けなかった。同様に考えたように私たちには映った。つまり初動の立ち遅れである。

地理的な視点があれば、日本企業の武漢への進出状況を読めば、もう少し水際での作戦を練ることができたかもしれない。と同時に、リーダーたる者は、最悪の状態を想起しておくべきではなかったか。情報の小出し、対応の規模の小ささ、これらは武漢からの余波を読んでいなかった証左であろう。大げさに、国民が驚くほどの対応を取っていても良かったのではあるまいか。今ごろになって、議員たちは病院船の必要性を説く。その話は、二五年前の阪神淡路大震災の時からあったけれど、悲しいかな実現していない。

卒業式、入学式は、学校にとっては最大行事である。生命線ともいえる。各自治体は、安易に中止せず、新型コロナウイルスに負けないでほしい。これらの儀式は、人づくりのために極めて重要であることを解してほしい。修学旅行、遠足、運動会、学芸会は、日本独自の学校行事で諸外国の学校にはない。しかし、卒業式、入学式を行わない学校は世界中でもない。

危機に備えた哲学を持ち、最良の対応をとることによって実施できると私たちは決断した。元服なる行事から成人式に移ったが、もはや空洞化していて、卒業式、入学式の重要性が増している。人生の中で数度しか体験しない厳粛な式典、中止という選択は許されず、新型コロナウイルスに負けてはならない。
大胆な省略した式典になるだろうが、全員で国歌と校歌を歌い、仰げば尊し、蛍の光を目に涙をためて斉唱する。これが伝統というものである。日本人が日本人であるためには、伝統を無視してはならないと説いておく。

（二〇二〇・三・七）

三四、家庭の不用品を再利用する

日体大は浜松市にも高校と中学校を持っているので、よく訪れる。東京から新幹線でひかり号に乗って行く。駅に着いて階段を下りて改札口へ向かう手前の左側、カワイ楽器のピアノが置かれてある。新製品なのだろうが、自由に客が弾ける。いわゆる駅ピアノである。

浜松駅のそのピアノ、いつも客が弾いている。素人の私でも上手だと思い聴きほれる。

私は音楽に弱い。一九六七年、初めてソ連（現ロシア）をレスリング遠征で訪れた際、どのホテルにも大きなピアノが置かれていて、バンタム級の木口宣昭選手（法大）が「ふるさと」や「さくら、さくら」を弾いて客を喜ばせた。で、私は息子や娘に幼少時からピアノを習わせた。国際交流に役立つ体験をしたからだ。

誰でも自由に弾けるピアノをストリートピアノというが、浜松駅のピアノもそれである。ヨーロッパを旅すれば、たいていの大都市の駅にはピアノが置かれてある。老若男女を問わず、時間に余裕のある人が自由に弾いている光景に出くわす。私はヒマ人間なので、駅ピアノを夢中になって弾く人を眺める。自信があるのだろう、誰も楽譜なんか見ずに演奏する。これでその地の文化度の一端を読むことができる。

東京都庁の展望室に昨春、ピアノが置かれたと読売新聞が書いていた。前衛芸術家の草間彌生さんが監修し、装飾を施した立派なピアノだという。観客たちが弾いて喜んでいるそうだ。これもストリートピアノの一種である。

私は、このように、どこでも自由にピアノを弾けるように自治体も考えるべきだと思っている。日体大は階段の下にピアノを置き、いつでも自由に弾けるようにしている。これはＮＨＫのＢＳ番組で放送されていた「空港ピアノ・駅ピアノ」にヒントを得て、七年ほど前から始めた。

ヨーロッパでは、駅ピアノの演奏を聴き、拍手をする人がたくさんいる。弾く技術の上手下手を理解できる人たちだ。幼児が母親の助けを得て弾く光景に接したこともある。実にほほえましく、高度な文化意識を教えられた。日本は鉄道の国ゆえ、無数の駅がある。雨や雪のかからない駅の場所に、私鉄やＪＲを問わず、ピアノを置くべきだと思う。乗客の心をなごます最良の方法であろうか。

ピアノは、子どもが大きくなって不用の家庭が多くある。自治体が寄付を募って駅に置いて活用する。旅行客、通勤客、通学生、誰かが弾いてくれれば、そのピアノがよみがえるではないか。子どもが成長し、家を出てしまうと、たいていピアノは不用品となる。

読売新聞は続けて書く。「自治体ではジャズやクラシックが盛んな土地柄の神戸市が、駅などへのピアノの常設を令和元年から本格化した」。三〇台を当面の目標に掲げていて、すでに一三台を設置済みらしい。廃校になった学校などで使用されていたピアノの再利用らしいが、さすがに成熟した都市神戸を意識させられる。どの自治体も神戸市をまねていただきたいものだ。

入院中、ヒマなのでＮＨＫのＢＳで「空港ピアノ・駅ピアノ」を幾度も見た。乗客が気軽に腕時計を見ながらピアノに向かう。音楽好きなのだろう、教養の一つとしてピアノに接する機会が多いのだろう。通りすがりの他人が、時間があれば耳を傾ける。こんな光景が日本でも一般的になれば、文化の成熟した国と評価してもらえるに違いない。

自治体の中で、各家庭の不用品を再利用することを考える人は不在なのだろうか。ピアノの例を記述してきたが、わが日体大では入学式と卒業式に「餅つき」を行っている。昔は、どの家にも餅つきのための用具がそろっていた。しかし、今や不用品となっている。この日本には、祝いごとがあれば、「餅つき」をする習慣があった。それは文化である。

二千人前の餅をつくのは大変である。前日から多くの人の手を借りてつく。不用品になった道具は、知恵さえあればよみがえるのではないか。

（二〇二〇・四・一一）

三五、若者を呼び戻すスポンサー制度

もう三〇年になるだろうか。「逆玉」なる日本語が流行した。この言葉の作者は、実は私自身なのである。1人の女性が一生で産む子の数が約二人ぐらいの時代だった。男と男、男と女、女と女の三通りしかないのに気付く。まだ少子化という日本語が一般的でない時代だった。女と女の組み合わせは三三％。このような家庭は、できたら婿を迎えたい。とりわけ事業をしている家庭にあっては跡取りがほしい。つまり、「婿養子のすすめ」が逆玉。

評論家の竹村健一氏（故人）に私説を述べると、「面白い。本にしよう」となった。氏の出版社から「私

は元祖シンデレラボーイ」という題名の刊行となった。蓮舫さんが司会していたフジテレビの番組に出演して語ると本は売れた。女性の玉の輿《こし》の話の逆だから逆玉の輿と書き、面倒くさいので省略して逆玉と表現。ついに逆玉が一人歩きして流行語となった。

私自身は、娘二人姉妹の長女と結婚した。一〇年近く家内の実家で暮らした。家賃タダ、電気代・水道代タダ、払ったのは新聞代くらいだった。食事は別棟だったので別々、風呂は母屋で世話になった。子どもの教育費までも家内の両親が出してくれた。婿養子ではなかったが、強烈なスポンサーを私は持ったのだ。浪人時代もあり、安給料時代もあり、東京の高級住宅街に住める身分ではなかったが、逆玉の実践であった。ただ家内の実家は医院だったので、医師でない私では跡継ぎは無理。孫に期待したかもしれぬが、実現しなかった。

さて、このような自伝を記述したのは、読売新聞の記事を読んだからである。学生たちが高い授業料や生活費に苦しんでいる現実はよく知られている。もし、スポンサーがいれば、どれだけ助かるだろうか。アルバイト漬けから勉学に没頭できる環境に身を移すことができる。新聞には「奨学金、自治体肩代わり」とあり、すでに一六都府県が実行中という。

若者に地方で働いてもらうことを条件に、奨学金の返済を自治体が肩代わりしてくれるのだ。よく読むと全額ではないらしいが、県内居住と就労といった条件を設けている。現在では、私の日体大生ですら四割近くが何らかの奨学金を得ている。地方の出身地に戻ろうと考えるUターン組や地方で活躍したいと考えるIターン組にとって、うれしいスポンサーの出現であろうか。各自治体は、特別交付税の措置対象として応援するという。ちなみに、奨学金を受けている学生は一二九万人、二・七人に一人だという。

行政や地元経済界が、地域に必要な人材を求める具体策として有効な投資であるかもしれない。地方再生、創生のためには、まず人材が必要であることは言を俟たない。どの自治体も必死で、内容は異なるけれども三三都道府県が肩代わり策を講じつつある。若者を呼び戻す起爆剤となるか、このスポンサー制度、返済に苦労する先輩たちの姿をよく知る後輩たちにとってはありがたいに違いない。

しかも、近年の都会の大学生たちは、地方の魅力に憧れを抱く者も増加傾向にある。都会での生活は厳しく、奨学金の返済を考えると気が重くなってしまう。私も奨学金を日本学生支援機構から受けていたが、当時、教職や研究職に就けば返済が免除された。この免除職制度がなくなり、よほど優秀な成績でないと返済は免除されないだけに苦しいのだ。とりわけ大学院まで進学すると給付額が多額にのぼり、返済には相当な苦労が伴う。

重い返済負担を見透かした自治体は、条件の違いがあるにしろ若者のスカウトに懸命だ。高等教育機関の無償化が進んでいるが、それでも生活費の支出は大きい。さらに積極的に肩代わりを推進すべきである。市町村の自治体が独自にこの政策を実施するのは困難であろうが、出身者にこの制度を利用するように伝えるがいい。都道府県単位なら、その地からの求人票も出しているだろうから就職を誘引する効果もある。

奨学金の肩代わり、逆玉と考えて利用することを進めたい。スポンサーがあればどれだけありがたいか、ケースが異なるが私自身も体験した。

（二〇二〇・五・二三）

三六、イノベーションに活路あり

新型コロナウイルスによって、大学はテンヤワンヤである。授業ができないのだから、ウイルス退治を待つしかない。そんな中でもいくつかの大学は、無線ＬＡＮパソコンを駆使して授業を行っている。私どもの日体大では、実技授業が多いため、全ては行えないが、可能な限り座学は無線ＬＡＮによるネットワークを用いて、携帯パソコンで授業だ。

かかるシステムを大学で本邦初の導入をしたのは、名古屋市郊外の知多半島にある星城大学である。新興勢力で学生募集に苦労する状況下にあった。が、当時事務局長であった今村裕氏が、急激な日本社会における高度情報化、および超高齢化の到来を見据え、ＩＴの最先端の技術を大学生活に導入した。

まさにイノベーションである。「ｅ－Ｕｎｉｖｅｒｓｉｔｙ」を目指す大学にしたのだ。老舗の伝統ある名門では、一気にイノベーションとはいかない。手続きもうるさいだろうし、あちこちから反対ののろしが上がる。今村事務局長は説得したのだ。大学の淘汰の時代、いかにすれば生き残れるか。それは、ＩＴを活用した大学の再生であった。株式会社ＩＰイノベーションズ社長の浦山昌志氏の解説『ＩＴを活用した大学の再生～復活した星城大学』に詳しい。私は一読して、大学のみならず、あらゆる団体、組織は、徹底してＩＴに取り組む必要性を再認識した。役所も同じだ。

学生は入学時に、無線ＬＡＮのノートパソコンを購入する。四年間の授業で使うのだから、それほど割高ではない。メール、オフィスソフト等の利活用は入学時から必須、ＩＴリテラシーをたたき込まれ、専門学校生よりも技術の優れた学生たちが誕生する。ホームページの作り方などは朝メシ前、コンピューター好きの人材が育つ稀有《けう》な大学となる。なんと数年間で四五〇の団体、大学、企業や他の研究機関や教育機関が見学に訪れたという。その一覧表を見て驚いた。名だたる大学、企業にとどまらず、国の機関までもが見学している。

私が国会議員になった一九九六年、国会はどの委員会も「イノベーション」。森喜朗総理がＩＴを「イット」と発言したと風刺する時代だった。私が米留学をしたのは六八年、新聞広告の募集欄は、全てコンピュータープログラマーで埋め尽くされていた。それから三〇年近く、日本でのＩＴ時代の到来が遅れた。

今日のごとく、新型コロナウイルス感染症のまん延が日常のものとなると、人々は動けない。さりとて、仕事はせねばならない。在宅で仕事ができる、そのためには無線ＬＡＮパソコンの活用でしかない。日体大では、それらを用いて会議をしたり、連絡をしたりして顔を会わせずに仕事をしている。感染症の猛威は想定外であったにせよ、あらゆる組織は「イノベーション」の第一歩として徹底させねばならない。

学生が、ノートパソコンの中の電子テキストを使う。教授の授業がつまらないと、学生たちがゲームを楽しむ。だが、教授が「三〇分以内に、このテーマについて調査し、まとめてメールで報告せよ」と伝えると、学生たちの腕の見せどころだ。インターネットを介して全世界の知識にアクセスできるのだから。膨大な情報の中から必要で有益なものを抽出してまとめる。考えただけでも楽しくなる。

斬新な試みによって星城大学は飛躍的な再生を果たした。しかし、革命者たる事務局長の手腕と能力についていて行けない人たちが口を挟むようになると、元の木阿弥。その今村氏は、日体大の常務理事で私を助けてくれている。文字どおり、イノベーターである。

私とコンビを組んで丸九年、日体大の改革は想像できぬくらい進んだと自負する。イノベーターは、能力なき者から見れば、独走者、独裁者に映るかもしれぬ。イノベーションには、器量なくして理解できず、未来を読む先見性が求められる。私は丸九年、イノベーターと生活を共にしてきた。どの自治体も本気になってイノベーションに走りたまえ。


（二〇二〇・六・一三）

＊イノベーション（英：innovation）とは、物事の「新結合」「新機軸」「新しい切り口」「新しい捉え方」「新しい活用法」（を創造する行為）のこと。一般には新しい技術の発明を指すという意味に誤認されるこ

とが多いが、それだけでなく新しいアイデアから社会的意義のある新たな価値を創造し、社会的に大きな変化をもたらす自発的な人・組織・社会の幅広い変革を意味する。つまり、それまでのモノ・仕組みなどに対して全く新しい技術や考え方を取り入れて新たな価値を生み出して社会的に大きな変化を起こすことを指す。（出典：フリー百科事典『ウィキペディア（Wikipedia）』）より

三七、自治体の責任と存在感

とにかく出歩かないこと。あまり人とも会わず、買い物にも注意する。月一回、病院へ行く。クラスターを恐れてか厳重である。入る前に検温、入ったら入ったで椅子の座り方まで指導を受ける。マスクと手洗いは常識、この習慣を私たちは続けねばならない。つまり、新型コロナウイルスとの共存である。

緊急事態宣言が解除されようがされなくとも、私たちはコロナ禍から逃げることはできない。経済活動を再開し、日常を徐々に取り戻しつつあろうとも、どこにもウイルスが住んでいることを忘れてはならない。ステイホームから来るストレスでさまざまな問題が生じたにせよ、被害は予想を下回っている。

国民性もあろうが、国と自治体の連携がうまく運び、強い法律がなくともウイルスを封じ込めつつある。安心が禁物、第二波、第三波を招来してしまう可能性があろう。気の緩みを警戒してほしいと政府や小池百合子都知事が叫び続けるのは、東大の大橋順准教授の研究によれば、自粛解除三〇日で感染者が増加する（日経新聞）というから、ある程度の行動制限を継続したり加えたりしないことには、第二波を迎えてしまう。

町や市の状況は、全て異なるゆえに、各自治体が住民に対して第二波を招かないように警鐘を打ち鳴らす必要がある。経済活動を回復させながら、ウイルスを封じ込める策は、各自治体によって違うだろうから、各自治体の責任は重い。国と連携を図りながら、患者を出さない工夫が強く求められる。

緊急事態宣言の解除を誤解している国民も多い。日常を取り戻したと勘違いしているのだ。三密回避は守らねばならず、営業自粛の店もあろうし、それらの指導と徹底は各自治体の仕事である。

いずれにしても、住民は不安感を持ち、商店主は苦悩にあえいでいる。政府は、補正予算や予備費を国民のために用いる法案を成立させている。多岐にわたる支援策を国民は十分に理解していない。そのためのサービスも自治体の大きな役割である。

商工会、商工会議所、そして銀行等の金融機関は、各種の支援策を政府から連絡を受けている。シングルマザーの家庭、学生を持つ家庭、一軒一軒家庭事情が異なるが、救援策も異なる。これらを掌握している国民はいない。

各自治体が、どこまで親切に住民に説明しているかが問われるし、日々、政府の対策も変化するので、政府との密なる連携が大切だ。加えて、都道府県の指導力も問われる。

図書館や美術館の再開を皮切りに、段階的に制限を緩和する工程表を住民に伝えねばならない。地域によっては、工程表を独自に作り感染拡大を防止せねばならない。感染者数が少ないから安心という考えは危険であることも伝えねばならない。

たとえ感染者数が少なくとも行動制限を継続せねばならない店や特殊な仕事もあろうが、自治体の指導力にかかっている。難しい一面だが、ウイルスとの共存を宿命として背負う状況を理解してほしい。

最も難しいのは、人との接触をする機会を減らすこと。私は何枚もマスクを持って家を出るが、人との接触には気を使う。感染確率を下げるためには、全国民に節度ある行動が求められている。新型コロナウイルスの上陸前の日常を取り戻すには、その出口は、悲しいかな誰も分かっていない。このウイルスの退治方法も薬剤も的確なものがないゆえ、国と各自治体はしっかり国民に注意喚起を続けていただきたい。

同時に国民、住民に失望感を与えないための指導も求めたい。非日常の社会にあっては、一人一人が変異し、精神的な衰弱も予想される。相談できる人がいて助かる。その意味において、役所の仕事は増加しようとも、地域社会を支えるという誇りを持ってサービスに精進していただきたい。

今日のごとく、かつて想像したことのない日常を迎え、人々の心がヨタヨタしている時にこそ、各自治体の存在感と役人の人間力が問われる。

（二〇二〇・七・四）

三八、オリーブに見る農業への熱意

オリンピックの年になるとオリーブや月桂樹といったギリシャにちなんだ樹木が話題になる。日本にも外来種の樹木は多いが、オリーブと月桂樹は別格である。また、この二種は古代ギリシャの樹であると同時に地中海周辺の地域を彩ってきた。

イタリアやギリシャおよび地中海の国々を旅行した人なら、毎日、毎食時にオリーブのオイル等で驚かされたに違いない。オリーブは昔から「生命の樹」と呼ばれ、地中海沿岸の国々の人々は重宝してきた。料理だけではない。日本人は火力に木材を用いたが、彼らはオリーブ油を用いた歴史を持つ。実に六千年以上前からオリーブに世話になってきたのだ。英語のオイルは、オリーブから生まれた。

オリーブについて書くに至ったのは、小豆島がオリーブの島として輝いているからに他ならない。この「生命の樹」が、小豆島の人たちの手によって、産業化されていることは有名だ。その先見性に感服するしかないが、もともとしょうゆを製造していたことと関係すると耳にして、びっくりするしかない。

人類の歴史を変えた作物のランキング九位にランクインしているオリーブ。ちなみに御三家は、稲、小麦、トウモロコシである。わが国にオリーブの苗が持ち込まれたのは一八〇二年。薬用に用いるために徳川幕府の侍医であった林洞海がフランスから持ち込む。

一九〇八年に香川県の小豆島がオリーブ栽培試験地に指定された。魚の保存を目的としたしょうゆと油漬けの缶詰を作るのに、オリーブ油が必要になったからだという。当時、鹿児島等も栽培試験地になったが、小豆島だけが成功した。現在では、広島、岡山や香川県の各地で栽培されているが、小豆島はオリーブ栽培の優等生。五〇〇種以上あるオリーブの中でも、四品種を栽培方法に工夫を加えて生産する。

私ども日体大は、毎年、卒業式の際、香川県の坂出市にある岡崎農園（岡崎慎太郎代表）から、オリーブの環を一〇個ばかり注文する。名だたる大会で日本代表選手として活躍した卒業生に贈るためである。古代オリンピックにちなみ、頭上にオリーブの環をかけるのが式典のクライマックス、万雷の拍手が起こる。オリーブの持つ歴史の一幕を飾る重みである。

さて、和歌山県みなべ町の南高梅を例にするまでもなく、全国で各種の果実や花、野菜等の産地がある。日本人は研究熱心であり、感性も豊かであるゆえ、品種改良に余念がない。イチゴの改良は、どんどん進み、年中、おいしい新鮮なイチゴを食することができる。

県や大きな自治体は、農業試験所や研究所を保持し、その地に合った品種づくりに熱心である。しかし、アーモンドやピスタチオ等の輸入に頼る品々は少なくはない。日本で栽培できないと決めつけているのだろうか。オリーブ栽培にしても、小豆島だけが結実させ成功した。工夫すれば、品種を選択すれば、日本の地でも風土が異なるとはいえ栽培できるに違いない。研究心を旺盛にし、新しい植物をどんどん生産してほしいものだ。

私は大阪の泉州地方で生まれた。農産品はタマネギが当時日本一だった。「今井早生」という新種を地元の農家が創り、全国に発送していた。淡路島、北海道北見市へと産地が移っていったが、やはり新種の出現が大きい。

わが国は、農業国であることも忘れてはならない。全国に農学部を設置する大学も多い。自治体は、これらの大学と提携して新種作り、または外国の産品を国内で栽培しようとする気概がない。小豆島では、オリーブからさまざまな品々を作っているのだ。

オリーブそうめん、オリーブ化粧品、オリーブ染め等をはじめ、油を軸に多様な産品、まさにオリーブ王国である。小豆島には樹齢千年のオリーブの樹がある。スペインから輸入されたという古木だ。二〇二〇年のオリンピック・パラリンピックを記念して、日本ライオンズクラブは東京都へ樹齢千年のオリーブを「平和の象徴」として寄贈した。小豆島のオリーブに負けない植物を生産してはどうか。

（二〇二〇・七・二五）

三九、コロナ禍で空港の運営をどうする

関西国際空港（関空）は、当初から民営でスタートしたが、大阪空港を閉鎖しなかったために空港需要が

見込めず、リーマンショックが拍車を掛ける。私ども地元の国会議員で関空振興議員連盟（会長・中山太郎、顧問・二階俊博）を結成、私が事務局長だった。どうしても二本目の滑走路（約一兆円）を建設しないことには、関空の発展が見込めない。

民営化された空港で最大の収入は着陸料、航空機がどんどん飛んで来ないことには経営は困難。が、関空の全国の空路も客が増えないために便数が減る。客の入り数が少ないと空港ビルの売店も売り上げが伸びない。民営会社の第二の収入源だが、テナントも次から次へと出て行く。高島屋も大店舗を閉鎖、悪循環に苦しむしかなかった。

それでも二本目の滑走路の建設を急ぐ必要があったのは、航空時代が到来するという確信があったからだ。空港会社は、さまざまな企画を立てて地元民を空港へ誘う。その苦労を重ねているうちに格安航空会社が関空を起点に営業開始、流れが好転したばかりかインバウンドが飛躍的に伸び始めた。いよいよ二本目の滑走路が威力を発揮する。

関空の運営会社は、大阪空港の経営を兼ねる会社組織へと発展し、国際線と国内線を含めて順調であった。しかし、新型コロナウイルスは、空港経営も直撃、民営化のもろさを露呈した。

そのことは、二〇二〇年一月から始まった北海道内七空港の民営化にも共通した苦悩を生む。誰も予想しなかったコロナ禍、企業一七社が出資する北海道エアポート（ＨＡＰ、千歳市）が入札によって三〇年間の運営を任されることになっていたが、当初の見込んだ収益は困難となった。計画の見直しが必要だ。

七空港とは、新千歳、稚内、釧路、函館の国が管理してきた四空港と地方自治体が管理してきた旭川、帯広、女満別の三空港だ。黒字経営の空港は新千歳だけで、残りの六空港は赤字。ＨＡＰがいかに立て直すか期待が寄せられていた矢先、コロナ禍に直撃された。私は、稚内以外の六空港を利用した経験があるが、いずれも魅力的な観光地を持つだけにコロナウイルスをうらむしかない。

ＨＡＰは、着陸料を無料にしたり、割引したりして滑走路を利用してもらい、便の継続を狙う。が、いかに努力しても旅行客が増加しない限り経営は難しい。とりわけ国際線がほぼゼロ、空港内店舗も客足が不十分、コロナ禍に泣かされている。ＨＡＰには東急や三菱地所といった大企業が参加しているゆえ、少々の困難にこたえる地力があるとはいえ苦しい。

民営化されたこれらの空港だけが苦しいのではない。全国の空港も同様に苦しい。たいていは自治体の経営、親方日の丸なのだろうが、工夫して赤字幅を縮小させねばならない。

自衛隊も使用する「共用空港」は、全国に二〇近くあるが、空港の役割は国家の防衛上大きく、可能な限り健全な形で運営せねばならない。全国の空港の運営をいかにするか、赤字幅を小さくするか、各自治体が取り組む必要がある。

地方の空港にあっては、貨物便を利用する方法も考えられる。羽田、成田の両空港も苦戦中であるが、貨物便に活路を見いだすべきであろうが、自治体の協力をはじめ、商工会議所、農協等の各団体の協力がなければ、空港のみならず、ＪＡＬやＡＮＡといった日本を代表する航空会社も、さらに経営が悪化する。

国や地方自治体にはない民間の経営力を生かし、運営の厳しい地方空港を民間会社に委ねたが予想外のコロナ禍、あらゆる団体が理解を深めて協力せねば立ち行かない状況下にある。私たちには空港を守り抜く義務があるばかりか、国防と直結しているという認識が必要だ。たとえ民間会社が運営しているとはいえ、空港は重要な公共施設である。

「ウィズコロナ」が常識化しているが、私たちの健康だけではなく、公共施設を守り抜く気概が求められている。私たちの公共心が問われている。

（二〇二〇・一一・一四）

四〇、鳥獣被害対策にハンター養成を

あれだけ大騒ぎした豚コレラ（豚熱）ウイルスの問題。全く昨今では報道されないので、終息したのだとばかり思っていたが、さにあらず現在でも制圧に至っておらず、群馬県高崎市で九月下旬に発生した。発生地域の拡大が懸念されている。岐阜県で発生して以降、殺処分は一四万頭を超えた。

農林水産省は、ワクチン接種を認めたが、この予防措置をかなりしぶった。国際ルールによる輸出制限を恐れたためだというが、豚肉の輸出量はそれほど多くはなく、一部に限られる。大日本猟友会（佐々木洋平会長）は、さまざまな提言をしたが、農水省はウイルスを媒介する野生のイノシシを狙うべく、餌型ワクチンを自治体に配った。

佐々木会長と私は親友なので、直接、豚熱について聞かされたが、イノシシという動物は警戒心が強くて人間のにおいを察知する能力が優れているという。で、あちこちに餌型ワクチンを置いたのだが、効果が薄かったようだ。役所は慎重になり過ぎて遅きに失した印象を与えた。輸出という木を見て、ウイルス退治という森を見ることができなかったゆえ、今も豚熱の恐怖から養豚業者は解放されずにいるから気の毒だ。

鳥獣被害対策などで捕獲されたニホンジカやイノシシなどの獣肉《ジビエ》は、搬出や衛生上の問題があって、もったいない話だが多くが埋設、焼却などで処理されている。残念なことに食用として十分に利活用されていないのが現実だ。政府は「ジビエ利用拡大関係省庁連絡会議」を設置し、モデル地区を選定してジビエの利用推進を進めている。

ところが、新型コロナウイルス感染症問題に加え、野生イノシシの豚熱発生によって販売が停滞中である。ジビエの利活用は獣害対策としてだけでなく、高タンパク質、低カロリーの優れた食材として注目されている。欧州ではジビエは高級料理の食材、一般化しているのだが、日本人には偏見があるのか、なかなか普及しない。普及拡大が望まれる。

さて、近年では野生鳥獣による被害が都市部にまで拡大している。平成三〇年度の農作物被害額が一五八億円に上り、対策強化が急務となっている。政府は二〇二三年度までにニホンジカとイノシシの生息頭数を半減させる目標を設定した。が、大日本猟友会によれば、年間一二〇万頭のシカ、イノシシを捕獲しているが、一四〇万頭までにしないと半減目標に達しないという。どうも実現は困難のようだ。

また、庭や近所の田畑に野菜などを植えている人たちの被害は、数字になって表出していないが、サルやイノシシによってもたらす。全国のどの中山間地に住む過疎化した村落の人たちも大きな被害に泣き、楽しみにしている果実や野菜がサルやイノシシに荒らされる。網や柵も役立たず、その被害は精神的苦痛を含め大きい。

農水省と環境省は、シカ、イノシシの新たな捕獲体制構築に向けた大日本猟友会からの提案を検討中だが、まず大幅な予算の措置が求められる。また、「ハンター」と呼ばれる散弾銃やライフル銃で銃猟できる「銃砲所持許可」を持つ人材を増加させねばならない。かつては約四〇万人もいたハンターが、現在では六万四千人と減少していて、鳥獣被害対策の担い手が大きく不足しているのだ。

このため、国や多くの自治体では「狩猟フォーラム」を開催し、広報・啓発活動を行っているが、なかなかハンターが増加しない。各自治体は、本気になってハンター養成に乗り出し、鳥獣被害対策に取り組む必要がある。猟銃の購入、射撃教習費用などに多額の経費が求められるため、国や自治体からの支援が大切だ。狩猟免許には、わな猟もあるので容易に女性でも手にすることができる。

ともあれ、佐々木会長の熱意はすごい。狩猟と無関係の私にも鳥獣被害について熱く語る。私見だが、各自治体が責任をもってハンターを養成するしかなく、そのための費用負担も考えねば、被害が増大するばかりだ。町にイノシシ、熊が出没、誰が処理するのか。ハンターが不在では困るのだ。（二〇二〇・一一・五）

四一、全ての知的障がい者にもスポーツ教育を

今年三月、第一回生の卒業生を社会に送り出した日体大高等支援学校（北海道網走市）。全ての知的障がい者にもスポーツ教育を、農業を通して労作教育を、個性や才能を導き出す情操教育等を三本柱にして、この支援学校がスタート。道立の立派な高等専門学校のまだまだ新しい校舎を網走市が払い下げによって獲得、日体大に寄贈された。

武部勤元自民党幹事長のあっせんと武部新代議士の政治力によって実現、網走市の水谷洋一市長の多大な協力を得て、日体大は全国の私立大で初めて特別支援学校を創設することができた。少人数の特殊な学校ゆえ、経営的に困難が伴うので私立大が手を出すのはタブー視されてきた。が、日体大は体育・スポーツ教育のパイオニアとして、矜持《きょうじ》を保つために創立する。また、日体大生が取得できる特別支援学校教員免許の実習校も求められていた。

廃校を再利用することになったが、大規模な改修が必要だった。北海道の寒波のためにはボイラーがいる、バリアフリー化、思わぬ出費。さらに全寮制のため素晴らしい寮を建設せねばならなかった。寒冷地の

建設の難しさや材料の調達など、本州の人間では想像できぬ事象が次から次へと起こるのに閉口する。

網走刑務所から市へ払い下げされた農地を水谷市長が利用できるようにしてくれたり、雪のシーズンでも走行できる室内走路（四レーン）一〇〇メートルという北海道でも二カ所目の施設を作ったりして、日体大の特色ある学校らしくする。道庁、政府、網走市、日本財団、北海道新聞社、北海道銀行等が、日本初の私立大の支援学校を応援してくださった。この学校の施設は、私立といえども公立学校以上のものと自負している。

ところが、全国的に特別支援学校（公立）が、教室が足りなくて困っているのだ。しかも現実は深刻化しているといわれる。児童・生徒の数は、この一〇年間で二割も増加したのである。支援学校で学ぶ障がい者は約一五万人、少子化が進行しているにもかかわらず、増加傾向が全国的に続く。政府は全国の教室不足を調査したところ約三四〇〇の教室が足りず、都市部での不足が大きい。教室を増加させたり、建設したりしても少子化ゆえ、やがて不必要になると各自治体が読んでいるのか、教室不足は大問題だ。私立では定員を定めることができても、公立では全員を受け入れねばならない。

各自治体には、特別支援学校を新設する財政的余裕はない。おおむねこれらの学校は、都道府県が設立し、通学のためにバスを走らせる。一般の学校よりも金のかかる学校である。だが、充実した特別支援学校を持つ自治体こそが、教育熱心だという評価を受ける。ある県では、学校を新設するのに地域の理解を得ることができなかったという。偏見、差別心がその理由であったとしたなら悲しい。

二〇二〇年九月末、中央教育審議会（中教審）の初等中等教育分科会では、教室不足に苦しむ特別支援学校の設置基準（省令）を新たに定めた。各自治体が教室を半分に仕切って使用したり、会議室や実習室を教室として使用したりする実態に政府も動かねばならなくなった。児童・生徒数に応じた校舎の大きさや準備しておかねばならない施設などを明確化させる。障がい者教育の環境の改善を推進させるという。今日まで設置基準がなく適当に教育してきた自治体の責任は大きいが、どんなに過密化が進もうとも法令違反ではなかったことを私たちは恥じるべきであろう。

パラリンピックの開催は、健常者と障がい者の共生と共存を目指す意識改革のためともいえる。障がい者のために法も整備され、社会活動が容易にできるように進化してきたといえども、学校教育の環境整備が後回しされてきた。

先進国であるかどうかの区分けは、障がい者に対する扱いである。障がいを持ちたくて、障がい者になりたくて障がい者になった人は一人もいない。

私は米国留学時代、大学の付属養護学校の児童たちに実習で水泳とマット運動を指導した。満面笑顔で喜ぶ子どもたちに接して、私は障がい児にも体育・スポーツ教育が必要だと認識した。それを北海道の大自然の大地で実践中である。

（二〇二〇・一二・一九）

四二、〝異教徒〟に安らぎの場を

新年を迎えると、毎年、パキスタンの首都イスラマバードにある日本大使館は、パキスタン政府に陳情書を出す。「日本人の葬送のために火葬場の建設を許可されたし」。ま、こんな内容だが、イスラム教国のパキスタンにあっては土葬以外は認めず、陳情書の提出はセレモニー化している。

パキスタン駐在の日本人が死亡した場合、火葬できないのでは困る。パキスタンにはＫ２をはじめ、高い山々があって日本人の登山客も多い。遭難する登山家も少なくなく、世話する大使館が困る。遺体を飛行機で日本へ送り届けるには費用が高くつく。イスラム教国では、異教徒のために火葬場を持つ国もあるが、パキスタン政府はそれを認めないのだ。

宗教によって死者の扱いは異なる。イランのヤズドを中心にしてゾロアスター教（拝火教）徒が住む。この人たちは、遺体を鳥に食べさせる鳥葬である。ダフメと呼称される泥づくりの壁で覆う遺体置き場が、あちこちの丘（テペ）にある。猛禽《もうきん》類のラーメルガイヤーという大きな鳥が飛来し、髪の毛と骨だけを残してきれいに食べてくれる。ダフメ内の死臭に困惑した体験を私は持つ。スポーツ人類学者であった私は、他に風葬や水葬等の調査研究をしたが、この稿では深入りしないこととする。

このような遺体処理について記述してきたのは、グローバル社会となっている日本にも、イスラム教徒たる外国人が二三万人も居住しているからである。もし、この人たちが死んだ場合、土葬を選択するに違いないだろうが、日本の地域によっては土葬を認めない自治体が多いのだ。これではイスラム教徒たちが困り果てる。地域によっては、条例で火葬と決めつける自治体があるが、法律によって火葬と国が決めているわけではない。墓地埋葬法では、土葬のための墓地を禁止していない。

一九六四年の東京オリンピック前、政府は衛生上火葬がいいと考え、各自治体が火葬場を造る場合、補助金を出す。衛生について政府は敏感で、上下水道の普及に金を出し、水洗トイレの設置にも補助金を出し、ハエを私たちの生活圏から追放しようと努力した。狂犬病をゼロにするために野犬狩りを行い、ネズミを保健所に持ち込めば金を出す。政府は先進国にふさわしい社会をつくるために必死だったのだ。

これらは、東名・名神の高速道路や新幹線とともに六四年東京オリンピックのレガシーとなった。近代化された社会は、悪臭を追放することであり、ゴミの回収等も各自治体が行うようになる。が、当時、わが国には、それほどの外国人が生活していなかった。現在、外国人は二八五万人も日本で住んでいる。

土葬にするのはイスラム教徒だけではない。カトリック教徒も土葬である。が、カトリック教徒の在留者が多い上に明治維新からの歴史があるため、すでに各地に外人墓地として土葬できるスペースを持つ。近年、日本人社会は、保育園を造る、支援学校を造るというだけで「反対」の声が上がる。迷惑施設だと決めつけるのだ。ましてや土葬用の墓地を造るとなると住民たちによる反対運動が起こる。

グローバル社会にあっては、私たちは異文化を理解し、それを受け入れる器量が求められる。横浜市では昔からの外国人墓地は観光資源の一つだが、各自治体も土葬を認める外国人墓地を確保しておくのも一策であろう。わが国の法律は、信仰の自由を認めている。あらゆる宗教の信者と共生することが宿命である私たちは、葬送文化に対しても寛大でなければならない。土葬に違和感があるかもしれぬが、イスラム教徒やカトリック教徒にも安らぎの墓地を許可する自治体であるべきだ。

土葬にする理由は、故人が復活すると考えるからだという。古代エジプト人は、ミイラにしたのも同様で、故人が再生すると信じられていたためだ。公衆衛生面で問題が生じない場所に土葬用の墓地を造る、今から各自治体は準備しておくべきである。すでに政府は移民国家へかじを切ったことを忘れるべからず。


（二〇二一・一・一）

四三、「都市鉱山」から資源を得る

アイデアマンの小池百合子東京都知事の発案で、東京オリンピック・パラリンピック大会の上位入賞者に贈るメダルを使用しなくなった携帯電話などを用いて製造することになった。パソコン、デジカメ、そして使用済みの小型家電等のリサイクルによって、必要となる貴金属をまかなうことに成功した。同時に、身近な家電等に貴重な金属が使われていることも国民は知る。リサイクル促進の運動ともなった。

東京オリ・パラに必要なメダル数は約五千個。そのためには金が三二キロ、銀が三五〇〇キロ、銅が二二〇〇キロなければ製造することができなかったが、全国民の協力で調達することができたのだ。画期的なアイデアで、大会を盛り上げることにもつながった。

使用済みの携帯電話、パソコン、デジカメ、家電などに含まれる貴金属や希少金属（レアメタル）等は、鉱山で採掘するまでもなく、私たちの生活圏にある。それを「都市鉱山」と呼び、金属資源をリサイクルする事業も活発化していて上場する会社も出現している。例えば、「リネットジャパンリサイクル株式会社」という会社は、全国二六〇以上の自治体と連携して「都市鉱山」の回収を事業としている。

二〇一三年に「小型家電リサイクル法」が施行された。全国に安心安全に回収してくれ、有効に処理してくれる小型家電リサイクル認定事業者が五三社ある。これらの事業者が、「都市鉱山」を生かしてくれているのだ。私たちの身の回りには、不必要となった家電等がある。携帯電話、パソコン、デジカメ等は「レアメタル」（希少金属）。「ベースメタル」（精錬しやすい金属）に加え、金、銀、プラチナといった貴金属をわずかだが含むのだ。

わが国は、ほとんど金を産出していない。中国、オーストラリア、ロシア、米国、カナダと金産出量の多い国が続くが、日本は一五位以下のその他の国の一つでしかない。しかし、金五グラムを得るためには、自然の金山にある金鉱石一トンが必要だとされる。

が、約一万台の携帯電話があれば一トンになり、金を数百グラムも産出させることができるという。それだけ日本の「都市鉱山」の持つ金蓄積量は世界的にも大きいのだ（サステイナビリティ技術設計機構「二〇一六日本の都市鉱山蓄積と資源国の埋蔵量」）。

これらのデータは、日本が再資源大国であることを物語る。資源の乏しいわが国としては、国民がリサイクルの大切さを理解せねばならない。自治体が先頭に立って、リサイクル運動を盛んにすべきで、小型家電リサイクル事業者とタッグを組み、不用品となっているものを生かしてほしい。チリも積もれば山となる。前述したリネットジャパンは、佐川急便と協力して無料で不用品を回収中だ。

今まで廃棄物だと決めつけていた不用品は、眠る宝の山なのである。リサイクルがどれだけ大切か、わが国にはどの国にも負けない高度なその技術がある。

問題は、いかに各家庭や個人から不用品を回収するかにかかる。自治体によっては、公共施設や商業施設等に「回収ボックス」を置いて回収していたり、場所を指定して回収したりもしている。ただ、パソコンにはデータや資料などがあり、きちんと消去してもらえないと困る。携帯電話にしてもすべて消去、安心してリサイクルしてほしい。

環境省も「ウィズコロナ・ポストコロナ時代の小型家電リサイクル」に力を入れている。安全対策上、省は小型家電リサイクル認定事業者を利用するように説く。「都市鉱山」の活用は拡大していて、コロナ禍の影響でパソコンなどの使用頻度が増えたからか、廃棄物も増加中だという。

ノートパソコン一台に含まれる貴金属の量は、金が〇・三グラム、銀が〇・八四グラム、銅が八一・六グラムだと環境省の広報誌「エコジン」が教えてくれる。一七台のノートパソコンで金を五・一グラム手中にする。金鉱石一トンの価値だ。自治体が熱心に「都市鉱山」の価値を説き、回収、リサイクルを実践してほしい。

（二〇二一・二一・一一）

Ⅳ

自治体がやるべきこと

一、四股名にみる地方の力士

先ごろまで国連大使を務められた吉川元偉氏を、夫人と共に国技館へ相撲見物にご招待した。「すごい反響に驚きました」という。テレビ中継でご夫妻が映り、知人から連絡が頻繁にあったとか。相撲人気が高いからであろう。

遠藤関が入幕して以来、閑古鳥が鳴いていた大相撲の本場所は、「満員御礼」の垂れ幕が連日降りる盛況。土俵も白鵬の一人舞台から、場所ごとにヒーローが誕生、人気に拍車がかかる。私もファンなので、東京の場所には足を運ぶ。

高校野球の人気は郷土色が明確なので、地元の人々が応援するからだ。近年、力士の四股名から郷土色が消失し、多様化している。地元の後援会に力がないため、どうしても部屋の親方衆が命名するらしい。

日体大では、卒業生の十両昇進時に化粧まわしを贈呈している。四股名を金刺繡するのだが、入幕した際、四股名を改められると困ったことになる。八角部屋の大輝関は、入幕して北勝富士と改められた。金刺繡のやり直しだ。

八角親方は、北海道の十勝出身で四股名は北勝海、そこで両元横綱から名をいただいて北勝富士になったという。北の富士も北海道の出身。しかし、大輝関は埼玉県の所沢で、北海道とは無関係。でも北勝富士には大輪の花を咲かせて欲しいと思う。

なぜ力士の四股名から郷土色が消失してしまったのだろうか。地方の代表、郷土の代表だった力士たちは、交通の利便性の向上で地方色を意識しなくなってしまったようだ。

高校、大学と相撲の強豪校へ進学するあまり応援者も地元の人だけではなくなり、郷土色の強い四股名が敬遠されつつあるかの印象をうける。これも時代の流れなのだろう。

だが、吉川元国連大使のように初めて観戦される人にとっては、地方色を漂わせる四股名のほうが楽しいに違いない。大相撲が伝統文化からスポーツへ転じた証左とはいえ、やはり古いファン層からすれば寂しい。

今年四月、元大関の琴欧洲（現・鳴戸親方）が、三年生に編入学した。ブルガリア国立体育大の二年生を修了していたので、日体大はその単位を認めて入学させたのである。国際化時代、学生たちの刺激にもなるであろうし、社会人入学を推奨する文科省の政策とも合致した。

外国人力士の四股名は、出身地や国を想起させるものが多いが、琴欧洲からではブルガリアをイメージするのは難しい。いずれせよ、郷土色の名ごりは外国人力士に見られる。

力士の出身地の自治体や有力者は、しっかり応援して地元を彷彿とさせる四股名をつけてもらう努力をすべきだ。相撲界の人たちが、故郷を振り返らない風潮を定着させていることを残念に思う。


（二〇一六・一二・一〇）

二、自治体は国際交流に本気を

アフガニスタンの駐在大使が交代。新大使の鈴鹿大使と会った。旧知の間柄だが、親しくなったのはアフガニスタンの国技とうたわれる「凧揚《たこあ》げ」が縁である。

外務省中東二課の皆さんが、アフガニスタン大使館が主催する凧揚げ大会を応援して下さったのだ。東京都内では容易に凧揚げを行う場所がない。で、都内の子どもたちも凧揚げ経験がない。私のところに大使館から相談があり、日体大荏原高の野球場を紹介した。多摩川の河川敷にあるので好都合、私の家内が先頭に立って四年前から開始した。

シルクロードの国アフガニスタンは砂漠の国、山岳の国である。一木一草も生やさない苛酷な風土の砂漠、樹木を生かさない岩山の山岳群、私たちの想像では遠く及ばない特異な地をもつ国だ。私は、日本人では唯一、国立カブール大学の教壇に立った教師。一九七五年から三年間、かの国で体育学とレスリングを指導した。

だから、凧揚げ大会に協力せねばならぬ立場にあり、ファティミ駐日大使の要望に応えることとなった。家内は熱心で、キヤノン、佐藤工業、城南信用金庫などからご寄付をいただき、九段ライオンズクラブの物心両面の協力を得て、毎年、寒風の中、多くの人たちが喜々として楽しまれている。

嬉しいことに「日本凧の会」の皆さんが参加され、長崎県島原市から珍しい凧が贈られたりして、凧揚げムードが高まるばかり。しかも大田区の商店街の協力あり、日体大荏原高の父母会がおいしいうどんを提供して下さって、あたかも町おこし行事に映る。

アフガニスタン大使館は、参加者全員に昼食としてアフガン料理を出され、エキゾチックな雰囲気を醸し出す。異文化あり、共通の文化あり、大人も子どもも寒さを忘れて天を仰ぐ光景は微笑ましい。文字どおり、血の通った国際交流といえようか。

そもそもアフガニスタンでは、昔は凧は狼煙《のろし》の役割を果たしていたという。そして、糸を切り合うゲームへと転じたらしい。日本でも浜松をはじめ、全国で特徴ある風が存在し、さまざまな行事がある。しかし、国際性に富む大会は私たちのものではと自負している。

日本には、国連加盟国のたいていの大使館や総領事館が存在する。どの国にも、独自のおもしろい遊びやゲームがある。いや、ベネズエラのように市民音楽に力を入れる国もあり、多様性に富む。

これらを調査して、自治体が共同で開催できるようなイベントを計画するのもおもしろい。各自治体は、「ふるさと納税」に熱心だが、国際交流を本気で模索すべきではないか。日本にある各国の在外公館と交流することに取り組むことから始めてはどうか。

（二〇一七・一・一）

三、自治体はスポーツ振興に力を

新年を迎えリオ・オリンピックのあのフィーバーも去った。すでに競技者たちは二〇二〇年をにらむ。アッ！という間に四年の歳月が過ぎる。私も経験した覚えあり。

リオ・オリンピックでレスリングのグレコ五七キロ級で、日本の太田忍選手（ＡＬＳＯＫ）は決勝で惜敗したが、銀メダルを獲得。思わずテレビの前で、私の眼に涙。八年前を想起したからだ。

太田選手の山口県柳井市で開催された祝賀会に出席した。文字通り市民一体となった盛大な祝賀会、会場は市民で満杯。この熱狂ぶりは、何なのだろうかと考えさせられた。

が、太田選手は柳井市の出身ではなく青森県八戸市の出身だ。

八戸の中学卒業後、柳井市にある斉藤道場の勝村靖夫道場主（八戸工大名誉教授）の指導を受けるべく、単身でレスリング留学、柳井学園高に籍を置きながら修行に精進する。師弟二人で生活しつつ、国体で優勝するなど、頭角を表し日体大に進学。

柳井市での生活は丸三年でしかないが、毎年の国体、インターハイには山口県代表として出場し大活躍。柳井市民の誇るべく選手となり、市あげての凱旋パレード、祝賀会となった。

小中学生時代から指導し、太田選手の素質を見抜いた勝村名誉教授（現日体大強化委員長）は私の二年先輩にあたるが、異郷で熱心に指導されたのには頭が下がる。斉藤道場は、漫画「アニマル・エース」の舞台となるなど、故斉藤憲氏が私財を投じて設立した町道場。数々の名レスラーを輩出してきたが、鬼籍に入られ低迷。

そこで案じる関係者たちが、ＯＢで高名なレスラーであった勝村氏に白羽の矢をたて、青森から招聘する。勝村氏は一人の中学生を連れて柳井市へ戻った。東京に寄られたので、私は原宿の中華料理店で激励したことを鮮明に覚えている。

中学生は鋭いキラキラ光る眼をもち、代議士だった私を好奇の眼差しで眺めていた。「本当にこの中学生はモノになるのか？」と、正直、私は心配した。

祝賀会で、井原健太郎市長は「太田君は市民に希望と勇気を与えてくれました」とあいさつ。柳井市の名所たる白壁通りのパレードでは紙吹雪が舞い、テープが乱れ飛ぶほどだった。

町に優れた指導者がおれば、自治体の活性化に役立つことを学びながら、それを本気で実践する自治体があるだろうか、とも考えた。

中学校でのクラブ活動が活気を失い、サッカー、野球、水泳、剣道、柔道などは、外部のクラブやチームでの活動へと移り、盛況ではある。そこに一流コーチがおれば、大輪の花を咲かせることができる。

大阪府泉佐野市の千代松大耕市長は市の政策としてレスリングクラブを発足させ、将来のオリンピアン誕生を狙う。富山県氷見市のハンドボール、福井県勝山市のバドミントン、秋田県能代市のバスケットボールなどが有名だが、それらの自治体が力を入れているのがうれしい。

（二〇一七・二・二八）

四、大学の消滅は地方自治にも影響

昨年のこと。四私立大と六短大が消えた。いずれも地方にある私大である。二私大は自治体に救われ、公立大へと転じたが、地方の新興私大の経営状況は想像以上に厳しい。少子化の波は、乱立する高等教育機関を直撃するばかりか、私大の存続を脅かす。

現在、大学の定員割れは四四％に達し、国立大ですら定員割れも散見する状況だ。しかも赤字経営の大学は三三％、おおむね地方の私大である。私たち私大経営者は、当然ながら枕を高くして眠れない。安心できないのだ。

ここ数年、経営状態の悪い大学を、その立地自治体の県や市が救済するケースが目立つ。公立大に転じたその私大は、授業料が安くなり、権威づけされた理由で全国から学生募集ができる。しかも優秀な教授陣を揃えることもできよう。

建学の精神を捨ててでも、自治体にすがる地方の大学。自治体は、総務省から補助金を受け取ることができ、大学をもつ自治体としては存在感を高め得る。いずれにせよ、魅力なき大学には受験生は集まらない。で、経営者は必死になって工夫し、知恵を絞って受験戦線にのぞむ。が、地方に立地するハンディは大きく、経営難に陥ると、優秀な教授たちは次から次へと他大学へ移る。

給料・研究費をカットされるゆえ、健全経営の大学からスカウトの手が伸びてくるのだ。大学教員は、プロ野球選手同様、他大学への移籍は年金や勤続実績は継続されるから容易に移動する。

学生が集まらなくなると名だたる教授のいない大学となり、この負のスパイラルから脱し得ない地方の私大は四苦八苦するばかり。文部科学省や大学連盟や大学協会は、護送船団よろしく必死になって地方の私大と地方活性化策について研究し、さまざまな提言をしている。

しかし、ほとんどが画餅。地方にあっても個性的で異質な魅力ある大学なら、全国から学生が集まる。幕末の大阪の緒方洪庵塾を学べばいい。誇るべく特徴ある学部・学科を設置しておれば、たとえ地方にあっても学生は集まる。自然淘汰と表現するのは酷だが、普通の地方の私大では苦しい。

大学にもブランド力があり、あらゆる面で数量化、順位づけが行われている。リクルート社や朝日新聞出版などは、興味ある大学のすべてのデータを発表する。残念ながら、そのランキング上位に地方私大がランクインしていないのが現実。

今後五〇年にわたる大幅な人口減少社会の到来、地方私大は生き残りをかけて本気になる必要があろう。地場産業と結びつける学部や学科の設置をはじめ、産官学の連携が焦眉の急だ。都市部の新興大学だって苦しい時代、地域社会との連携が鍵を握る。私たち大学経営者は、常在戦場と捉え、学生獲得戦争を戦っているのだ。地方にも大学がなければ、その地の文化が消失してしまう。

街のにぎわい、若者たちがあふれさせる活気、諸行事への参加、どうしても学生たちが必要である。地方自治体も、学生募集のための秘策を練る協力をすべきである。たとえば、自治体が特別奨学生を募るなど、対岸の火事とせず、地方自治体のさらなる貢献が求められる。

（二〇一七・一一・一一）

五、ラップランドと日本

スウェーデン、フィンランド、ロシアにまたがる広大な地域に「ラップランド」と呼称される森林地帯がある。あまり日本では知られていないが、人類学的には重要な文化圏だ。

フィンランドと国境を接するスウェーデンのハパランドという街に二週間ばかり滞在したことがある。ラップ族の住む中心地と昔からいわれてきた地で、意外と楽しい街だった。冬季ともなると厳寒の気候、水銀柱は常にマイナス一〇度前後を指す。樹氷なんて珍しくもない。

クリスマスのシーズンには、毎年、日本へ北欧からサンタクロースがやって来て、子どもたちを喜ばせてくれる。この風物詩は定着していて、必ずテレビで報じられる。日本と北欧の恒例のほほえましい交流行事。

さて、サンタクロースは、トナカイに引かせるソリに乗っている姿が脳裏に焼きついている。「ラップランド」が、そのトナカイの遊牧地であることは知られていない。ラップ族は、トナカイで生計を立ててきたのである。

北欧諸国は、充実した福祉国家であることは、あまねく有名であろう。その福祉政策がトナカイの遊牧から端を発した歴史を私たちは理解していない。

和辻哲郎は、『風土』の中で、「風土が思想を構築する」と述べているが、ラップランドの風土が北欧を福祉国家にしたといっても過言ではあるまい。何もかも凍てつく厳寒の裏に福祉が生まれたのだ。

キリスト教国だから福祉政策が徹底されたかに感ずるが、風土と深い関係がある。私たちはかかる風土をもたぬが、北欧の福祉政策を自家薬籠中のものとしてきた。家庭が少人数化し、年配者や障がい者の世話が困難になってきた現実を物語る。

ラップ族の男たちは、厳寒の冬、トナカイの遊牧の旅に出て、数カ月も家に戻らずじまい。で、各家族は、互いに助け合い協力し合って暮らしていたが、ついに国や自治体が面倒をみるように転じたのである。そのため、税は、すこぶる高額である。人々は、当然だと考えているから、三〇％の消費税という高率であっても批判や反対がない。その思想と伝統は、生活習慣に根ざしているゆえ容易に福祉大国を形成するようになった。時代の流れ、社会変化、家庭変化で福祉政策が求められるように変わった日本とは異なる。

トナカイは、樹木のまわりに生えるコケが好物で、羊やヤギが草を食むように遊牧する。生命力の強いコケは、樹木の高さ二メートルぐらいまで生える。北欧に行けば、トナカイの角や毛皮が売られているけれど、肉だっておいしい。ステーキは、やや硬いが北欧では一般的な食肉である。

過酷な地でも生き延びるためには、その地の独自の知恵と文化がある。が、日本の地方には特色が色あせ、どこへ行っても画一的。政策もしかり、地元らしい特徴ある条例はそれほど多くはない。

ラップ族は、北欧の中に溶け込み、民族のアイデンティティを保ちながらたくましく生きている。

（二〇一七・一一・一五）

六、地方の文化伝える作家育てよ

二〇一六年一二月、日本ペンクラブは創立七〇周年を迎え、会員歴三五年以上の会員二一人が記念式典で表彰された。超一流作家や編集者、詩人らが浅田次郎会長から賞状をいただいた。

驚くことなかれ、実は二一人の中に私も入っていたのである。浅田会長は、「久しぶりにビックリしました」といい、私の存在が異彩だったらしい。『シルクロードの十字路』（玉川選書）、『アフガン褐色の日々』（中公文庫）を刊行した三五歳のおり、正会員に推挙された。推薦者は理事の早乙女貢、並河萬里両先生だった。

ペンクラブは、ポエム（Ｐｏｅｍ）、エディター（Ｅｄｉｔｏｒ）、エッセイ（Ｅｓｓａｙ）、そしてノベル（Ｎｏｖｅｌ）の頭文字をとっている。つまり、著作者やその周辺の人たちが集う集団だ。

当時、二冊以上の単行本を出版し、二人以上の理事の推薦があって入会が認められた。

たいしてメリットはないけれど、会員証を見せれば記者同様、取材者として大会などに入場することができた。モノカキとして認知されたという証明であろう。

日本では日本文芸家協会と並ぶ有力団体で、国際ペンクラブの日本支部でもある。「表現の自由、言論の自由」を守り、平和のために活動するモノカキ集団。イメージからすれば、私などがモノカキの端くれだと多くの人たちは想像していないに違いない。ちなみに、すでに私には四七冊の著書があるのだが……。

偶然だった。わが家の玄関に早乙女先生の水彩画を掛けてあり、テレビの「お宅拝見」で映ったのだ。それを見た早乙女先生が私に興味をもたれ、著作を読んでいただいて推薦して下さった。

他方、シルクロードの撮影で高名な写真家であられた並河先生が、私の著作に写真を提供して下さって、共に理事会に諮ってくれたのである。会長は、私の好きな井上靖先生だったが、今や悲しいことに全員とも故人になられた。

私の経験からいえば、会員になるのはそれほど難しくない。アフガニスタン滞在記を書いて出版したのを皮切りに次々と刊行したが、珍しいことを書けば出版社は動く。地方に住んで、その地の特徴や行事などをしたためれば、容易に出版できると思う。まず文章力なんて関係なく、感性と創造力が欲しい。

ただ、本は商品である。ある程度売れないことには出版社は出さない。いかに売れるような内容にすべきか、この一点につきる。商品的価値を頭に入れて筆を進めねばならない。

どこで生活しようとも、どんな仕事であれ、おもしろい話があちこちにあろう。地方であるがゆえ、テーマはゴロゴロ転がっているはずだ。地方の教育委員会は、知恵を絞って作家誕生作戦を立てていただきたい。地方の文化こそ、日本のアイデンティティーなのだから。

（二〇一七・三・四）

七、地方の大学の果たす役割

もう一度、大学について書く。入試も終わって入学式のシーズン。ホッとした親あり、まだ重い鉛を背負う浪人生もつ親あり。どちらにしても出費がかさむ。地元の近くにある大学に進学してくれれば、と願うが、子は親のフトコロなど気にせず、遠い都会への大学へとなびく。

将来の就職のためには、有力大学が有利だと信じるイメージが宿っているのだ。常識や数年前までのモノ差しが通用しないのに気づくことなく、イメージを最優先。

名だたる企業は、入社試験の際、出身大学名を記入する欄を省く。人物本位で入社させる企業が増加し、すでに偏差値なんて信じていない。はつらつとした礼儀正しい元気者がいいに決まっている。で、わが日体大にも一流企業からの求人が目白押し。

近年、偏差値の高い大学ほどそううつの精神障害をもつ学生が多いという。大声であいさつのできる、礼節に富み組織を理解する人材が欲しい。自殺されたり、長期入院されたのではたまらない。偏差値より元気だ。学生時代、何かにいかに打ち込んだかが問われる。モヤシは不要、たくましい雑草がいいらしい。

近年の入試傾向は、文章を書かせて思考力を問うたり、面接を重視しつつある。暗記力よりも人間力で合否を決める大学や企業が増えてきた。虚学の学部よりも実学を学んだ方が就職に得だと報じられると、受験生はその方向に舵を切る。

ただ、子は親の背中を見て育っているのに加え、家庭環境も進学先を左右させる。私の息子は、勝手に私と同じスポーツ史家になるべく進学した。私は期待もせず、指導もしなかったのに背中を見ていたらしい。大学名にこだわって進学するのは、今の時代は馬鹿げている。

少子化に伴って、有力大学は地方入試に熱心である。全国区の大学としての面子、受験者数の確保、受験生の出費削減などの理由もあろうが、有為な学生を全国から募集したいのだ。日体大も七カ所の地方で実施している。

しかし、地方の大学には中央で入試を行う姿勢が見られない。頭から受験生がいないと決め込み、最初から自信がないかに映る。戦わずに負ける地方の大学。地元の受験生だけでは発展など期待すべくもない。

東京駅周辺のビルには、名古屋、京都、大阪などの有力大学は東京事務所を設置する。中央官庁との連絡、情報の入手、あらゆる調査を行うべく投資している。すでに大学には、勝ち組と負け組に二分化されているとはいえ、学部・学科の改組、新設をスピーディーに行い、新しい魅力を創造しなければならぬ。また、有力教授のスカウトも重要だ。

地方の大学は国公私立を問わず、想像以上に苦しんでいる。地方の商工会議所や諸々の団体、自治体は、大学を残すために協力や努力をしているだろうか。学生の住む街は活力がみなぎる。文化的にも影響が大きい。打つべき手を打てば、フラフラの地方大学でも蘇生する可能性がある。

地方の大学には、所在する地方との結びつきが強いので、現在はアクティブ・ラーニングが重視されているゆえ、逆に強味の一面もある。能動的な人材を輩出させる効果があろう。大学の消滅は自治体にとっては他人事ではなく、自治体の明日を左右することを解すべし。

（二〇一七・三・一八）

八、自治体の〝外務省作り〟を

先日、東京・代々木のベトナム大使公邸に、ＡＳＥＡＮ（東南アジア諸国連合）八カ国の大使とともに夕食会に招待された。大使一同で「二階俊博幹事長を囲む会」を開催したのだ。

林幹雄前経産相、望月義雄前環境相、今村雅弘復興相らに民間人の絹谷幸二画伯と私が招きを受けた。早朝から各部会、そして国会の委員会と超多忙の国会議員だが、幹事長はじめ皆さん元気に席に着かれた。明朝は全員佐賀県へ出張とのこと、よくスタミナがあるものだと感心する。使命感がエネルギーなのだろう。

私も一一年間国会に議席をもっていたが、振り返ってみると、休暇なんてなかったのに気づく。相当強い植物である、趣味のサボテンをほとんど駄目にしたくらいだから、超多忙だった。今思えば、悪夢だった感じである。

ベトナム大使が先陣を切ってあいさつ。次々に各国の大使が幹事長に丁寧な言葉。お世話になった御礼のオンパレードだ。どの国もＯＤＡ（途上国支援）で二階先生に協力していただいた事例を話される。途上国の友好議員連盟の会長を、本人自身も知らないほど多数の国を引き受ける二階幹事長。マダガスカル、アフガニスタンの会長は、私自身がお願いした。面倒見がいいため集中するのだ。

どんな国にも誇れる歴史と文化がある。素晴らしい遺跡や景観もある。二階幹事長からすれば、どの国々も観光資源があると映るらしい。突然、ちょくちょくと途上国を訪問されることからでも理解できるが、輸出入問題よりも人物交流を優先させてきたことを私は知っている。私も相当の国へ同行したからである。

私が初当選した折、二階先生から「観光」を学んだ。「観光」は平和のシンボル。私の専門である「スポーツ」も同様、平和でなければ実施できない。全ての国を敬い、交流することを実現させたうえ、協力と支援を熱心に遂行された私の政治の師匠、師事は二〇数年に及ぶ。

「観光立国」なんて発想がなかった国会だったが、二階先生は観光庁を作り、「観光」に関する著作を次々と刊行された。地元の和歌山は観光県であるがゆえ、宣伝のためだと誤解を招来させるほど熱心。が、平和を求める外交は、中国や韓国との交流実績を見れば一目瞭然であろう。

絹谷画伯は文化・芸術面からＡＳＥＡＮ諸国を語られ、私はスポーツ交流を説かせていただいた。また、留学生の受け入れ、選手強化の協力についても語った。いずれも平和を稀求するプログラム、「観光」との接点だ。

最後に大使たちは口々に「津波の日」（一一月五日）を国連で制定されたことを喜ばれ、二階先生に感謝された。そういえば、ＡＳＥＡＮ諸国の多くは海をもち、災害の可能性をもつ。そのための協力を幹事長が約束された。「国の位置を動かすことができない。嫌いな国を遠くへ運ぶことなどできないのだから、全ての国と仲良くするしかない」。二階先生の口グセである。

どの自治体にも観光協会がある。しかし、協会としての仕事は地元の観光振興だけにとどまり、世界の平和など考えもしない。全国の自治体の観光協会が、事業を拡大させ海外との交流にも踏み込めば、活性化して重要な存在となる。自治体の外務省作りだ。まず、海外の自治体との姉妹関係からスタートすればいい。「観光」をただの旅行だけに限定してはならぬ。

（二〇一七・四・一）

九、漁業での地域おこし

北海道・中標津空港をよく使う。中標津町と日体大が協力協定を締結している関係で、度々訪れる。知床を旅する旅行者にとってもこの空港が便利。木材を用いた特殊な建築の魅力も大きい。何よりも中標津も観光地。

ここでは視界三三〇度の地平線が見えるのだ。しかも開陽台からは国後島を眺望できる景観。一度は、この中標津空港を利用してほしい。

近くにある「標津サーモン科学館」が楽しい。サケについての知識を身にまとうことができる。標津川の河口から館内の水槽へシロザケを導く魚道まである。たくさんの観光客が訪れていて、感心する立派な施設だ。

科学、環境、漁業研究と観光を兼ねた科学館。内容が面白く充実。客を呼べる模範的な施設だと感じ入った。

地域の特徴と特殊性もあろう。内地から訪れれば、サケの生体は神秘的に映る。はるかアリューシャンやベーリングの海から戻ったサケを、わが家の食卓で食する不思議。このロマンを科学館が丁寧に説いてくれる。サケの一生についても学び、生命の凄さを感じる。同時に環境保全や自然の大切さを肌で知る。

科学館の左前には魚市場がある。幾種類もの魚が販売されていた。北海道、オホーツクの幸。紅ザケを買うと、眼前で三枚下ろし。さっと包丁でさばいてくれる。大ダコの足やホタテ貝を二人の知人へ宅配便。

右前には、プラスチック製の大水槽が並ぶ。中はビックリするほどの巨大なチョウザメが飼育されていた。チョウザメの研究中だという。高価なキャビアをとるためだ。高級料理に欠かせない食材、これを日本で生産・普及させるために研究を重ねている。

すでに全国で飼育されているとはいえ、まだまだ十分でないと耳にした。チョウザメの人工養殖、うまくいけばキャビアは庶民の口にも入ろうか。輸出品ともなるかもしれぬ。高級食材ゆえ、研究成果を期待したい。

一九六七年、私はレスリング日本代表選手として、当時のソ連（現ロシア）を遠征した。「鉄のカーテン」「赤のカーテン」と呼ばれていたソビエト連邦を、胸に日の丸をつけて各地を一カ月間転戦。食事にはいつもキャビアが供された。好待遇の証しだったが、街のマーケットをのぞくとキャビアが意外に安いのに驚いた。一般的な食材だったのである。

ソ連では、買物は琥珀とキャビアが定番だった。日本では高価、樽詰めのキャビアは一流ホテルが買い取ってくれるルートまであった。おいしいというより、珍品ゆえ小粒の黒ダイヤとして重宝されたに違いない。

日本でチョウザメ養殖ができるとは想像外。この事業に取り組むのも面白い。ウナギの養殖は、子を手に入れるのが難しいと聞くが、チョウザメは容易に人工孵化《ふか》させられる。マス養殖も各地で行われ、陸上での漁業には夢がある。

イランにもカスピ海があるので、キャビアが売られている。イスラム教徒は食しないため、外国人が塩づけを買う。外貨を稼ぐ漁業、ここもソ連と同様だった。絨毯とキャビアは、イランの特産品で名物、私も買った。養殖の時代が加速する。近畿大はマグロで成功したが、各自治体も陸上での漁業に取り組むべし。

（二〇一七・四・二二）

一〇、一匹目のどじょうであれ

全国各地の自治体の首長さんや議会の人たち、有力者の方々が日体大を訪問して下さる。地域社会の活性化のためにわらをもつかむ心境であられる。日体大が網走市で高等支援学校を開校した記事が刺激になっているようだ。日体大が地方に進出してくれる可能性があるかもしれない、と読んでの訪問である。

「土地、校舎などは当方で負担しますので、ぜひ、進出していただきたい」。知名度の高い大学の進出は、間違いなく地方を元気にするだろうが、問題は学生募集だ。学生たちは、都市志向が強く、地方の学校を希望しない。相当な特色を持つ学部・学科であろうとも募集は難しいのが現実だ。

少子化現象で新興勢力の大学、地方の大学は、すでに四四％が定員割れ、瀕死の状況下にある。今年もいくつかの大学は閉校の憂き目を見るに違いない。日体大なら大丈夫だと考えておられるうえに、大学でなくとも各種の学校でもよいと決めつけられてもいる。

昔から「タダより高いものはない」という教えを認識しているものの、じっくりと話を拝聴する。一様に甘い考えを持っていらっしゃるようだ。地方へ進出した大学は、ほとんど都会回帰、経営方針を変えて都市キャンパスの充実に力を注ぐ。地方の国立大ですら大ピンチ。私立大ではなおさらだ。

学校か病院を誘致したいらしい。もちろん企業の進出も視野に入れている。ただ、統廃合した学校の有効利用が第一のようだ。地方の私立高校も苦しい。少子化の波は、津波の様相を呈しているのである。相当な進学校であるか、芸術・スポーツに特化した高校であるか、生き残り策は限られる。

訪れる自治体の特徴は、おしなべて都市部からのアクセスが悪いこと。空港も新幹線の駅も観光地もなく、そのうえ高速道路からも遠い共通点を持つ。もがくしかないという自治体ばかり。

農業、漁業中心の自治体が多く、人口増加を狙う政策が浮かんでこないようだ。過疎化に歯止めがきかず、どうしても他力本願に陥っている印象を受ける。

万策つきて来学されたのだろうが、発想が安直すぎる。自治体の特色、風土を利用した策を練った様子もなく、誘致に的を絞っている。アクセスが悪くて不便であることを逆に利用しようとする知恵がない。

隠岐島の海士町は、まさに不便を売りにしているではないか。役場の人たちの名刺には、大きく「ないものはない」と書かれてある。

寄らば大樹の陰、のために奔走するだけでなく、自力で活性策を研究する意識の希薄さに驚くしかない。いかにして独自性を産むか、どの自治体にも歴史・文化があり、特産品だってある。誘致策よりも経済効果を高める具体策を練り、独立独歩の姿勢を持つべきだと思う。オリジナリティに富んでおれば、私は成功すると考えるが、模倣に頼る傾向が強い。

東京農大は、網走市にオホーツク校舎を設置して成功している。寒冷地農業を研究するうえで最適地だったのである。私どもも大自然と過酷な風土を教育に生かしたいと考えた。北海道も網走市も本気になって支援学校を応援してくれている。

社会貢献、地域貢献は当然として、「日本の私立大初の付属支援高校」という冠が、メディアの注目を浴びることとなった。一匹目のどじょうであることが大切なのだと知る。

（二〇一七・七・一二）

一一、顔を隠す行為の愚かさ（コロナ禍以前の話）

ロンドンのメイン通りである「ボンド・ストリート」のウェッジウッドの店で、高価だったが紅茶セットを購入した。三〇年ほど前の話。私にしては思い切った買い物。船便で送ってもらったところ、コップ一脚が割れていた。

手紙で写真を同封して店に報告したところ、航空便で同じ品が送られてきたのには感銘した。これを信用と表現するのだと学ぶ。性善説に立ち、客の期待を裏切らない一流の店。

私はすっかりウェッジウッドのファンになり、以後、諸々の品を購入、新婚さんのプレゼント品などとしてきた。一流とは相手の立場に立ち、信用・信頼することであろう。その思考は武士道にも通じ、英国紳士の哲学なのだと知る。

全国の市役所や役場をよく訪れる。調査員よろしく、各部局の窓口を見て回る。私のクセである。窓口の男女職員の多くは、コンビニ強盗のごとくマスク着用者だ。冬の季節ならばほとんどの職員が着用している。

顔を訪問客や住民に見せなくていい、と指導しているのだろうか。いや、訪問者を信用していないのである。不特定の人たちは、何かの細菌を持つ患者だと決めつけているらしい。

こんな失礼な振る舞いを全国の自治体が認めているのは悲しい。いつから役所は病院になってしまったのか、幹部は窓口をのぞかない印象を受ける。「インフルエンザの予防です」と逃げる職員もいるだろうが、ならば、免疫力のある強い健康体をもつ職員だけを採用すべきではないか。マスク着用が常態化して、住民らを信用しない性悪説が定着している。

自治体職員が住民らを信用しないゆえ、住民らも自治体を信用しなくなる。こんな自治体が発展するわけもなく〝官上民底〟を物語る。窓口で職員が顔を見せずに人々と接するこの異常さを異常と感じない常識。おかし過ぎやしないか。こんな国はニッポンだけである。

顔は自分のものであるが、自分で鏡に映す以外は観ることができない。他人に見せるものなのである。顔は、その表情は、全てを表現する。なのに、それを窓口で訪問者に見せないとなると、機械やロボットと接しているのと同じになろう。困りはてた住民が、役所を訪れて機械を相手にしなければならない悲劇、最低のサービスではないか。

顔を隠す行為は己を己でなくすことだ。相手に対して、どれだけ失礼な行為であるかを考えてほしい。さすがに市中の銀行窓口の人たちはマスクを着用していない。客を大切に扱う姿勢を明確にしているからである。ホテルや旅館とて、玄関でマスク姿の出迎えなんて考えられぬ。役所の職員には、接客業という意識がないのだ。

マスク着用で住民らに接する役人は、住民を信用・信頼せず、見下して機械的に仕事をこなす態度なのだと反省すべき。病院勤務ならともかく、公僕たる者がギャングの姿とは許しがたい。役所の幹部が気づかない鈍感さ、接客術を学んでいただきたい。官庁・役所もサービス業なのだ。

一流と呼称される組織は性善説に立つ。例えリスクがあろうとも、結果的には一流の組織を守り、一流の人たちを相手にし顧客にする。相手に満足感と誇りを与える術を持ちたいものである。

先日、山形県の上山温泉の「日本の宿古窯」に泊まった。接客業の極意を教えられた感じがした。全国の役所・役場の職員間にマスク姿がまん延・定着している。サービス業と心掛けない職員の自治体、住民らを大切にしないそんな自治体は繁栄するわけがない。

（二〇一七・八・一九）

一二、トランプ流を笑えない

トランプ米大統領のイスラム七カ国からの米入国拒否問題が、世界中を騒がせた。もろもろの問題があるにせよ、あの九・一一を記憶に強烈にとどめる私は、少しは理解できた。テロをいかにして防止するか、国民の生命、財産、暮らしをいかにして守るか、政治家の責任は大きい。米国人は、テロの恐さを学んだのだ。

一九六九年、私はニューヨークで生活した。人種のるつぼ、あらゆる国の人たちが共存、夢を追う競争場の感じがする都市だった。

ステーキ店で成功したロッキー青木氏をはじめ、日本人の成功者の名も響き、私の先輩であるトニー藤田氏もマウント富士なるレストランで成功者の一員として名をはせていた。

米入国拒否は、移民国家で自由を尊ぶ国としての魅力を否定するばかりか、価値観を一元化するに等しい。が、ＩＳなどによるテロの恐怖が消失せぬ国にあって、ビザの発給に神経を尖らせるのも納得できる

（日本人は、日本入国ビザ取得が難しいことを知らない）。

だが、特定のイスラム七カ国だけをターゲットに絞ったのはいただけぬ。米国でのテロ事件の多くは、米国生まれの人たちによって起こされたからだ。間違ったイスラム理解である。

私は六九年のレスリング全米選手権優勝者。米国の大会はだいたいオープン。選手の国籍を問わず、実績があれば出場を認めるおおらかさがあった。

私が優勝した際も一〇カ国以上の選手が出場、国際大会の様相を呈していた。全米選手権をより権威のある大会にすべく、自由な国としての誇りを顕示していた。

日本の各自治体は、スポーツの市民大会や文化面のコンクールなどを教育委員会が毎年主催して実施する。私はこれら全ての催し物をオープン参加にし、権威をより高める工夫をすべきだと考える。市民でなくとも参加できる、その催し物は活性化するに違いない。

オープンにすれば、愛好者たちの挑戦機会が増し、実力を磨くことになる。

私には、中学生の時、試合数が少なく、目標をもてずに練習した苦い思い出がある。隣りの町の大会に出場できぬくらい制限があった。

そういえば、レスリングでも米国各地で全米大会をうたう大会があった。自由に、勝手に冠大会を行う各団体。もちろん、正統なＡＡＵ（全米体育協会）主催の大会が公式であったが、あまりの自由さに米国を見た気がした。

「全米選手権ミシガン大会」、現在のスキーやスケートのようにＷ杯が毎週どこかで行われているように、試合が行われていた。

日本では、すぐに島国根性が表出し、制限、枠、ハードルを作る。どんな小さな自治体でも、催物をオープンにするがいい。地元の住民を優先しようとするがため、広がりを欠く。

他の地域との連携をとろうとしない教育委員会、閉鎖主義に徹する自治体が多すぎる。これでは、各自治体がトランプ大統領と同根ではないか。

だれもが参加、出品できる催し物であれば、その自治体が有名になる。加えて、権威も増すと思われる。

トランプ大統領の姿勢は、自由を否定する一面があるため、批判の嵐を巻き起こしたと理解する。目をこすれば、日本の自治体は、昔からトランプ流だったと気づくのだ。


（二〇一七・九・二）

一三、イランの「ズルハネ」に学べ

日本の武士道は、鎌倉時代に成立した。法律をもたぬ社会にあって、武士道精神は規範、道徳であり、日本人精神の礎となった。日本人の不思議さや神秘性は、新渡戸稲造の『武士道』（明治三二年）によって世界中に知らせしめられた。実は、私はその史的研究家である。

武士道は、メイド・イン・ジャパンではない。この私論を日本武道学会で発表したが、反対論者は不在だった。もちろん、武士道的な制度・習慣は、日本的である。しかも、民族性にまで強く影響し、日本人の心に今も宿る。

高句麗の「先人制度」（先輩制度とも書く）が始まりで、やがて百済や新羅に伝わり「花郎道」となる。この「花郎道」が日本に伝播し、日本流にアレンジされて「武士道」が完成したと私は読む。

昨年、埼玉県の高麗神社が一三〇〇年祭を高円宮妃殿下のご臨席を仰いで盛大に挙行した。数千人の武人が朝鮮半島から近畿や関東へ渡来し、この武人たちを祀っているという。

多くの帰化人たちが、日本で多種多様の文化を定着させたが、武士道もその例外ではない。あの武人たちも日本の中に溶け込み、私たちの血となった。日本人は雑種民族とはいえ、朝鮮半島からの血脈が多いとされる。

「先人制度」が世界最古の武士道的な制度ではなく、古代ペルシアの「パフレバーン」（ペルシアン騎士道）が最も古い。その調査のためにイランに幾度も滞在した体験をもつ私だが、現在でもその伝統精神が伝えられているのには驚いた。日本の武道の比ではないのだ。

イランのどんな地方の町を訪れても、必ず「ズルハネ」（力の家）なる施設がある。女人禁制で、三々五々、老若男子が集い、そこで身体を鍛えるべく様式に則ったトレーニングを行う。特色ある器具を用いたもので、英雄叙事詩の音頭でリズムをとりながら取り組む。イラン人は、いつでも闘える力強い身体を作っている。その現実は、それほど知られていないが、この伝統は根強く国技となっている。

古代ペルシア人たちは、古代ギリシアのパライストラやアゴーゲと呼ばれた鍛錬場を模倣したと想像する。ギリシア人の強さにペルシア人が憧れたうえ、そこに精神性を加味したのかもしれない。で、「パフレバーン」が誕生したのであろう。

オリンピック種目の新体操に棍棒なる競技があるが、これはズルハネの中で行われる棍棒を採用したものである。

ズルハネには、美的要素も備わっていて、見学していても飽きない。全国的組織も政府の直轄団体としてあり、国際的に普及させようとしている。もちろん、旧ペルシア文化圏である、アフガニスタン、ウズベキスタン、カザフスタン、タジキスタン等にも遺っている。

さて、日本にも武道館やその施設は、どの自治体にもあるが、トレーニング場は貧弱である。男女の利用できる立派で魅力的なトレーニング場を設置してほしい。昔は、どの自治体にも土俵があったのに、いつのまにか消失した。強い住民を作れば、医療費の削減も可能だ。健康寿命も伸びるだろうし、女性が美しくなる。

「強くて美しい住民を作る」と宣言した自治体を私は知らない。イランに学び、自発的に身体を鍛えるという意識を自治体が率先して住民に植えつけるべきだと思う。闘うためでなく、健康と美容の増進のために、だ。地方再生・創生の予算を国に申請すべし。

（二〇一七・一〇・二一）

一四、健康寿命日本一を目指す松本市

病院に行くと医師から「加齢」の影響です、とよく言われる。車であれば立派な中古車なのだから、身体のどこか悪いにちがいない。納得はするものの、父親は大腸ガン、母親は糖尿病からの心筋梗塞で鬼籍に入ったゆえ、かかる遺伝子をもつ私は気にかかる。

病院・医者嫌いだったのに、日体大理事長就任と同時に定期的に検査を強制されるようになった。人々を健康に導く人材育成の大学トップが、病人では困るということらしい。早速、糖尿病、前立腺肥大、高血圧、痛風の病人であると決めつけられ、治療を要する患者へと転じてしまった。

で、毎朝、4種類の薬を飲まねばならず、減量まで求められる。厳しい食事制限にくわえ、野菜を中心とした食生活。これは辛いし、ニワトリの気分。私にしてみれば、完全な革命だ。家内は、しこたま病気や食

事の本を購入し、にわか専門家に変身、口うるさいことこの上なし。

毎月の薬代支出もあるが、国の負担のことも気にかかる。老人による医療費支出の増加を実感し、高齢化社会の不安をつのらせる。薬局の人たち、薬剤師とは、すっかり顔馴染み、世間話をするほどの関係となった。いろんなアドバイスをして下さるので嬉しいが、私一人だけではもったいない話だと思っていたおり、雑誌で長野県松本市の試みの記事に接した。

長野県は平均寿命が男女ともに日本一。松本市は「健康寿命延伸都市」を掲げ、その日本一を目指しているという。手法は、糖尿病患者を薬局の薬剤師が中心となって服薬、食事指導を行って、患者の「重症化予防」をするという。そもそも糖尿病は、生活習慣病ゆえ、患者の私生活を改善させる必要がある。しかも、時間をかけて患者になっているため、時間をかけて根気よく治療に取り組む必要がある。私も実践中だが、ついつい自分に負けそうになり、高カロリー食品、料理に手を出してしまう。

地域の人たちの健康維持と財政負担を軽減させるには、医師のみならず、町ぐるみで取り組めばいいに決まっている。看護師、管理栄養士等にも協力してもらい、連携をとることによって効力を発揮する。糖尿病患者一千万人の日本にあって、地域社会が本気になって考えねばならない取り組みだ。

私は、一年かけて一二キロの減量に成功し、スーツもシャツもダブダブ。元レスラーだから、減量は苦にならないが、栄養のバランスが大切。書物を読んで実行したりしたが、薬局でその都度指導を受けたのも良かった。運動不足にならないよう、可能なかぎり歩くことを励行した。

糖尿病が重症化すれば、眼が悪化するうえ、血流が悪くなって足の切断もよぎなくされる。私の好きだった歌手の村田英雄を想起する。しかも母親のごとく心臓までやられる。だから、どうしても重症化を避けねばならないのだ。合併症は怖いのだと肝に銘じるばかり。人工透析だって待っている。怖くなる話ばかりだから、この私さえ本気になって治療に取り組むのだ。改善傾向にあるかどうか、毎月の尿、血液検査の数字が教えてくれる。

全国各地の自治体が、松本市のように薬局を地域の健康管理センターにして、活用することによって医療費を削減できるにとどまらず、重症化を予防することができる。すでに長崎県対馬市も事業化していると報じられている。どの自治体にも薬剤師会と医師会があるだろうから、自治体が音頭をとってタッグを組んでもらい、まず糖尿病患者の重症化を予防すべきである。

（二〇一七・一一・一一）

一五、探知犬の養成を地方自治体で

今年は「戌年」。十二支の一一番目、私も戌年生まれ。で、犬の話について書きたくなった。私は、猫派ではなく犬派である。

空港で働く犬は、まずビーグル犬だ。農水省が輸入禁止の肉に関する食品をチェックするため、荷物をクンクン。肉類はさまざまな家畜の病気が原因で輸入禁止品目となっている。

次に活躍するのは麻薬探知犬で、麻薬類の持ち込みを検査、シェパードやラブラドールが動き回る。犬の鼻の力は、人間の一万倍ゆえ、容易に持込みを許さない。

これらの犬は税関で訓練、養成しているが、現在、国内で約一五〇頭しかおらず不足しているのだ。諸外国からの麻薬類の密輸は増加ぎみ、水際で摘発しなければならない。

数年前、イランの駐日大使であられたアラグチ氏（現イラン外務次官）に相談を受けた。「麻薬探知犬をイラン政府が輸入したいので業者を紹介してほしい」。犬好きの私は、ビーグル犬の訓練をしている知人の業者に伝えた。「麻薬を民間人は法律で保持できないゆえ、訓練はできない。米国から輸入するしかありませんが、可能です」という。

米国と断交しているイランは、自由に麻薬探知犬を養成する米国より輸入したいのだろうが認められず、日本経由で輸入を考えたのだと推察した。が、あまりにも高額、実現せずじまいだった。犬の綱を持つハンドラーと犬の呼吸が合わないと、期待どおりの働きをしてくれないともいう。イランは麻薬大国アフガニスタンと国境を接するため、その流入を極度に警戒する。日本政府は、訓練が目的であろうとも、民間人には麻薬保持をかたくなに認めない。

犬の鼻の威力は約一時間、休憩を与えないと臭覚が戻らない。日本の各地の空港は国際化し、国際便が飛ぶのに麻薬探知犬が不足中。ハンドラーの人件費も必要となるためか、財務省は予算を増やそうとはしないのだ。そもそも探知犬の養成は、国・税関だけでは不十分といえる。警察犬のごとく、民間になぜ委託しないのだろうか。民間人は信用できず、麻薬を悪用すると決めつけているのだろうか。

ならば、地方自治体に委託して養成してもらえばいいではないか。自治体によっては、遊んでいる施設がある。廃校になった学校の活用も一考であろう。

「対人地雷禁止条約」ができて二〇年になる。命を奪うより、手や足を吹き飛ばして、負傷兵の救助や搬送に兵を回して戦力をそぐ。地雷の目的だ。平和が戻っても埋設された地雷が残る。そこで、地雷探知犬が必要となる。

カンボジア、イラン、イラク、アフガニスタン等では今も地雷による犠牲者が出る。しかし、地雷探知犬のニーズがあるにつけても、日本では養成することができない。すでに条約に加盟した日本は、すべての地雷を廃棄したからだ。

盲導犬の養成は、各団体の協力によって細々となされているが不足しているし、介護犬だって不足中。犬のもつ能力を人間社会が活用できるのに、頭数が足りない。とくに麻薬探知犬と地雷探知犬には国際性があり、途上国への援助犬ともなろう。だが、養成するのに高いハードルが横たわる。

加計学園の岡山理科大の獣医学部は、今治市での「特区制度」によって実現した。各自治体は、知恵を出してこの制度を申請してはどうか。自治体の再生のカギは「特区制度」の活用にかかっているともいえようか。

犬の養成は横に置いても、規制があってできないものの風穴を特区でこじあける情熱が求められる。今治市の研究をまず始めるべし。

「戌年」を迎えて、犬の活躍をさらに大きくしたいと考える。ＡＩ（人工頭脳）の時代だが、動物の活用だってまんざらではあるまい。

（二〇一八・一・二〇）

一六、「書店ゼロ自治体」をなくそう

電車内で新聞を読む人がいなくなったばかりか、本を読む人も多くはいない。ここまで活字離れしたのかと悲しむ。ほとんどの乗客は、スマホに夢中。私は活字中毒患者だから、いつも単行本を手にしている。

時間があれば、本屋さんに行く。興味の湧きそうな本を、宝さがしの心境で棚に眼を配る。近年の本屋さんは大型店舗ゆえ、あらゆるジャンルの書物がそろっている。本好きの私などは、一時間ぐらいの余裕が必

要で、じっくり本を探す。至福のひとときである。心ときめく本と出会った時の喜びは、表現できぬくらいうれしくなる。書店は、知識や教養を養う文化拠点、図書館と同様、私たちにエネルギーを注入してくれる大切な場である。

ところが、書店ゼロの自治体が全国で二割を超えるという。店舗が大型化し、コンビニが雑誌等を扱うため、小さな本屋さんでは経営が成り立たないのだ。人口減少も大きい上、アマゾンのごとく手軽に書物を買うことができるようになった。そこへ活字離れ、新聞までもが部数を減少させる時代なのだ。

神奈川県大和市は、図書館の存在感をアピールする自治体で、「図書館日本一の町」をうたうのだが、書店と図書館は違う。本屋さんは、毎月一千万円の売り上げがないと経営できないと聞く。小さな自治体では、経営は困難であることが容易に想像できる。商店街には、必ず書店があったのに、今日では大型店舗の入るビルの中に都市部では見られても、地方では見られなくなってしまった。

北海道の留萌《るもい》市の人口は二万二千、それでも本屋さんがゼロになった。そこで市民が自治体と共同作戦を練り、大手出版社の書店を開店させることに成功した。人件費も本に詳しい市民に業務委託して抑え、市も市内の公立学校の図書を購入するなどして協力、官民一体で本屋さんを再生したのだ。「書店ゼロ」は、街の文化の火を消すばかりか、教養人不在を招き、他地域からの人口流入を止めてしまう。留萌市のこの書店は、毎月一千万円を売り上げ、経営が順調らしい。

「書店ゼロ自治体」は、留萌市の実例を研究していただきたい。自治体が本気になれば、市民の活力を生かせば、文化の火を消さずにすむ好例を留萌市に見ることができる。北海道、長野、福島、沖縄等に書店のない自治体が多い。議員や役人は、何も考えないのだろうか。この不感症の人たちでは文化的魅力のある自治体などつくれるはずもなかろう。

図書館に新刊本が入るのに時間がかかる。一度は立ち読みして、気に入って購入するパターンは私だけなのか、本の題名だけでアマゾンで注文する心理は私には理解できない。雑誌や新聞の書評を読み、興味をもって購入する場合もあるが、たいていは評判だおれ、自分が手に取って納得してから買うに越したことはない。評者の感性と読者の感性は異なる。だから本屋さんで自分が確かめて買うべきだと思う。なのに、「書店ゼロ」では困る。

全国で四二〇市町村と行政区に本屋さんが無い。書店の売り上げの六割から七割は雑誌が占める。この市場をコンビニに持って行かれたのでは経営がおぼつかない。自治体は「知」の危機意識を持ち、どうすれば本屋さんを再生できるかを考えるべきである。知識人が魅力を感じない自治体に明日はない、と私は考える。

子どもたちの眼が悪くなっていると聞く。読書のためかと思いきや、スマホやテレビでのゲームが原因だという。次から次へと面白いソフトが売り出されるため、どんどん子どもたちがなびく。ゲーム遊びをどうすれば読書へと誘うことができるのだろうか。

本の楽しさ、面白さ、家庭環境もあろうが、自治体の教育委員会が危機感を持って各学校長を指導すべきである。書店は街から消えても、ゲームソフトを売る店は消えない。日本人の劣化を誰が心配しているのだろうか。

（二〇一八・三・一〇）

一七、墓地公園で土地を生かす

地方紙の広告担当の教え子がいう。「墓石の広告ばかり、うんざりします」。毎年、一二〇万人以上が鬼籍に入られるのだから、墓石の需要は理解できる。とりわけ、独立して他地方で暮らす人が増加しているので、祖先からの墓に入らず、新規の墓地と墓石が必要となる。

韓国の有力私大の慶熙大学の創設者は、戦前の日体大の卒業生。故人になられたが、葬儀に出席できなかったので後日、墓参りに行かせていただいた。車でソウルから二時間、山中に立派な墓が建てられていた。朝鮮半島の人たちは、歴史的に墓に金をかける。直径五メートル、丸い石積みの囲いの上に土を盛り、その上に芝生を植えていた。まるで古墳を再現した感じ。そういえば、皇族方の墓も、在日朝鮮人の成功者の高野山にある墓も同様だった。長州藩主の代々の毛利家の墓も同じだったことを想起した。

一昨年、家内の両親が亡くなり、墓を求めなければならなくなった。うまい具合に横浜市の市立墓地に募集があって、抽選に当たった。横浜市は丘陵地を墓地として開発していて、無縁仏を一カ所に集め、空いた墓を売り出す。数年間、維持費を納入しないと墓を取り上げられ、遺骨は無縁仏となるのだ。倍率は高いが、安く購入できてうれしかった。昔からの墓地は満杯、新しい墓地が必要となっている。民間の墓地は高額、墓に金をかける余裕のある人は、それほど多くはいまい。

すでに火葬場は公立が多い。で、公立の墓地も存在するが、まだまだ足りないという。地元の人でなくとも、広く売り出せば、購入者は近隣各地から出現するに違いない。桜をはじめ花のつく樹木を植えた墓地公園にすれば、墓参客でにぎわうであろう。どの自治体だって、使いものにならない丘、山、丘陵があるだろう。墓石を用いない芝生だけの公立の墓地もあったりするが、工夫次第で土地を生かすことができる。

現代社会では、韓国のごとく立派な墓は受け入れられない風潮にある。特徴のある美しい墓地公園がいいと私は思う。ハワイの日系人で最初に国会議員として活躍された故ダニエル井上氏の墓にお参りした際、地味で小さな墓を見て感激した。アメリカの墓地は、たいてい芝生上に石のネームプレイトだけで、すべての故人は同等扱いだった。

スーパースターだった力道山の墓は、東京・大田区の池上本門寺にあるが、墓の横に胸像が建つ。ファンが今も訪れるらしく、像は錆びついていない。墓に関する価値観は、まちまちであろうが、いずれにしても遺骨を収納する場がいる。海への散骨は禁止されているため、立派でなくとも墓が必要なのである。

東京では墓をビル化したり、大阪では遺骨で仏像を製作したりもする。遺族の判断、故人の遺志にもよろうが、墓の方が落ち着く。とはいえ、墓地を造るとなると、かなりな郊外でないと近辺から反対運動が起こる。保育園、幼稚園、支援学校等を造る際でも反対運動が起こるくらいだから、墓地ともなるとウルサイのは世の常。土地の価値が下がると思われる施設は、反対されるのだ。

墓の不用論を語る人も多いけれど、私は小さくていいから墓に入りたいと願う。生きた証として遺るのがうれしいではありませんか。各自治体には、適当な土地を選定して安価な墓地を提供していただきたいものだ。

古代エジプトのあのピラミッド群は、王たちの墓であった。今では貴重な観光資源となっているが、あの墓づくりのために多くの人たちが犠牲になったのである。大阪府堺市では、古墳群を世界遺産に登録させようとしている。墓を利用するのも世の常のようだ。

（二〇一八・四・一四）

一八、バイオマス・ニッポン総合戦略

ごく最近まで近所の家々の屋根にソーラーパネルが設置された。テレビや雑誌でも宣伝されたので、わが家でも検討した。が、収益を得るのは二〇年後と耳にして設置をあきらめた。台風、地震等の自然災害だってあるだろうし、二〇年も経てば家だって古いのだから、どうなるか予想もつかないではないか。

多分、あのブームは「太陽光バブル」で、ファッションだったのかもしれぬ。

この国は、すぐにブームを生む。流行に乗り遅れてはなるまいと、同方向になびく国民性。太陽光発電の会社が、あちこちに誕生し、やがて悪質な業者も出現して混乱を招き、国民負担も大きくなってしまった。経済産業省・資源エネルギー庁は、それらの処理でテンヤワンヤだ。

「原発ゼロ」を叫ぶ政党や政治家が増加し、将来の日本のエネルギー問題は解決されそうにない。資源を持たぬ日本にあって、考えられるのはバイオマス発電であろうか。国産材を用いて発電する再生可能エネルギーの一種であるけれど、表面上はうまくいくかに映るが、私は少々疑問を持つ。

この山国には材木が無限にある。国土の七割以上が山なのだから、燃料となる間伐材や木材の端材等を容易に調達できると想像できるゆえ、四〇〇を超える事業者が取り組んでいると耳にした。しかし、林業が活発で従事者を確保できてこその話で、このバイオマス発電は成功するのだろうか。悲しいかな、林業は低迷中であるのだ。

国産材による燃料の調達が安定しておれば、このバイオマス発電は最良のエネルギーとなろう。しかも間伐材の処理に頭を痛める業者にとっては福音であろう。ところが、木材の生産は減少気味、輸入に燃料を依存するしかない。地域差はあろうが、初期投資は五〇億円を超えるゆえ、成功させるには十分な研究が求められる。

私は、林業振興を自治体が重要政策としているならバイオマス発電の研究は有効だと考える。自治体が音頭をとり燃料を安定して供給されるなら、バイオマス発電は最高の技術だと思うが、民間業者だけに任せるのは危険な感じもする。

かつて、第三セクター方式で各自治体が多様な事業を行っていたが、うまく運ばないケースが多かった。だが、電力は必需であり、電力会社が買い取ってくれるのだから、山間部を持つ自治体には雇用を兼ねて研究の価値があろうか。

ただ、中途半端なやり方だと、結局、失敗する。バイオマスも「固定価格買い取り制度（ＦＩＴ）」によって価格が変動するに加え、政府も木材や農業資源を発電に活用させる方針を固めていて、多額の予算を計上しているため競争の激化が予想されるのだ。もちろん、自治体もこれらの資金の利用を考えるのも一考であろう。

全国の山々の裾は、竹林であるかのごとく竹に席捲されている。手入れをしない証左だが、この竹材の利用も面白い。木材をチップにして燃料にするため緻密な計画を練らないと失敗する。

中国や香港では、近年まで建築の足場づくりは竹材を用いていた。日本では、家屋の壁にも竹を用いることなく、無用の材料となった。この利用の研究も大切である。細々と竹炭を作って部屋に置いたりするが、爆発的に普及もしない。

「バイオマス・ニッポン総合戦略」は、政府の地方再生・創生策の一つであり、この戦略を自治体は無視せず、まず、研究すべきだ。

衰退の一途をたどる日本の林業。この活性化のためにバイオマス発電は有効に映るけれど、燃料費が高くなれば運営は難しくなる。

風力や太陽光よりも安定した電力を供給できるだろうから、このバイオマス発電を一時の流行にせず、よく調査をして日本独自の電力源にすべきである。

（二〇一八・四・二八）

一九、「重老齢社会」を考える

膝がコキコキと古傷を鳴らすようになったと同時に、古希を迎えた。体力の弱化、筋肉の劣化、前期高齢者の仲間入りを果たすと、自分の体が自分のものでないように感じてしまう。友人たちは孫自慢と病気の話、薬の種類と死去した友の話題しか持たず、明るい前向きの建設的な動向を語ろうとはしない。七五歳以上の後期高齢者ともなると、さらに話題は狭まり、悲しい物語が主題となる。

わが国では、間もなく私ども前期高齢者は七五歳以上の後期高齢者となり、高齢者全体の半数を超えてしまう。これは大変な現実であり、どの国も体験したことのない社会を構成するようになるのだ。各自治体は、その準備を進めているのだろうか。私のごとき健康と体力に自信を保持した者でさえも、古希を過ぎると自信喪失を意識せねばならなくなる。ましてや、仕事を引退し、趣味を失ったお年寄りは、寝たきりや認知症などの次のステージが待つ。悲しく辛いが、これが現実だ。

近年、老々介護からの事件が日常化している。お年寄りの介護は、どれほどの負担を強いているか、容易に想像することができる。核家族化が定着してしまい、息子、娘が親の介護が難しくなり、施設が肩代わりする社会へと転じて久しい。人間が人間らしさを失い、家族という集団から施設なる集団へと移らざるを得なくなる。家族愛、人間愛は、希薄となり、ただの動物的人間としての扱いを受ける。

で、「ピン、ピン、コロリ」（ＰＰＫ）や「ネン、ネン、コロリ」（ＮＮＫ）こそが夢となる。後期高齢者が急増し「重老齢社会」に支配される日本、政治も経済もその準備こそが焦眉の急であるにもかかわらず、その様子をうかがうことができない。株式などの有価証券の多くは七〇歳以上の人が保有していて、持ち主が認知症になれば運用が凍結されよう。高齢者の認知症患者は、有価証券をやがて一五〇兆円も保有するようになると試算され、金融面の成長が期待できなくなってしまう。

自治体が、これらの個人の有価証券を家族に変わって預かり、運用するなりするイノベーションを生み出す工夫があっていい。自治体が個人資産に介入するのは考えものだが、それを考えねばならぬ想定外の時代に突入しているのである。老々介護や空き家問題も同様で、自治体の介入なくしては解決できない印象を受ける。このモデルケースを作る自治体の出現を強く望む。

後期高齢者になると、四人に一人が要介護となる。介護保険制度を検討した折、反対者もかなりいた。「家族制度が崩壊する」という理由が大半を占めたが、もし導入されなかったならば、「重老齢社会」が悲劇時代を作り出すことになったであろう。問題は、介護士不足だ。途上国からの介護士を雇用すべく制度を設けたが、日本語のハードルが高く、なかなか増加させることができないでいる。

先般、ベトナムを訪問したとき、介護士養成目的の日本語学校をハノイで見学した。授業料は無料であるのは、日本の介護施設を持つ会社が提供していたからだ。必死になって勉強するベトナム人の若者を見ていると、かれらが日本人の救世主になるのだと痛感させられる。日本語の上達には時間がかかる。大切なのは、高齢者心理、日本人の諸習慣、サービス精神であって、まず日本語力ありきでは、養成に限界があろう。意志の疎通の重要さは理解するが、「重老齢社会」が眼前にある。

各自治体は基金を募り、閉校になった教室等を活用して介護士養成に取り組む必要もある。公的機関の養成所であれば、日本入国ビザの取得も容易であり、質の高い介護士を養成することができようか。

総務省の人口推計によれば、毎月平均三万人ペースで後期高齢者が増加している。が、豊富な資産を持っていて旅行したり、趣味を楽しんだりする高齢者も多く、個人消費のけん引役にもなっていた。しかし、七五歳以上の後期高齢者の割合が大きくなれば、消費活動も低下する。これらの現象に私たちは敏感でなければならず、自治体の責任と役割にも変化があって当然だ。

（二〇一八・七・七）

二〇、地方議会が存続の危機に

代議士時代に多くの若者の秘書が選挙区にいた。安い給料だったにもかかわらず、彼らはよく働いてくれた。私は、彼らに毎週末には駅前やスーパーの前で演説を強要した。私の前座だったり、司会だったり、マイク慣れと人前で話す訓練を徹底したのが懐かしい。で、彼らの多くは町会議員、市会議員、府会議員へと成長してくれた。秘書というよりも、私の塾生だったと述懐する。私は毎日、有権者向けの政策をホームページで公開し、秘書たちに政策の勉強もさせた。雑用係だけの存在ではなく、人材の育成を心掛けた。

近年、地方議会の存続が危ぶまれるほど議員のなり手不足という暗いニュースに接して、地方の発展が気にかかる。地域社会を活性化させるためには、議会に元気が必要である。議員のなり手不足は、議員に魅力を覚えない住民が増加しているがゆえ確保できないに違いない。加えて、選挙というリスクを抱える上に、住民から尊敬される存在でなくなったのも原因ではあるまいか。

地方議会の存続に向けた総務省の有識者研究会（座長・小田切徳美明大教授）の報告書を読んだ。民主的で理想的でもあったけれど、この報告書の内容では、地方議員を目指す人たちを増加させるのは困難だと感じ入った。人口が少ない自治体ほど無投票の割合が高く、なり手不足という現状は、議員に魅力がないという証左である。報酬を調査すれば、大卒三年目程度の月給、これではなり手など増えるわけもない。大胆な報酬の引き上げが求められ、権限も相対的に高める必要があろう。

権限を高めれば、尊敬度も増す。専業議員が減少すれば、議会は活性化せず、地域社会の発展も期待できない。公務員不足という声を聞かないのは、地方公務員として安定した報酬が約束されているからである。自治体によっては、特別職である議員の報酬が役人よりも低いのだから、能力ある人材は議員を志さなくなってしまう。

背に腹は替えられぬだけに、政府は補助金を出してでも地方議員の報酬について真剣になるべきだ。新たな議会制度の型を提案しても、議員の生活給や調査費用を削ることが行政改革と考えてきた自治体にあって、小細工の域を出ない。「集中専門型」という住民参加の中途半端な制度、「多数参画型」という夜間・休日に議会を開催し、住民が直接監視する多くの非専業議員の制度、どれもこれも非現実的で議会の権威を軽くするものだ。

あくまでも現行制度を主軸に、議員のなり手を増やす戦略を練るべきである。まず、地方議員を養成する機関もなければ、仕事の内容や魅力を宣伝する自治体もない。政府は地方制度調査会で具体的な制度設計に入って、自治法改正に取り組もうとしているが、多様な議会制度を認めるようにすれば、地方議会が存続できると信じていること自体間違いだ。

過疎地の地方自治体を支える議会は、想像以上に深刻で、首長のなり手にも事欠く。議席数を減らしたとしても、委員会が構成できなければ議会ではない。予算上、困難が伴う自治体には、総務省が補助金を出せば済む話だと私は決めつけている。そのための陳情が中央に上がってこないのは、独立した自治体の面子が優先されているからに他ならない。

全国から若手の議員候補を募る方法だってある。そもそも地方議会存続の危機に瀕する状況を作り出した責任は、首長と議会にある。議員定数、報酬等、住民におもんばかったことにより、議員のなり手不足に陥ったのである。議員たちが、自分たちの手で議会運営の失敗をした結果、地方議員のなり手不足を招いたのだ。

議員とは、特別職という認識をもたず、民主主義制度を維持する大切な装置であることを忘れてしまった地方自治体。しっかりしてほしいものだ。ちなみに、大物が中央政界を引退したのち、地方議員や首長を務める美学がこの国にあったが、格落ちと決め込み、今ではいない。「魅力」の二文字がないからだ。

（二〇一八・八・二五）

二一、「移民法」の制定を訴えよ

トランプ大統領の移民締め出し政策が、非人道的だと批判された。子どもと親を離ればなれにした非人道的であったためと、アメリカ社会は人手不足に喘《あえ》いでいるからであろう。

特に農作業に関する人手不足は深刻、恒常的ですらある。私も留学生時代、ミシガンの農場でアルバイトした経験がある。長い畝《うね》に植えられたトマトに柄を付けたり、アスパラ刈りをした。すべて手作業、広大な農場ではアルバイト学生が手伝う。

やがて、いやもう現実である。日本の農業、漁業、建設現場や介護施設にホテル・旅館の労働力不足は、経済を脅かせて久しい。途上国からの研修・実習制度も改め、研修生の滞在も五年間へと延長した。が、台湾や香港は一〇年間の滞在を認めるため、日本への研修生も減少傾向にある。しかも日本語のマスターは難しく、日本人気は下落気味であることも知っておかねばならない。

これだけ少子化が進むと「移民法」の立法も視野に入れ、移民政策を本気で考えねば国はもとより、地方がもたなくなる。二〇四〇年には、人口五〇〇人未満となる自治体は二一八に上ると見込まれているのだから、移民を認めるか、それとも合併策を選択するか、どちらかだ。

政府は、一〇年以上にわたって「平成の大合併」を推進させ、相当数の自治体に影響を与えてきた。が、合併特例法は、二〇年三月で期限切れ、延期する必要がある。人口減少は、住民サービスを悪化させるばかりか、自治体の運営すらままならなくなってしまう。小規模な自治体は、すべての面において苦しい。国や都道府県からの補助金を当て込む政治、これではその自治体の発展はない。

救急医療や在宅医療など、住民の高齢化に対応するにしても小規模な自治体では難しい。上下水道、消防等、隣接自治体とタッグを組むにしても安心・安全な住民生活を保障するには、自治体が大きい方がスケールメリットがあっていい。連携はするけれど、税収を大きくしてくれる企業や施設があるので合併しないという自治体のエゴは通じなくなることを自覚すべき時代に突入している。

ところが、和歌山県北山村のケースは特異である。総人口四二八人、和歌山県で唯一の村。しかも奈良県と三重県に囲まれていて、和歌山県の飛地となっている。

この村を訪れてみると驚く。村のあちこちにミカンが植えられているのだが、このミカンは世界で北山村でしか植えられていない「じゃばら」というユズやカボスのような高酸かんきつ類だ。この「じゃばら」

は、毎年、村に二億円以上の収益をもたらす。花粉症に絶大な効果があるためだ。人気のある「じゃばら酒」「じゃばらジュース」は、毎年、売り上げを伸ばし、村の基幹産業となっている。村には「じゃばら神社」があり、特産品の「じゃばら」を敬う。かつては新宮まで北山川を筏《いかだ》で木材を運ぶ村だったが、現在は「じゃばら村」となっている。道の駅「おくとろ」に入ると、各種の土産品があり、観光の村という印象を受ける。おくとろ温泉もあり、宿泊も可能である。「じゃばら」だけで生き残る珍しい村であろう。

幾度も合併話があったというが、飛地ゆえかまとまらず現在に至る。が、人口減少の波は大きく、三重県熊野市との連携が不可欠となっているようだ。小中二校があるけれど高校はなく、若者が外へ出て行ってしまう。高齢化率は高く、やがて人手不足に陥ってしまう可能性が高いと思われた。

財政的に恵まれようとも環境によっては、自治体は苦しまねばならないケースを北山村で見ることができた。ここでは合併策は困難で移民策こそが村を救う気がしてならなかった。「じゃばら」の生産も人手が必要である。将来、この村はどうなるのか、この特産品を誰が守るのか、村人でなくとも心配になる。

地方自治体は、声を一つにして政府に「移民法」の制定を訴えるべきである。この国の経済を維持するためには、まず地方を護《まも》らねばならない。労働力不足は、深刻になるばかりで、まず一次産業界に危機感がある。研修制度では追い付かず、移民を認めねばならなくなっている。

（二〇一八・一〇・六）

二二、前例主義をやめ、新たな発想を

ニューヨークのロングアイランド。マンハッタンから地下鉄でアクアダクト競馬場へ行く。すごい人気で入り切れないほどの観客であふれていた。長蛇の列の馬券売り場、異常なほどの人気に驚く。雰囲気が異なるはず、初の女性騎手のデビュー戦なのだ。大成功といえた。

早朝、ファンは新聞売り場で「モーニング・テレグラフ」というぶ厚い予想紙を買う。美人の女性騎手は一番人気、ついつい私も買った。祝儀なのか、その女性騎手はデビュー戦を勝利で飾った。米国の競馬には「ウィン」という一着だけを予想する馬券がある。

これを買い続けたけれど大失敗、女性騎手の活躍は一過性で一獲千金とはならなかった。だが、女性初の騎手デビューはアクアダクト競馬場のカンフル剤になり、活性化をもたらせた。騎手を用いた成功例ではあろうか。

高知競馬は、県のお荷物で赤字に頭を抱えていた。が、「ハルウララ」という、あまりにも弱くて連敗記録を更新していた最弱馬を大々的に宣伝することによって、多くの観客を集めるのに成功したのである。まさに逆転の発想で新鮮味があり、この奇手に前例がなかった。火を付けたのは型破りの県庁職員だったという。相当な心理学者、大衆の判官贔屓《びいき》の利用であったと思われる。

その県庁職員自身が希望して経営に苦しむ競馬場へ出向したというからこの役人をたたえねばならない。奇策によってお荷物だった競馬場を救うアイデア、大きなカンフル剤となったのだ。で、私はアクアダクト

競馬場を想起し、ギャンブラーの心理に思いを馳《は》せた。

全国でみられた自治体の第三セクターの事業、成功を収めている事業例が多くないのは、おそらく役人仕事に徹しているからであろう。役人仕事は親方日の丸、前例主義で奇策や逆転の発想を好まない。私も外務省と文部科学省で勤めた経験を持つが、すべからく前例主義、個性的な人間なら息が詰まる職場である。

前例主義を廃し、新しい施策を導入するためには、首長や責任者の強いリーダーシップが求められるばかりか、強烈な個性がモノをいう。失敗を恐れない熱血職員を部下にどれだけ持つことができるかもカギとなろう。

現行の職員の採用試験のあり方を改める必要がある。尖った面白い人材を全国から集める工夫も大切である。外資系の優良企業は、外から一本釣りのスカウト、中途採用を企業文化にしている。新卒者の採用にはリスクが高いと読み、高給で入社させるのだ。

昨年の「ふるさと納税」の寄付額のトップは、大阪府泉佐野市であった。実に一三五億三三〇〇万円を集めた。市長の千代松大耕氏は若い。同志社大のアメリカン・フットボール部出身で、爽やかな印象を与えるが芯は強く、周囲の声に迎合しない。私は市長をよく知るだけに、アイデアと行動力にいつも舌を巻かされている。

全国紙一面にふるさと納税の広告を打ち、返礼品の数を一千品以上準備した。あたかもデパートでの買い物、それが納税というのだから、一種の奇策といえる。納税者心理を読み、この工夫がトップの座に踊り出た要因であろう。泉佐野市は、北海道夕張市に次ぐ大赤字の市であったのに、千代松市長は、アイデアに次ぐアイデア、奇策に次ぐ奇策で、あっという間に輝く優良市へと蘇生させた。

これらの手腕に拍手を送りたい。自治体も前例主義をやめて民間に負けない発想で運営せねば、生き残れない時代だ。危機感のなさが、ヌルマ湯に浸かる前例主義を踏襲させるに違いない。泉佐野市に学ぶべし、だ。

山形県米沢市のふるさと納税の返礼品はコンピューターであった。市内で生産される品だけに、高価だが問題ないかに映ったが、総務省から通知を受けて品を替えた。すると納税額は下降線の一途。市長は、「通知には強制力はないが、国から言われるとやめざるを得なかった」と私に語った。

市の財政に気を配るか、国のニラミに脅えるか、トップの姿勢と気概は重大である。

（二〇一八・一一・三）

二三、規制強化が必要な太陽光発電パネル

山梨県北杜市の市長が日体大を訪問された。この女性市長は、私と日体大の同級生。市と大学で「スポーツの振興に関する協定」を締結することになり、私どもは北杜市に出向いた。平山郁夫シルクロード美術館もあり、南アルプスや富士山を一望できる雄大な景色のパノラマが美しい。住みたい田舎ランキング、堂々一位に輝いた市だけのことはある。で、この北杜市の特徴は、美しいだけではなく日照時間も日本一だという。

隣の長野県にはサボテン栽培農家が多数あるのは、やはり日照時間が長いからなのだが、北杜市の平均気温が低いため、どんな農作物が適しているのか考える。私は長野県に入るとサボテン栽培農家を訪れる。たいていはインターネットで販売しているが、日照時間の賜物であろう。

北杜市のあちこちの施設に案内された。驚いたのは、どこもかしこも太陽光発電のためのパネルが光るではないか。最初は土地の上手な活用法だと感心していたが、これだけあちこちにパネルが設置されていると、田舎という感じもせず、食傷気味になる。日照時間日本一という勲章の影響であろう。

「ＦＩＴ」（固定価格買取制度）が施行されて以来、パネルがどんどん増えていったという。「荒れた農地の活用には最適ですね」と、市職員に向けると、「増えすぎて住民との間にさまざまな問題が浮上してきました」と述べられる。素晴らしい景色が北杜市の自慢なのに、太陽光発電設備たるパネルの市へと転じてしまった苦情に頭を痛めている様子だ。〝過ぎたるは及ばざるがごとし〟。

パネルの設置は個人であれ法人であれ建築基準法に触れず、開発に問題がなければ自治体への届け出だけで済む。しかも周辺住民への説明も不要で、地主との契約だけで事業のスタートを切ることができた。ただ、関係者でない者がパネルに近付けないようにフェンス等の設置が義務付けられていて、自由に立ち入りできないようにしなければならないルール。で、北杜市でも安直な形式だけの柵が散見できたが、パネル設置は簡便だったがゆえ、住民とのあつれきを生んでしまったのであろう。

ＦＩＴの買い取り価格は、当初一キロワット時四〇円だったが、一八円まで下がった。しかし、パネルのコストが安くなり十分に採算がとれるらしい。ゆえに地主は安易に事業者に土地を提供することとなる。ただ、ＦＩＴは二〇年間、送配電事業者が発電された電気を買い取る義務がある。二〇年後の状況を誰も予想することはできない。二〇年後、パネルがそのまま放置されるのではないかと心配する人もいる。産業廃棄物となるこれらパネルの処分を、今から問題視する人もいるらしい。

そこで自治体は太陽光発電設備のパネル設置規制を強化する必要がある。設置を安易に認めると、美観を損なうばかりか、住民と事業者の対立問題が深刻なものとなろうか。自治体はＦＩＴ法について研究し、規制を強化しないと耕作されていない農地は、特に寒冷地にあっては軒並みパネル設置の餌食になろうか。パネルのコストが下落する一方である今、手を打たないことにはパネルは繁殖する。ＦＩＴの買い取り価格が、たとえ一二円にまで下落しても採算がとれるというから、このパネルのブームはまだまだ続くに違いない。

投資家たちが北杜市に群がったのだろうか。平成一四年には三万二千キロワットの発電設備しかなかったのに、平成一七年にはその四倍にまで増えたらしい。クリーンでいいイメージを与えてくれる太陽光発電だが、住民の住むすぐ近くに設置されると、自然の中に溶け込むことなく違和感を覚えてしまう。しかもこの太陽光発電の販売、転売が自由に行われているのだ。持ち主の判然としないパネル、ＦＩＴによって収益が保証されているビジネス。

北杜市のパネルの八割は市外の人たちのものだという。どうしても無責任な施設となり、フェンス等の修理も行われず、住民の怒りを買うことになろうか。

（二〇一八・一二・一五）

二四、若者の流出をいかに食い止めるか

赤字再建団体に陥った自治体のとるべき手法は限られる。税金や上下水道などの料金を上げる。ごみ処理も有料化にする。公共施設は閉鎖する。市立病院は診療所へ転じさせる。どれもこれも市民サービスの低下でしかない。

加えて、市職員数を減員し、給料を半減させる。議員数の定員を減らし、調査費を廃止して手当も半減す

る。徹底した支出削減策をとり、財政の健全化を第一目標とする。これが方程式化していて、どの赤字自治体も同様の策をとるというより、他に策を持たない。

大企業の工場があったり、発電所や空港などを自治体内に持てば、安定した税収入があって苦しむことがないが、北海道夕張市のごとく炭鉱が閉鎖されたために産業消滅によって火が消えた自治体もある。人口一万から八千人台に転じてしまった夕張市、衰退の見本であろうが、人口の減少は全国の自治体の共通した問題点であろう。しかも高齢化だ。人口減少傾向は、少子化と若者の流出である。

政府は、都内二三区内の大学定員を厳格化させたばかりか、新しく大学の設置を認めず、新学部・新学科の設置を一〇年後まで認めない新法を作った。で、地方の大学の定員割れがやや緩和され、その効果が出た。若者を少しでも地方に留め置く策で、東京一極集中を避けようとしている。

地方の自治体も、いかにして若者の流出を食い止めるか、呼び込むかの研究が重要である。若い世代が、この街で己の夢をかなえたい、と思うような街づくり策が求められる。

ニューヨークでもコペンハーゲンでも、若い芸術家や工芸作家が住み、特色ある一画を構成して観光地となっている街がある。若いがゆえに苦労ができる、若いがゆえに質素な暮らしができる、そんな共通の環境下で将来の夢を追う若者たちが集い街をつくるのは文化振興の意味でも大きい。

地方の各自治体は、空き家対策をいかに考えているのだろうか。住民の個人的問題として捉え干渉しようとはしないかに映る。人口流出によって空き家が増える。この空き家を自治体が不動産屋さんよろしく管理し、若者を呼び込む政策は考えられないだろうか。民泊法に沿って外国人旅行者を迎え入れてもいいが、特色ある若者を集めるといい。

若者が一人増えると、年に約一五〇万円を地元に落とすという。食費に家賃、雑費等、それに人口増による補助金の増加は大きい。なのに自治体は本気になって人口増加のための研究をせず、冒頭に記した内向き策に拘泥する。節約も重要策であろうが、志気低下と失望感を助長させるデメリットも無視できない。

自民党の総裁選挙の折、石破茂候補は地方再生・創生の課題解決を主張された。が、具体策については言及せず、有権者を納得させることができなかった。地方自治体が、企業誘致のために税の優遇措置をとったり、自衛隊の誘致運動を展開したり努力しているが、キーワードは若者の増加策である。

私が首長ならば、全国の芸術学部系の大学行脚を行い、芸術家を目指す卒業生を招へいする。安く家（空き家）を提供し、中小企業や農家でのアルバイト先を紹介し、住民税を免除する。画家、音楽家、芸術家、漫画家、小説家、詩人、書道家等、芸術を志す若者を集めて「芸術村」をつくる。補助金制度を設けて応援する条例もあれば、その自治体の意気込みが若者に伝わる。

特色のある自治体をつくれば、若者が魅力を感じる自治体にすれば、若者が集まる。そのための努力を本気になって行う自治体が多くないのは、首長や住民が文化について考えないからであろう。国の状態がいかに変化しようとも、人間は人間らしい文化を衰退させることはない。この文化の利用というよりも、芸術家を育てるという気概を持つべきだ。

若者の流出を逆手にとって、かつて大富豪や権力者が養成した芸術家を、変わって地方の自治体が養成するべきだ。そんな自治体の出現を期待する。

（二〇一九・一・五）

二五、資料館、博物館をもっと宣伝しよう

大学院生時代、恩師の浜田靖一先生は、「体育と戦争」「宗教とスポーツ」のどちらかをテーマに研究するように示唆された。大き過ぎるテーマで、とても私の手に負えるものではなかった。が、とりあえず、「宗教とスポーツ」を選択し、まず仏教を勉強することにした。で、釈迦《しゃか》について学ぶことにする。

古代インド社会では、結婚は「争婚」で行われ、ＢＣ五世紀ごろから始まったと文献が教えてくれた。釈迦も争婚によってヤショーダラー姫を娶《めと》る。王子であった釈迦は、知恵の聡明なことや力わざの勇健なことはほかの人間とは比べものにならなかったと、知識を持ったが実感が湧いてこない。

ところが、一九七五年夏、ひょっこり訪れたパキスタンの北西辺境州のペシャワル博物館で、私は釘付けになった。釈迦の武術修行、片岩に彫刻された「相撲」「弓術」等の作品（二、三世紀）を目にした時、瞬時に最高の史料だと感じ入った。ヘレニズムの影響を受けた仏教彫刻、シャッターを切りながら目に焼き付かせた懐かしい記憶がある。

同じパキスタンのラホール博物館にも、「修行と武芸」の彫刻が数点あり、相撲、馬術、弓術の様子を知ることができた。面白いのは、力士たちが現在の大相撲力士と同様のマワシ姿であることだ。いずれも二、三世紀のガンダーラ彫刻である。仏伝図の一場面として、これら釈迦の修行の様子をうかがい知ることができた。で、私の大発見は、このラホール博物館で見た国宝の「断食苦行する釈尊」（二、三世紀）の彫刻であった。

仏教学者なら、大発見でないのかもしれぬが、私には大発見であった。後に美術史家なら普通の知識だったと知るが、私には新鮮に映った。山で六年間の修行をした「苦行図」で、やせ衰えた釈迦の肉体は壮絶を極める。なんと、肋骨が正常ではなく片側十数本もあるではないか。この肉体は釈迦の強さを表現しているのだろうが、意外と不自然さを感じさせない。これが芸術の力なのだろうと感じ入る。

実際には存在しない筋肉や骨を彫刻に加える手法は、古代エジプトやギリシャ・ローマの作品の中にも散見できるばかりか、日本の金剛力士像等にも見ることができる。表現力は巧みであればあるほど、そっと現実の肉体を昔から加工してきたのだと私は考えている。

レオナルド・ダヴィンチのように解剖までして実際の肉体を研究して表現した偉大な芸術家も存在したが、たくましい想像力で肉体を表現する手法も昔から伝承された上、世界中に伝わった。私が、身体観について研究しようと考えたのは、これらの史料と接したからに他ならない。仏像のあの「ふくよかな身体」や、古代ギリシャの美しい神々の彫刻を観察し、史料として考察する時間は、私にとって至福のものだった。

大げさだが、世界中をフィールドワークしつつ、多くの遺跡や博物館や美術館に足を運んだ研究生活、それは史料を求める旅であったと述懐する。「宗教とスポーツ」、私には荷の重いテーマであったのは申すまでもない。

さて、全国の各自治体は、それぞれの資料館や博物館を設置している。それらは学者や研究者にとっては貴重な学術的資料である。自治体は形式的に設置しているのかもしれぬが、関係者からすれば「宝」であるという認識が必要であると同時に、その宣伝、アピールを熱心にすべきである。

学者や研究者は、やがてあちこちでその話をしたり、講演をしたり、また活字で紹介してくれたりする。わが町にしかない史料、文献。住民にとっては関心が薄いだろうが、関心、興味ある人たちが全国にいる現実を理解しておかねばならない。かつて、研究者であった私自身は、そのことについて把握している。

どの自治体も教育委員会を持ち、学芸員を採用しているだろうから、彼らの活躍場所を与えたり、活用することが肝要である。地方の活性化は、公務員のフル活用から始めなければならない。眠っている施設と人材、これを知恵を出して売り出してほしいと願う。

（二〇一九・一一・二六）

二六、災害多発時代を迎えて

台風もなし、集中豪雨もなし、が、砂嵐のすごさに脅えねばならなかった。街全体が突然、茶褐色に砂で染められる。車で走っていて砂嵐に襲われると、眼前が全く見えず危険、すぐにハザードランプを点灯して駐車する。砂漠の国で幾度も体験した。自然災害のない国なんて地球上には存在しないといえる。

日本は災害多発時代を迎えている。被害を最小限に食い止める備えが、私たちの日常の重要な仕事となった。首長選挙では、「安心・安全な街づくりを行います」と主張して当選しても、防災はそれほど目立たないため、ついつい忘れてしまう。災害を受けた後の復興支援が注目されるが、「備えあれば憂いなし」。

神奈川県では災害時に住民が迅速に自主避難するよう河川で氾濫の恐れがある場合、対象エリア内にいる人の携帯電話に緊急メールを直接送るようにした。自治体が早い段階で避難勧告を出せるように河川流域自治体幹部にも水位情報を配信するという。まず、自主避難こそが自助として最優先させなければならない。

各自治体は、災害への点検をすべきだ。行動をサポートする情報発信、訓練を積み重ねて即応力を強化しておかねばならない。また、避難施設は耐震、防火を徹底した上で暴風雨や猛暑、寒波等のリスクも検証し、安全性を高める必要がある。基本的な防災対策の見落としや先送りは、複合災害をもたらして深刻な被害につながる可能性があろう。

私は土地を購入する際、やや高台に求めた。家屋は木造だが太い柱を注文、高くついたが四寸柱を主軸に使用してもらった。強固な住宅でないと、地震や台風が恐い。もちろん基礎の土台も普通よりも一五センチ高くした。防災を意識して家を建てるのが一般的であろうが、崖崩れが心配な土地、山崩れが懸念される土地等に住宅建築をたとえ建築基準法を満たしていたとしても認めないような条例も必要だ。無理に開発した土地、遠隔からやって来た人には、そんな情報が入らない。

どこの自治体もハザードマップ（災害予測地図）を作成しているが、住民がきちんと理解していないがため、他人事のように捉え災害を大きくしてしまう。「わがまちハザードマップ」は、学校の教材に用いて教えておく必要もある。ハザードマップが十分に活用されなかったがため、住民の危機意識が低く、想像以上の犠牲者を出したり被害者を増大させた例が多いとされる。災害は、どこでも起こることを住民に教え込んでおかねばならない。

自治体は、自助のほかに共助・公助についても体制の構築を急ぐべきだ。地域で防災に取り組み、近所の高齢者が無事であるかどうかの確認や避難支援、人と人とのつながりが大切である。高齢化が進み、災害の犠牲者に高齢者が占める割合が高いだけに共助が重視される。地域で助け合う、共に避難する仕組みづくりが自治体の仕事でもあろう。

治山治水は国家の要である。安全確保第一に国土開発計画を見直し、危険地域での住宅開発が進められないようにしなければならない。土砂災害の危険性がある所には砂防ダムを設け、開発に自治体は注意を払わねばならない。日頃から災害多発国の国民として備えに努め、減災を意識したいものである。

最近の天気予報は、正確だ。だが、その予報を避難に結び付けることができず、犠牲者を出してしまう。台風、集中豪雨は予報で認識できても、地震についてはお手上げ。対策として国土強靭《きょうじん》化を進めるしかあるまい。南海トラフ地震が予想されるため近畿や中部、首都圏では直下型地震に備えねばならない。

先日、「強くなれ、ＴＯＫＹＯ」という全面広告が各紙に掲載された。東京メトロが新たな耐震補強をし、自然災害対策およびセキュリティ対策を実施しているとの宣伝。安全への取り組みをアピールしていた。各自治体も東京メトロを見習い、安全を売り物にしてほしいものだ。自助、共助、公助の連携の自信があれば、「安全宣言」もできるに違いない。

自然の威力を解し、まず逃げることにしよう。

（二〇一九・一一・二）

二七、「ふるさと納税」で闘う泉佐野市

「ふるさと納税」を政府は、なぜ企画したのか。地方にふるさとに元気を与えようとするヒット政策、地方自治体はアイデアを創造する能力を求められるようになった。政府は、どの自治体も平等に納税されると考えていたのだろうか。アイデアを創造する能力のコンテストなのだから、当然、勝ち組と負け組の自治体とに分かれる。

で、政府は勝ち組に対して苦言を呈する。アイデアや創造力を評価することなく、納税額が多額になれば、その自治体に文句をつける。ふるさと納税は、最初から競争であった。

それを容認したのは政府である。この納税制度を盛り上げるために返礼品を認めたからに他ならない。各自治体は、この返礼品を研究し、工夫に工夫を重ねる。

返礼品を納税額（寄付額）の三割以下の地場産品に限る、というルールを政府は提示した。しかし、地場産品のない自治体もあれば、地場産品の定義づけも困難だ。産品の部品を作ればどう評価されるのか、農産

物の肥料や農薬を作る会社の存在は、どう評価するのか。一自治体の地場産品なる表現は、あまりにも曖昧模糊《もこ》であり、厳密さに欠ける。

その隙間をぬって、各自治体は中央官僚の考えられぬ返礼品の数々を納税者に提供することとなる。地方の自治体にとってふるさと納税の制度をいかに活用するかが自治体の能力、返礼品の研究に本気になるのは自然の成り行きであった。

そしてついに、政府は急ブレーキを踏むこととなる。勝ち組が圧倒的な集金力を発揮したからである。

私自身が特別顧問を務める大阪府泉佐野市は、一昨年、一三五億三三〇〇万円を集め、一八年度は三六〇億円を集めようとする勢いだ。泉佐野市が北海道の夕張市に次いで大きな赤字を抱える自治体で、どれだけ千代松大耕市長が苦しみ、非情とも思える政策で市政を再建してきたか。こんな体験をした市長、市職員、市議会は日本全国どこにもなかった。だからこそ、ふるさと納税制度の活用に必死にならざるを得なかった。

泉佐野市は関西国際空港建設に先頭に立って協力した自治体で、その付帯施設や国際化のために大きな借金をせねばならなかった。国に協力したが、関空が今日のごとく輝く状況でなかったため、投資が市を苦しめることとなった。千代松市長の誕生は、その負の遺産を消失させる政策からスタートを切る。

かかる泉佐野市の苦労を近くの海南市長であった石田真敏総務相が、どの大臣よりもよく識《し》っているはずだ。関空の使用だって多い政治家である。

その石田大臣が泉佐野市を批判した。「制度の根幹を揺るがし、存続を危ぶませる」と名指しで記者会見で語った。

石田大臣は市長経験者ゆえ、前大臣の野田聖子衆議院議員とは異なる発言をすると期待したが裏切られた。官僚の作文を読むだけの大臣だったとは寂しい。地方活性化に冷や水を浴びせる考え方は、都市部との格差を是認するだけでしかないではないか。

千代松市長は、「法令は守るがスタイルは貫く」と主張している。返礼品に加え、インターネット通販大手であるアマゾンのギフト券を最大で納税額の二〇%分を提供する「一〇〇億円還元キャンペーン」を始めた泉佐野市。私も驚いたが、この刺激的キャンペーンには総務省も腰を抜かしたに違いない。想定外だったのだろうが、腰を抜かして泉佐野市を批判するようでは、官僚と総務省が泉佐野市に敗北宣言をしたに等しい。

地方自治体の個性を封じて、眼目である地方創生、再生なんてできるのだろうか。自治体は政府の優等生であっても、何も得をしないばかりか助けてもくれない。特別交付金に少し色を付けてくれる程度だ。

国とケンカする気概を持たない自治体は栄えない。泉佐野市長を警察は逮捕することはない。犯罪でないのだからふるさと納税制度を活用すべし。

首長よ、国と闘う心意気なくして住民の代表と言えるか。

（二〇一九・三・二）

二八、街からガソリンスタンドが消える

私たちが子供だった頃、結婚する際、相手の街に行って「聞き合わせ」をした。相手やその家族の情報を得るための習慣だった。酒屋さんに入って聞く。タバコ屋のオバさんに聞く。寺に行って住職からも聞く。結婚は「家」と「家」のものだった時代には、家の釣り合いが重視されていた。そんな世の中だったのであ

る。

街の入り口か出口は、たいていはガソリン屋さんだった。街の様子や住民のこと、道順等も親切にガソリンスタンドのオジさんが教えてくれた。その街の情報や知識に詳しい人が、あちこちにいたのだが、昨今、酒屋さんも、米屋さんも、タバコ屋さんもなくなってしまい、街の情報通が不在となってしまった。

街、地域から消えた商売は数多くある。一日中、その街で生活している人が少なくなり、落語の世界と全く違う日本国に変化してしまった。自動車や交通機関の発達は、街の形までも変えてしまった。また、大型店舗の出現で、街の商店は店を閉めた。

最近、私がいつも給油するスタンドに貼り紙があり、「閉店します」とある。洗車をはじめ、オイル交換、タイヤの空気調節、給油のたびに愛車の手入れ場として利用させていただいていたのに残念。そんなに近所にスタンドがないから、給油先探しにまごつくことになりそうだ。また、客と店員の関係を一から始めねばならない。常連客としての特権もなし。

街の商店が消えただけでなく、ガソリンスタンドもめっきり少なくなってしまった。寒くなると灯油を買って石油ストーブに火を入れなければならないのに、これからどこで買うかも決めねばならない。なじみのスタンドが廃業とは困ったものだ。あれだけ多くの客を抱えていたスタンドなのに閉店だという。

国内のガソリンスタンドは、この四半世紀で半減したそうで、六万軒を超えていたのに現在では三万軒だ。廃業は年に一千軒のペースで進み、スタンドを利用する人なら、消え行くスタンドを体験したに違いない。

あまり気付かなかったが、若者が車に興味をもたず、マイカー離れの人が増えていると耳にする。で、ガソリン需要が落ち込んでいるそうだ。そこかしこも渋滞で、車だらけという感じもするが、ガソリンが売れないために廃業に追い込まれるのだ。そこへ、老朽化した地下タンクの改修が義務付けられたため、泣き泣き経営を断念する経営者も多いらしい。

　街や地域からガソリンスタンドが消える。残るスタンドは大企業直営店が多く、個人経営では難しい様子。街の事情通のガソリン屋さんは、悲しいことに壊滅状態に追いやられている。時代の流れとはいえ、小さい町では一軒のガソリンスタンドもない社会である。

　電気自動車（ＥＶ）やハイブリッド車（ＨＶ）が一般的となれば、ますますガソリンは売れなくなろうか。ＥＶのスタンドはコンビニかパーキングに設置され、石油ストーブもアンティークになるかもしれない。セルフのスタンドが増え、店員と会話することがなくなった。人件費が高いためか、無人のスタンドも多い。

　米国留学時、私はガソリンスタンドでアルバイトをした。それほど英会話ができなくとも、外国人でも務まるアルバイトだった。窓を拭くサービスをするとチップをくれる客、けっこう楽しかった。

　ガソリンスタンドの話を書いたのは、これだけスタンドが消えてしまえば困る人たちも出てくると思われるからだ。「聞き合わせ」のためではない。離島や山間部、給油拠点がなければ困るに違いない。この拠点を各自治体は、どのように考えているのだろうか。あの東日本大震災の折、数時間も並んで給油したことを忘れやしない。

　ガソリンや灯油は、食料と同じで、なくては困る。生活必需品であるがゆえ、役所も心配せねばならない事象である。都市部はいいかもしれぬが、地方へ行けば行くほど困る。

　ガソリンスタンドによって、私たちの生活が支えられていた事実を、自治体はどう考えるのか。


（二〇一九・五・一一）

二九、個人の住宅は個人で守る

台風二四号で、わが家のサンルームの屋根であるガラスが、ふっ飛んだ。強い風で近くの家の杉の大木が折れたり、被害が多かった。が、二三号の被害は甚大で、関西国際空港は想定外のタンカー事故で連絡橋が壊れた。大阪湾の高潮は空港をマヒさせたにとどまらず、強風は民家の屋根瓦を飛ばし、電柱をなぎ倒した。

東南海・南海地震対策で、関空は高潮や津波に備えて工事をしていたが、焼け石に水だった。津波対策を説き、工事の必要性を国会で求めた私にすれば、自然の力のすごさを痛感するしかなかった。電柱が倒れたため停電による被害もあり、信号機が止まったため交通事故も招来させた。自然災害に脅えねばならない日常は、「災害は忘れた頃にやってくる」という寺田寅彦の言葉を否定するものだ。

二三号、二四号の台風は、新しい事象を私たちに突きつけてきた。台風は高潮を呼び、その波が強風で遠くまで飛ぶ。で、電線や碍子《がいし》を塩水で濡らす。やがて塩がたまり、雷やちょっとした摩擦で発火して火事となる。停電の原因ともなった。新種の火災で右往左往させられたニュースに驚かされたが、電気を絶縁するために使う陶磁器の碍子までもが燃えるなんて、電力会社も予想していなかったに違いない。

海岸の近くにある電柱は危険だと分かった。日本列島は四面海に囲まれているのだから、海岸にほど近い地域は、塩水によって火災を招く可能性があると教えられたわけだ。このための対策をどうするのだろうか。各自治体は、海岸をもつとしたなら考えねばならなくなったのである。

地震がある。台風がやって来る。想定外の集中豪雨がある。自然災害のデパートに私たちが住んでいる。私の恐れるのは、どの家にも火災の要因となり得る危険物が山ほどあることだ。爆発だって起こり得る。自治体は消防署をはじめ消防団を持ってはいるが、被害を最少で食い止めることに越したことはなかろう。公共の建物には消火器が備えられているのは一般的だが、この発想を個人の住宅にまで広めねばならなくなってはいまいか。

「安全な町」「安心できる町」をつくるためには、まず個人の住宅を守るという発想が求められる。簡便な消火器が開発されている。それらを配布し、己の家の火災は己たちで消火するという意識を植えつけるべきだ。そんな一歩進んだ自治体の出現を強く要望する。ケネディの言葉を想起するがいい。「国に何をしてもらうかよりも、国に何ができるか」。

ふるさと納税の使い方は、自治体によって異なる。返礼品に情熱を傾ける自治体は多いが、「安心できる町」づくりのために使わせていただきますとうたう自治体を私は知らない。住宅火事は、隣家にも迷惑を及ぼす。しかも、生命を奪う危険性も高い。火の小さい時に自力で消す。つまり初動消防こそが大切なのだ。日本人は保険好きである。消火器を買わないくせに、火災保険に加入する。自らが消火する意識を持たず、消火後の保証について考える国民らしい。自治体は、個人の住宅については課税することしか考えず、ゴミの処理や健康診療等のサービスは行うが、住宅の安全については考慮しないでいる。

個人の責任、プライバシーに自治体は立ち入らず、干渉しないことが民主的であると決めつけてきたが、自然災害の多様性と頻度は、新しい自治体の発想が過去と同様であってはならないと説いている。消火器や簡易トイレ等を配布し、あらゆる災害に備える自治体があってしかるべきであろう。

ともあれ、信じがたいことが起きる。あらゆる面で想定できるものがない不確実な時代に私たちは生きている。そのためのサービスも自治体は考える必要がある。「備えあれば憂いなし」、自治体は住民の安全をとことん考えるべし。それが自治体にとって、最大の保険なのである。懐中電灯、携帯ラジオ、そして消火器が災害時の三種の神器であろう。物があれば行動が伴う。住民を能動的に転じさせてほしいと願う。

（二〇一九・五・一八）

三〇、ゴルフ場の利用促進で自治体の収入増を

ノーベル賞（医学生理学賞）を受賞された本庶佑《ほんじょたすく》京大特別教授は、受賞の知らせを受けての記者会見で、「今やりたいことは」と問われた。「ゴルフがしたい」と答えた上、自分の年齢以下のスコアで回る「エージシュート」を出すこと。毎週欠かさずゴルフを続け、自宅ではパターの練習に励むそうだ。

ゴルフは年齢に関係なく歩くので健康のためにも良い。テニスとともに生涯スポーツの王様といえる。足腰を鍛えるゆえ、高齢者にとっても健康維持・増進のために役立つ上、森林浴ともなろうし、酸素を胸一杯吸うことができる。私も下手くそだが、月に一回くらいはコースに出る。なかなか上達せずとも、家内と歩くのがいい。友と語り合うのもいい。

ここ数年、一度行ったことのあるゴルフ場から割引券が頻繁に送られてくる。名門といわれるゴルフ場からも届くので、ゴルフ客が減少しているのだと教えられる。日本生産性本部の『レジャー白書』によると、ゴルフ人口はピーク時の一九九二年の一四八〇万人から、一七年は六七〇万人へとほぼ半減したという。これはゴルフ場を持つ自治体にとっても、大きな打撃となる。ゴルファーたちは、ゴルフ場利用税という地方

税を払っているからだ。

都道府県がゴルファーから徴収し、ゴルフ場が所在する市町村に収入額の一〇分の七が交付される貴重な地方税。だいたい一人一日につき約七〇〇円くらい収める。一九八九年に娯楽施設利用税として導入され、自治体にとってはタバコ税とともにありがたい収入源となっていた。しかし、この地方税の収入がガタ減りなのだ。

四七都道府県のゴルフ場利用税収入は、二〇一六年度は約四六〇億円で、〇六年度の六一七億円に比べて二割強も減少した。各自治体は、ふるさと納税の返礼品にゴルフ場のプレー券を贈ったり、ゴルファーを増やす企画を立てたりと、ファンの掘り起こしに取り組む。総務省は、なかなか新しい地方税を認めないので、ゴルフ場利用税の増収に知恵を絞らねばならない。

山間部のある自治体ならば、たいていゴルフ場を持つ。このゴルフ場の利用促進策こそが、自治体の収入増となる。子供たちのゴルフ教室、女性たちへの指導など、ゴルフ離れしていた人たちを再び呼び込む策が求められる。ゴルフ場の会社とともに自治体が積極的に客を増やすために企画をせねばならないのだ。

新潟県の新発田市やその近隣の市や町は、豊かになった韓国からゴルフ客を招く努力をしているという。ゴルフと温泉の宿泊セットで、新潟空港を利用する。全国に空港があるのだから、韓国にとどまらず、台湾、中国、香港、タイ、マレーシア、シンガポールなどからもゴルファーを呼び込めばいい。今や、ゴルファーを増加させることが自治体の仕事の一つでもあるのだ。

総務省は、旧自治省からの伝統として地方税を認めない姿勢を貫く。できるだけ地方を平等に扱い、税収にバラつきがあってはならないと考えるからであろう。大阪府泉佐野市が、関西空港と市を結ぶ橋に通行税を認めさせた。空港の二本目の滑走路は護岸工事をしていないため土地としての税収が見込めないので、代替策として橋の通行税を獲得した。で、私は、地方税の難しさを知った。

それゆえに、ゴルフ客を増やすことを自治体も考え、利用税の減収傾向に歯止めをかけなければならない。人口減少でゴルファーも減るから、企画力が問われる。自治体が多様なコンペを企画するのもいい。町対抗戦や学校対抗戦も面白い。大阪府泉南市では、大学対抗のOB戦に客が集まる。近辺のOBに声を掛ければ、千人くらいは集まるという。

本庶教授は、ハンディ一〇の腕前だという。同じゴルフ場でも四季で異なり、時間帯でも異なる。だから、面白いと語られていた。客が多く、コースでよく待たされたが、今では平日はガラガラ、健康のためにゴルフを楽しんでいただきたい。それが自治体の収入につながる。

（二〇一九・六・八）

三一、「スクールロイヤー制度」を活用すべき

私が学校法人日本体育大学理事長に就任して約八年になる。大学、高校、中学、幼稚園、医療専門学校、そして特別支援学校等一〇校を経営している。学生・生徒数一万二千人、年間予算約三〇八億円、中規模の学校法人である。うれしいことに一二八年の歴史を継ぎ、順調に経営できている。

だが、うれしいことばかりではない。就任以来、年に三件から四件の裁判を抱えている。法治国家である限り、もめごとは法のもとで解決するしか手段はない。大学や学校を相手に訴える件、法人を訴える案件もある。雑多な案件で、どうしても弁護士の手を借りるしかない。たいてい被告は、理事長の私である。だから、訴状をきちんと読むし、裁判録にも目を通す。被告の当然の仕事である。

どの学校法人も、一般的には顧問弁護士を持つ。日体大も例にもれず、法律事務所と契約を結んでいる。近年、信じがたい、想像できないような案件が裁判となる。例えば、生徒と生徒がＳＮＳを巡ってケンカとなり、一人が不登校生となった。その親が生徒と学校を訴えてきた。学校がきちんと対応しなかったという責任の追及である。子供のケンカに親は出てくるな、と言いたいが、それは許されない。学校を経営する法人が親と裁判。

私どもは私立学校だから、弁護士に依頼して対応できるが、公立学校の場合はやっかいである。学校トラブルは教育委員会に持ち込まれるにしても「法律」で対処するしかない。そこで、「スクールロイヤー制度」が誕生した。一昨年、ＮＨＫでスクールロイヤーのドラマを放送していたが、リアリティがあった。

この制度は、弁護士が学校側の代理人ではなく、第三者的な立場で児童・生徒や保護者の事情を検討して、学校側に助言する制度である。都道府県や政令市に限らず、どの自治体でも導入することができる。しかし、四七都道府県と政令市の計六七自治体を読売新聞が調査したところ、わずか一四自治体が導入しているだけであった。

学校現場に特化した立場で活動するスクールロイヤーは、自治体からも委託され、教育委員会に配置される。ＮＨＫのドラマでは、学校に弁護士が配置されていたが、それでは財政的に困難が伴う。予算の問題で、この制度に二の足を踏む自治体も多く、政府の支援が求められる。

トラブルは、教諭のストレスを高める。このストレスを嫌って、学校を去る者、入退院を繰り返す者が多数いる。意外に教員は、精神的負担に弱いのだ。学校内にアドバイスしてくれる弁護士がおれば、負担が軽減される。教員の働き方改革を考える際、どうしてもスクールロイヤーが必要であろう。

昔と異なって近年では、保護者からの過度な要求や苦情が私立学校でも増加中だから、公立学校では想像以上であるに違いない。法律に詳しくない教員が、いろいろ議論して対応するよりも、弁護士が一人いるだけで状況が好転する。餅は餅屋なのだ。

児童虐待防止法は、親が子に対して行う体罰も禁止している。で、学校内の体罰なんて全く許されず、指導が難しいばかりか、指導者としての教諭の権威が弱まっている印象を受けるが、それは違う。米国留学を経験した私は、学校内で体罰を一度も目にすることがなかった。生徒・学生と教員の信頼関係が構築されていたからである。

トラブル防止の原点は、学校に勤務する教職員と保護者の信頼関係にあるにしても、近隣住民とのトラブルでも苦慮させられる。スクールロイヤーがおれば、教職員の負担が軽減される。特に小学校教員の離職率が高いのは、結婚もあろうがモンスターペアレンツの存在だともいわれる。教員を守るガードがないのだから、気の毒な職業である。

スクールロイヤー制度を活用すべきである。予算問題で自治体によっては普及していないが、ぜひ導入すべきだ。教職員が安心して教育できる学校づくりに自治体は本気になるべきだ。

（二〇一九・八・二二）

三二、「国有林野管理経営法」の改正で生じる問題

砂漠の国で永く住むと、日本は「木の文化」の国であるとつくづく感じる。木造建築の宝庫でもあるし、新国立競技場や各地の空港、先日訪問した郡上市の体育館等は巧みに木材を使用していた。何よりも寺や神社の建造物は木造であり、この国にあっては常識だ。

家屋は、その地の風土と密接な関係にあり、日本にあっては木造建築が最適であった。で、樹木を育んでくれる山々が国土の大部分を占め、木材の供給と需要のバランスがとれていたのだが、諸外国から安価な木材を輸入するようになるとわが国の林業は瀕死の状況に陥り、国有林、民有林は荒れ放題となる。「木の文化」の特徴は、まず植林したとしても二世代か三世代あとでなければ木材として伐採できない。日本人は、数十年先のことを考えて行動する国民性を持つ。木造の家屋は燃えやすいため、慎重な人間を作る。曲がった木材も上手に工夫して、強風にも負けないように使うので器用さが求められるようになった。木の文化は、独特の日本人を作り、国土を活用してきたといえる。

昨年、政府は民有林を対象とする「森林経営管理法」を制定した。木材産業を活性化させ、山を守る支援策などを盛り込んだ法律だが、令和元年六月五日に「国有林野管理経営法」の改正案が成立した。この法律は、林業政策の大転換で国有林の大規模伐採を民間に任せ、販売権までも与えるものだ。国有林は、林野庁が管理してきたのだが、職員がたったの四四〇〇人しかおらず、民間の力を借りるしかなくなったといえる。

民間業者が、皆伐《かいばつ》という全面伐採をすることになるが、自治体にとって心配事も増える。土砂災害が起きて被害が及ぶ可能性があるに加え、伐採後の植え直し（再造林）による国土保全が保障されるのかも気にかかる。法改正への期待感もあるにつけ、森林資源の枯渇を憂える声もある。大規模伐採に風穴を開ける改正だが、自治体は十分に監視する必要がある。

伐採業者が上手に苗木を植えたかどうかのチェックをし、森林を再生させねば、災害を招くことになる。林野庁は当面、全国一〇カ所で樹木採取区を設定するが、木材の価格や需要が増加すれば、採取区は増えるに違いない。

宮崎県日南市では、ブランド化されている「飫肥《おび》スギ」は、民有林所有者が伐採して中国へ輸出されている。建築資材や棺おけの材料になるという。その棺おけが逆輸入されていることも有名だが、飫肥スギの国有林も民間業者の手によって伐採される可能性もある。

従来の林業では、製材業者や建設会社と安定的な取引を確立していないと、伐採後に植え直しする資金は残らないほど厳しいと聞く。林野庁は業者を選定する際、きちんと植え直しを約束させ、十分に育っていない樹木の伐採を禁止させねばならない。だいたい樹齢は四三年から六〇年の樹木を伐採するらしいが、樹木を全て切り倒して丸裸の山にしてしまっては大変だ。林野庁が管理できないだろうから、自治体に委託して監督する必要がある。自治体は、林野庁に強く申し入れすべきである。

また、植え直しをする際、同種類の苗木を植えるのではなく、桜を奈良の吉野の山のように植え、将来、観光にもつなげる策を練っておくべきであるがゆえ、自治体が干渉する必要もあるのだ。「木の文化」は、将来を見越して植林する伝統があっただけに、この国有林の大規模伐採を数十年後の観光名所に転換させるチャンスといえる。

今回の法改正に反対した人たちは、国有林を国民の森林とし、国民の共通財産としながらも特定企業のみに五〇年の権利を設定するのではないかという疑念がある、との批判だ。

いずれにしてもこの改正によって、雇用増加などの地域貢献や観光植林を推進させねばならない。民間業者と林野庁だけが作業を進めるのではなく、各自治体も伐採と植林については意見を述べ、交渉していく姿勢が求められる。

（二〇一九・九・七）

三三、地方自治体の〝反乱〟を期待する

どんなものでも〝日本一〟になるのは難しい。競争相手がいるゆえ、知恵を出さねばならない。総務省が「ふるさと納税」制度を導入して以来、各自治体の競争がすさまじい。タバコ税やゴルフ税もじり貧、自治体の収入源としてはふるさと納税こそが天からの恵みであった。知恵をしぼる、納税者心理を研究する。で、大阪府泉佐野市が平成三〇年度に四九八億円を集めて第一位の座についた。私の故郷である。

しかし上位四位までの泉佐野市、静岡県小山町、和歌山県高野町、佐賀県みやき町の四自治体は、ふるさと納税の対象から外された。ルールを守らなかったペナルティーだという。返礼品額は寄付額の三割以下、返礼品は地場産品に限るが近隣の自治体の特産品でもいいと総務省。この新制度もあいまい、火種になると思われる。返礼品を認めた総務省は、各自治体の本気度と研究力を予想できなかったのである。ともかく納税額ランキング四位までの自治体を顕彰せずしてアウト、失格とした。

中央省庁のキャリア官僚は、地方自治体の苦しみについて十分な理解をしていないかに映る。地方税を実質的に認めていない総務省、ならば、ふるさと納税を利用しようと考えて当然であろう。泉佐野市のごとく、関西国際空港の建設を受け入れ、政府に協力する姿は優等生だったが、空港の街として国際化を急ぎ、次々に施設を完備、そこへリーマンショック。ついに赤字再建団体に陥った。

しかし、迷惑施設の空港を受け入れたのに、政府は泉佐野市を支援することはなかった。市は、国の非協力ぶりと冷たい態度を学び、ふるさと納税に活路を開こうとした。

千代松大耕市長は、議会や市職員等に大胆なカット政策への協力を仰ぎ、ついに再建団体から脱出した。一時は、北海道の石狩市の次に苦しい自治体だったのだ。でも国は何の協力もしてくれず、特別交付金に若干の色をつけてくれるだけだった。今年もふるさと納税で四九八億円を集めたとはいえ、まだ一千億円の借金があるのだ。

総務省と泉佐野市の対立は激化中である。泉佐野市の主張に私は理解を示す者であるが、総務省は突出した納税額を集めた自治体にお灸を戒めのためにすえた。器量のない平等主義をしようとして、研究、努力した自治体を悪者にした総務省。これで本当に地方再生・創生なんてできるのだろうか。中央の自治体が潤う現行の税制度を少しでもふるさと納税で地方自治体にまわすようにした制度を活用した自治体がペナルティーを受けることとなった。

これでは自治体が委縮してしまう。競争させて国民がふるさと納税に興味をもっていただければ、納税額が増加する。つまり、それだけ商品が動き、景気を刺激する。納税（正確には寄付）した人は居住地の住民税が軽減されるため、大都市は軒並み税収減となった。それでよいのである。

最も減らした自治体は横浜市で一三六億円、名古屋市で八〇億円、三位は大阪市の七四億円だったという。これらの自治体は税減収だったとはいえ、ダメージといわれるほどの額ではない。地方自治体が、どれだけ疲弊しているか総務省は理解しているのか。なぜ、過疎化が進むのか。金がないため魅力的な自治体を作れず、住民サービスまで金がまわらないのだ。

地方自治体は、総務省の奴隷にならず泉佐野市のように主張すべきではないか。現在の総務省の器量では、地方再生・創生は困難だ。ふるさと納税で競争させ、地方自治体に少しでも金がいくようにすべきだ。地場産品を返礼品に決め込む発想なんて古い。魅力的な産品を持つ自治体が得するのは明白だ。

「赤信号、みんなで渡れば怖くない」。地方自治体の反乱を期待する。政府は、本気で地方の再生・創生を考えているのだろうか。考えていないのだ。だから納税額を高めた自治体がペナルティーを受ける。泉佐野市よ、頑張れ。総務省に負けるな。…と思っていたところ、二日なって神風が吹いた。国の第三者機関の「国地方係争委員会」が泉佐野市の主張を認めた上、三〇日以内に再検討結果を泉佐野市に通知するよう総務相に勧告した。これは地方再生をかけた戦争なのだ。

（二〇一九・九・一四）

三四、空き家の増加に自治体はどう対応するのか

アフガニスタンの首都カブールで暮らしていた時、毎日のように絨毯《じゅうたん》屋か骨董《こっとう》品屋に行った。そこでは茶が出され、歓待してくれた。絨毯の知識や出土品の知識を身に付ける学校のようだった。草木染めの絨毯の値打ちや製作手法まで学び、ペルシア絨毯の博士になった気分になる。古代ギリシア・ローマ時代の物から古代ペルシア時代の出土品、一流博物館の展示品が眼前に陳列されていた。

出土品といっても、陶器にしても新品に映る。ただ銀化している陶器が多いために時代を読むことができるのだが、数百年もたっているのに、軟陶であるにもかかわらず割れていないのだ。「窯が地震で埋まってしまい、先日、発掘された品々です」と店主の説明。

イラン、アフガニスタンをはじめ中東諸国、砂漠の国々は、「泥の文化」を持つ。日本が「木の文化」を持って家屋を建ててきたように、彼らは泥で家を建ててきた歴史を持つ。泥と小石や草や麦ワラを混ぜて壁とし、屋根にすぐ育つポプラかスズカケを天井にすべく並べて、その上に泥土をかぶせる。これで立派な家

となる。高温の夏は涼しく、低温の冬は暖かい。雨が降らないため、この泥の家は好都合なのだ。砂漠地帯では木は育たないので、泥の家が一般的。

ただし、地震には弱い。彼らは地震に襲われると、その土地を捨て別の所に村を築く。材料は泥が主なので、すぐに新しい村ができる。大切なのは水路、この工事だけを村人たちが共同で行えば、瞬時に新家屋に移動できる。だから、新品同様の古い陶器やガラス品が出土し、骨董屋へ売りに行く。フランスやイタリアの大使館には、これらの美術品の価値を識《し》るプロがいて、すぐに購入して本国へ送る。

「泥の文化」は、過酷な風土下にあっては最良の建築法、近代的な都市部はともかく、地方にあっては泥の家屋の村がほとんど。村人たちが助け合って家を建てるのが普通で、大家族主義であるがゆえににぎにぎしい。日本のごとく核家族家庭がないのは、四人まで妻を娶《めと》ることができるイスラム教の影響であろうか。

核家族は、やがて空き家を生む。少子高齢化時代の大きな産物は、空き家を増加させること。一人暮らしの高齢者が亡くなると家は子供に相続されるが、その子供は自分のマンションを所有している。で、親の家は放置されて空き家となる。次に住宅の過剰供給である。全国八四六万戸の空き家のうち、半数の四三一万戸は賃貸用の住宅（総務省）だという。また、売却用の住宅や別荘などの二次的住宅があり、住んでいない住宅が多いのだ。

わが国のごとく核家族家庭が一般的になると、空き家ばかりが増加する。この対策を自治体が練らないため、手つかずのままで放置されるケースが多いという。相続者が、親たちの住んでいた住宅に興味を持たず、放置したままで、自分たちは住もうとはしない。職場との距離の問題もあろうが、マンションなどの便利な生活を経験してしまうと地方の住宅に魅力を感じなくなるらしい。

少子化が拍車をかける。相続する者に兄弟姉妹が少ないと、どうしても空き家が増える。イスラム社会では考えられない現象が、日本の地方では常識となりつつある。この空き家を上手に活用する方法はないのだろうか。自治体の中に、そのための課や係があれば、相続者が相談に行ける。空き家の増加を逆手にとり、それを活用する方法はいくらでもある。

都心回帰の流れは止まらず、タワーマンションが雨後の竹の子のように建つ。住宅の過剰供給に歯止めがかからず、空き家率を高める。政府はすでに空き家となった物件の有効利用に力を入れている。「木の文化」の国の家屋ゆえ、外国人からすれば一度は住んでみたい住宅ではあろう。

山梨県や和歌山県等は五軒に一軒が空き家である。都市部に住みたいとする偏在が進むので、さらに空き家率を高める市町村も出てくる。この社会現象を各自治体はどう対応するのか。「泥の文化」であれば壊せばすむ話だが、日本では壊すにしても金がかかる。

（二〇一九・一〇・五）

三五、豚コレラの蔓延防止に向けて

全国紙の社会面を先日までは「豚コレラ」が飾った。岐阜県でスタートを切り、ついに関東にまで感染が広がった。愛知、三重、福井、埼玉、大阪、滋賀、山梨、長野など、九府県で被害を受けたが、まだまだ全国的に広がりそうな模様だった。

感染が確認されたなら一頭残らず殺処分、死骸を埋却する。この話を耳にしただけでもナチスドイツを想起させられるが、この豚コレラ感染は拡大の一方、全国へ広がる勢いであった。どうも対策が後手に回った印象を受けた。家畜伝染病、このウイルスを何としても封じ込める必要がある。

業者は口をそろえて「ワクチン投与」を主張した。が、政府はワクチン接種には慎重だった。その理由は、国際獣疫事務局（ＯＩＥ）が認定する「清浄国」から「非清浄国」に格下げされる可能性が高いからだ(毎日新聞)。非清浄国になれば、養豚業の多い九州の宮崎や鹿児島のブランド豚の輸出が困難になる。宮崎県の日体大が連携している都城市で食べた豚肉、本当に美味であった。政府は、やっと重い腰を上げ、一〇の希望する自治体にワクチン接種を認めた。自治体は、もっと早く動くべきであった。

感染の原因は解明されておらず、打つ手に決定打がない状況だが、主犯は野生のイノシシだという。そこで岐阜と愛知では、野生イノシシのエサに経口ワクチンを混ぜて散布。だが、岐阜県猟友会の見解によれば、イノシシが捕食した割合は三割、小動物が五割、その他の動物が二割だという。歯型で確認できるそうだが、野生イノシシへのワクチン散布は、ほぼ期待できなかった。

そもそもこの散布は、ドイツやリトアニアなどで成功した方法（毎日新聞）だというが、平地の多いヨーロッパと違って日本は人が踏み込めない山や谷ばかり。経口ワクチンの散布策は有効ではないのだ。岐阜県はイノシシの動きを封じるため、一四〇キロにわたってフェンスを設置したが、道路や川があって自由にイノシシが往来、数億円もかけたが無駄だったと猟友会がいう。しかもワクチンの散布の業者は、イノシシの生態、山野の地形など、知識もなく効果を発揮せず。

豚コレラは、日本中に養豚業者が存在するゆえ、対岸の火事ではない。豚肉が高騰すれば、私たちの食卓にも潤いがなくなる。野生イノシシを退治することから始めねばならないが、一一月一五日からの狩猟期までは狩猟禁止である。まずこれを解禁する必要がある。わな猟に加えて銃猟による徹底した捕獲を進めるべきであろう。ルールの厳守は大切だが、非常事態の状況下にあることを認識すべきだ。

怖いのは、豚コレラウイルスの拡散。いかに防止するかだ。捕獲したイノシシの扱いが大切らしい。血液などが漏えいしないようにする。捕獲者が使用した靴、衣服、車両などについては消毒、身体や手指の消毒も行う。で、速やかに自治体に通報し、指示を得て対応する。ウイルスの拡散防止こそが最大の留意点である。その意味では、猟友会員のごとく十分な経験のある、知識のある専門家が対応しないことには、蔓延《まんえん》防止は難しい。

大日本猟友会（佐々木洋平会長）は、ドローンを活用した「豚コレラ蔓延防止策」を提言した。野生イノシシの嗅覚は鋭く、人間の匂いのするワクチン入りのエサは食べない。ドローンを飛ばして、ワクチンの散布が望ましい。また、イノシシの生息域（獣道）を調査し、より効果的にワクチン投与ができる。短時間で広範囲の調査ができるメリットがある上に、撮影したデータを活用することができる。

これらの対策は、自治体が専門家と協力して行う必要がある。予算面の問題もあるが、何よりも地形については自治体が詳しいし、イノシシ被害についてのデータも持っている。豚コレラの感染を一日も早く終息しなければ、自動的に非清浄国になってしまう。つまり、野生動物の面において日本は発展途上国という烙《らく》印《いん》を押されることとなる。猟友会員の皆さんの活躍に期待するしかない日本、狩猟が最高のスポーツであるのに会員が増加しないのは悲しい。

（二〇一九・一〇・一二）

三六、「子育てに優しい町」明石市

年を重ねてきたせいか、小さな子どもを見るとうれしくなる。世話をする若い母親を激励したくもなるし、応援する方法を考えたりもする。これほどに日本が少子化時代を迎えるなんて想像もしなかった。この現象は、国家にとって大きな悲劇であることを私たちは認識せねばならない。活力をあらゆる面で失している状況を悲しむ。

経済面では政策的に外国人労働者を受け入れねば現状を維持できず、移民国家へとかじを切らねばならなくなった。つまり、国の形を変えねばならないほど少子化は大きな影響を与えている。成熟した国にあって、あらゆる自由が保障され、多様な思想を受け入れ、少子化を防止するすべがない。「産めよ、増やせよ」なんて、口が腐っても言えず、人口減少傾向に歯止めをかけることができない。

若者たちは都会へとなびき、何もかも支出が大きくなって地方に住んでいたなら産み育てていたであろう子どもを増やしてくれない。少子化と地方の人口減少と過疎化が深い関係にある。若者の都市部への流出は大移動となっていて、地方自治体を苦しめるばかりだ。

そんな中にあって、注目すべき自治体がある。兵庫県の明石市である。市長の強すぎた情熱の発言で有名になったが、この市の取り組む「子どもの町づくり」は、明確な哲学に基づいて行政が動いている。乳幼児数が大幅に増えているのである。私の後輩が市立明石商業高の野球部監督（狭間善徳氏）をしている関係で、明石市に興味をもっていたが、大阪、神戸に近い自治体なのに乳幼児が増えているのだ。これは不思議な現象である。

公立高校でありながら、激戦区の兵庫県にあって明石商業高が甲子園の常連校となり、存在感を高めているのは、狭間監督の力量もさることながら、市の理解と協力も無視できない。どうも地域振興に熱心な自治体のようだ。でないと、野球を強くしたり、乳幼児を増加させたりすることは困難であろう。

どこもかしこも大都市は乳幼児数を減らしている。出生率の低い首都圏へ若者たちが移り住み、子育て支援策を厚く受けることができるのに子どもを増やしてくれない。どんな政策も生活を優先させる若い夫婦にとっては影響を与えない。子育て支援策は、政府の協力もあって全国の自治体が行っている。だが、少子化に歯止めをかけられず、国も困り果てている。

明石市は、たこ焼きにも用いる瀬戸内海からの明石ダコでも有名だが、土地が狭くてニュータウン開発も行わなかった工業都市である。それほどマンションも多くなく住宅街が広がる。そんな街が五年ほど前から「子育てに優しい町」をうたい上げ、その政策が若い夫婦に浸透する。市民の理解もあり、わずかながら出産数も増加していく。子どもを持つ家庭が幸福に映ると、多くの若い夫婦は次々に子どもを産んでくれる。

明石市は、市職員数、人件費の削減で予算の余裕をつくり、その金を子育てに回す。市役所内の仕事の見直しによって効率よく市民サービスを行う。市長や議会の手腕であろうか。若い人たち、その夫婦たちは、本当は子どもを持ちたいのである。が、経済的問題があって我慢するしかないのだ。経済的支援のできるシステムを自治体が作ることができるなら、子どもは増える。その実例を明石市に見ることができる。もう、若い夫婦は子どもを産まないのだと、諦めている自治体が増えてはいないか。

「子育てに優しい町」づくりのために、いかに予算を作るか。高齢者のため、その福祉のために金を使い、子育てに回せない自治体が多いのではないだろうか。ぜひ、読んでほしい本がある。『子どものまちのつくり方―明石市の挑戦―』（泉房穂著・明石書店刊）である。著者の前明石市長の泉房穂氏の力作だ。市のリーダーは、哲学を持たねばならないことを強く教えられる。

どの自治体も「少子化は時代の流れだ」と決め込んで、徹底して「子育てに優しい町」づくりに、本気に取り組んでいる自治体は一体どれほどあるのだろうか。

（二〇一九・一〇・二六）

三七、台風一五号が残した教訓

毎年、大きな台風が日本列島を襲う。しかも台風のルートが毎回異なり、被災する地域も異なる。昨年、わが家のサンルームの屋根がふっ飛び驚いたが、こんな被害は小さく、家屋を失った人たちも多数いた。また、停電が長引いて、日々の暮らしに苦労された方々も多数いた。特に令和元年の台風一五号は、新しい教訓を残してくれた。

わが国の四分の三が山である。その山には、戦後、政府は一ヘクタールに三千本の造林をさせたが、その森林が木材価格の低迷で経営できず、放置されたままになっている。光の入らない森林の土壌は弱くなり、水に流されやすくなるという。台風一五号は、そのことを教えてくれた。樹木が倒れて電線を切断したり、電柱までも倒してしまった。この倒木が原因で停電を長引かせ、住民を苦しめた。

電線を地下に埋設せず、電柱に頼ってきた日本。千葉県の東部地方は倒木によって電柱も倒れて停電、東京電力が苦戦を強いられた。自衛隊が出動し、多くのボランティア活動もあったが、倒木を所有者の許可なくして切断できないために処理に時間がかかった。自治体は、あらかじめ電柱近辺の倒木については、所有者と相談して切断しておく必要がある。あるいは、条例を定めて強風に対応できるようにしておかねば、千葉県の教訓が生きてこない。

山林の所有者に対して自治体は干渉してこなかったが、間伐によって土壌を守り、伐切によって道路や電柱を守るために、新たな政策が求められるようになった。さらに、木材価格の低迷によって所有者が山の手入れをせずに放置、樹木の状況について知る者が不在となっている。千葉県の場合、ブランドになっている「山武《さんぶ》杉」が「スギ非赤枯性溝腐れ病《ひあかがれせいみぞぐさ》」にかかっていて、風によって倒木、道路が塞がれてしまった。大木の中心部に大穴があり、弱くなっていたのである。

条例等によって、自治体は道路近辺の大木は毎年のようにチェックしておく必要がある。一〇数年前の記憶、私が衆議院文部科学委員会の理事として調査団に加わったことがあった。やはり台風による被害で、国宝の五重塔が倒れたのである。杉の大樹が倒れ、五重塔を一撃したのだ。奈良の女人禁制で有名だった室生寺、名だたる五重塔が杉によって押し倒されてしまい大問題となったのだ。

台風の一カ月前、農林水産省が室生寺の樹木を一本一本チェックし、「問題なし」というお墨付き。だが、三本も四本も大木が倒れてしまったのである。

倒木の中心部には大きな穴、空洞がポッカリ。政府のチェックが甘かったのである。結局、文科省は文化庁と協議し復旧費用の全額を出すこととなった。確か二〇億円近い出費だった。以後、寺院の樹木の調査は厳密になったが、それ止まりで終わった。

屋久島の売りは、巨大な屋久杉の森であろう。が、ときに巨木の屋久杉が台風で倒れることがある。たいていは中心部に大穴がある。なぜ空洞ができるのかは植物専門家に任せるにしても、樹木を鑑定する人材を自治体は職員として雇用するか、あるいは非常勤職員として置くか、樹木を持つ自治体は考えねばならない。

樹木医の存在もあるが、樹木職人だけを頼りにするのは危険である。戦後、わが国は全国で熱心に植林してきた。それらの木は七〇歳以上の樹齢だけに、チェックが必要である。

日体大近辺は世田谷区でも桜の名所。しかし桜新町から日体大の桜の街路樹は、おしなべて老齢。倒れる太い桜の中心部は、やはり大きな穴が開いている。

また、世田谷区は樹齢や樹木の様子を見ているのか大胆に幼木と植え換えをしている。森林のみならず、街路樹のチェックも必要なのは申すまでもない。

樹齢とさまざまな樹木の病気、日本の樹々が危機に瀕している状態が台風によって浮き彫りになった。樹木によって被害を大きくし、復旧を妨げた教訓を自治体は心すべしだ。

（二〇一九・一一・二）

三八、自治体は教育にもっと力を入れよ

私が代議士になった時、一番最初に報告したかったのは、小学生の頃にお世話になった二人の女性の先生だった。一人の先生は、作文を毎日書かせ、書くことを好きにして下さった。そして、「上手よ、もっと書きなさい」と褒めて下さった。教育学的には「動機づけ」、小学校教師の最大の仕事である。

もう一人の先生は、「松浪君はスポーツ選手になりなさい。運動神経がいいから！」と、私の進むべき方向づけをして下さった。この二人の先生こそが、人生の恩師だと思っている。すでに鬼籍に入られたが、忘れることはない。そして、小学校の先生ほど重要な仕事はないと痛感する。だが、近年、公立小学校の教員の志望者が、なぜか減り続けているのだ。教員免許を取得する者は減少していないが、教壇に立とうとする人が減っている。

ここ数年、定年退職する教員が多いので、採用する小中学校の教員数も増加気味。しかも少人数教育のために少子化といえども採用数が多い。なのに、志望者が減少一途のため、教師としての質的な心配をしなけ

ればならない状況なのだ。これは大問題である。田中角栄首相が、「人材確保法」を成立させ、教員の給料を他の公務員より高くしたにもかかわらず、今や敬遠される職業となってしまった。教師に魅力がなくなったのだろうか。

アメリカの教育の基礎を築いたジャン・デューイは、ＰＴＡについても書いている。「親は教師の教育に口出しせず、協力することに徹すべき」と。教育学を学んだ際、最初にデューイの学説を学んだ。だが、モンスター・ペアレンツの存在は大きく、教員志望者を遠ざける現実は確かに横たわる。父母の高学歴と将来の子どもの進学のために、何だかんだと干渉してくる。この学校環境は、若い教師にとっては苦痛に映る。やりがいのある職業なのに、今日では悲しいかな、そうなっていないのだ。

各自治体の教育委員会、特に教育長のガバナンスが弱すぎる。首長が教育長を任命するのだが、たいていは校長経験者を起用する。無難であるからだし、小中学校や幼稚園等について熟知していると読むからだ。しかし、そんな教育長は「あがり」ポスト、何もしないばかりか、体を張って教員を守ってくれない。首長は、本当に教育に情熱のある民間人を教育長に任命すべきである。私の経験からすれば、教員経験者の教育長では、一部を除いて、改革する力、突破する力は期待できぬ。

政府は、働き方改革を推進中だ。教員なる仕事は、一節によれば「ブラック」だという。学校現場の長時間労働が常識、大学を卒業して間もない若者が当然ながら敬遠するに違いない。「魅力的な仕事」「やりがいのある仕事」とうたわれるフレーズは、現実の前に吹っ飛んでしまう。教育委員会が、学校現場をきちんと調査せず、教員の立場に立たずに父兄側に立つことを見透かされているようだ。

先日、バカみたいなニュースが報じられた。四人の小学校のベテラン教諭が、若い教諭をいじめたという。被害教諭の家族が市の教育委員会に訴えたために表沙汰になったという。いじめられた教諭は精神を害して登校できなくなったというから、相当ないじめだったのだろう。そんな職場で仕事をしたいと、誰が考えるだろうか。校長よ、しっかりせい。教育長の責任も大きい。誰が責任をとるのか。

私の日体大は、昨年も公立中高の保健体育教師の採用数が日本一であった。小学校教員にも多く採用された。教員養成の伝統もあるが、入学者は最初から教員を目指す。この私も高校教員を体験したほどだ。タフな教師づくり、魅力的な教師づくり、ＯＢの協力を得て指導力を高めさせている。

自治体の政治は、小中学校に関して無力でありすぎる。積極的に干渉して、風通しのよい学校づくりに影響力を発揮すべきだ。議会の文教委員会を活性化させ、委員が各学校を巡回する熱心さ、情熱が求められる。首長よ、本気になって教育に力を入れるべし、だ。

（二〇一九・一一・一九）

三九、盛り土造成地マップの作製、公表を望む

三〇代だった私は、横浜市の港北ニュータウン内の宅地を購入した。やがて造成されるという条件がついていたが、小山があって田畑があり、谷も池もあって、本当に宅地になるのだろうかと心配した。道路もついておらず、大きな不安を胸に不動産屋さんを信じることにした。造成は購入から七年後、谷も池も消えてなくなり、立派な道路がついた。

区画も見事で住宅街としては魅力的な地域となる。谷も池も削られた山の土で埋められた。造成の過程で、住宅地にするには盛り土もしなければならない低い土地もある。子供の頃から、父親に教えられている住む土地の条件があった。山裾は地滑り被害にあう。川や池のそばは水害の可能性がある。盛り土の造成地

は地震に弱い。常識的な事柄であろうが、防災対策上、宅地購入には注意する必要がある。

幸い、私の購入した土地は台地を削った宅地で安心した。造成期間中、勤務する専修大の近くだったので、しょっちゅう見に行った。現在では、ほとんど造成地には家が建ったが、当時一軒の家も街路樹もなく工事が進む。上下水道の配管、ガス、電気といったライフラインが次から次へとやって来る事業者の手によって宅地らしくしてくれる。ブルドーザーが、勾配を小さくするために走り回る。低い土地は、当然ながら盛り土が必要となろう。

国土交通省は、二〇〇六年に大規模な盛り土造成地の分布マップを作成し、公表することを自治体に要求した。阪神大震災や中越地震の地盤災害が教訓となり、国は盛り土造成地の防災対策を進めてきた。ただ、一定の規模以上の造成地、しかも対象は宅地だけというから、商業地や工場地等は含まれない。そういえば、私の近所に建つコンビニは、もともと谷の深い池だった。地震の際、地滑りや液状化が心配である。が、新しい住人は、その土地の過去を識《し》らない。造成地にはリスクのあることを覚悟せねばならないが、盛り土造成地の分布マップがあれば助かる。

だいたい道路のひび割れや地盤沈下が見られたり、民家の壁にひび割れが確認できるような土地は、盛り土の造成地と決めつけているらしい。古くからの住宅街では、造成時の状況について知る人がいないため、大規模盛り土造成マップが公表されたとしても、そのマップに記載されない場合もあろう。

自治体によって宅地開発の年代が異なる。私の故郷では、六四年の東京オリンピック以後、急激に都市化した。中小企業の工場は、建て売り住宅へと移り、新しい街へと変化した。また、街の外れにあった小山の林は、次々と造成されて住宅地になったが、小規模開発だと盛り土造成マップに登場しない。国交省のマップ公表については、あえて年代を指定しないのは、地域によって宅地開発の歴史が、あまりにも異なるからである。

そもそも「宅地造成等規制法」が施行される六二年までは、土地造成に関する基準がなかったがゆえ、それ以前の土地購入についてはよく調査する必要がある。「盛り土の土地なんて聞いていない!」と騒いでも、買ってしまったのでは後の祭り。

特に戦前の盛り土の造成地は、地震時にはリスクが大きいと警鐘を専門家たちは鳴らす。軟弱な地盤は、住宅を傾けたり倒壊したりする恐れがあろう。

各自治体は、よく調査して、しっかりしたマップを作製し、住民たちに盛り土について公表すべきである。それでも分布図に未掲載の土地があったりするため、毎年のごとくマップを作成し、住民へのサービスとすべきである。これだけ毎年、あらゆる自然災害に襲われるわが国にあって、盛り土の造成地は高い危険性をはらむ。

マップの公表は、国交省が熱心に推進する「宅地耐震化推進事業」の一つであり、自然災害から被害を減少させる目的をもつ。盛り土造成地と判明すれば、土地の価格は下落するかもしれないが、大切なことは、住民を自然災害から護《まも》ることである。不動産よりも生命だ。

(二〇一九・一二・七)

四〇、新しい年、自治体も「棚卸し」を

商売をしていると、棚卸しが常識である。だが、われわれのように商品を扱っていない業種には棚卸しはない。会計調査や税に関する調査等があるにつけ、一個人としての棚卸しを新年を迎えるたびに行う必要が

ある。所得に関する棚卸しではなく、精神的な、家族的な棚卸しだ。私には家族サービスが不足らしい。

私は日体大の理事長として、在学生たちが学園生活に満足しているかが気にかかる。そこで事務局内に「学生生活満足調査課」を設置。いわば大学の棚卸し課だ。高い授業料を払っている学生たちに不満があってはまずい。主役が学生なのだから、彼らの満足度をチェックする必要にかられる。

かかる発想は、スイス政府が自国民の生活満足度を調査する部局を設置していると知ったからである。私は、自治体もやるべきだと思った。なぜ、過疎化が進むのか、それは各自治体の政治が無策で機能せず、住民に見捨てられたに他ならない。故郷を見限る理由は多々あろうとも、生活の満足度が低いのだ。

地域社会であろうとも、都会以上の魅力がある。地方自治が個性的で特徴があり、住民が活躍できる舞台をいかに創造するかを本気で取り組む自治体ならば、満足度は高いだろう。過疎化とは、そこに仕事がなく、教育や近代化すべき点に遅れがあり、住民が去ることだ。

先ごろ、国連の関連団体が、世界の一五六カ国を対象にした幸せランキングたる「世界幸福度報告」を公表した。これだけ自由があり、豊かである日本は、文化国家でありながらも五八位。日本は健康寿命が世界二位、一人当たりのＧＤＰは二四位なのに、幸福度は低いのだ。

国連の団体が六項目について分析した結果らしいが、人生の選択自由度が六四位、寛容さが九二位である。この棚卸しは、心すべきだ。人生の選択の自由度は、地域社会での住民にも当てはまる。寛容さについても、昔ながらの風習を大切にする地域にあっては、なかなか認められない。日本の幸福度の低さは、地域社会にも比例してはいまいか。

「幸福度」の高い国は、一位がフィンランド、二位がデンマーク、三位がノルウェーの北欧三カ国。しかも一〇位以内に欧州諸国が大部分を占める。風土の厳しい国、消費税の高い国であろうとも「幸福度」が高いのに驚く。上位三カ国の福祉制度の充実は模範的だが、消費税は約三〇％。それでも国民は幸福だという。中国は九三位と下位にある理由は、やはり社会主義制度が影響しつつ、政治的な自由を持たないからであろう。韓国は日本よりもやや上位で五八位、日本人よりも幸福というのは残念。アメリカは一九位、民族差別や医療費の高額等が幸福度を下げている。ちなみに上位三カ国の医療費や教育費は、ほとんど無料。消費税が高くとも安心して生活できるシステムが幸福度を高めているかに映る。

生活満足度と幸福度は異なるかもしれぬが、その国や地域で暮らす人たちの評価であることに違いはない。行政サービスの良い国は、当然ながら税金は高い。それでも国民は幸福だと感じるゆえ、日本人の感性とは異なる。国民性が、この種の調査を左右している印象を受けるが、日本人は生活に満足せずして幸福であると実感していないのだ。

この傾向は、地方へ行けば行くほど高まる。しかし、北欧三カ国に幾度も往来した経験をもつ私だが、のんびりとした自然を大切にするイナカの国と感じ入る。このことは、地方自治体の取り組む姿勢次第では、住民が高い幸福度をもつ可能性をはらむ。自治体が常に住民の意識を把握せず、横並びのダメなありきたりの政策しか実行しないようでは、住民が満足するわけがない。新年を迎え、住民の生活満足度調査を行うがいい。自治体の棚卸しだ。

過疎化を食い止めるには、大胆な政策が求められる。北欧三カ国を研究し、住民の安心安全度を高めるべし。税金は低いほどいいという思考は古い。住民を増やすための研究、各自治体は諦めずに取り組んでほしい。

（二〇二〇・一・一）

四一、問われる自治体の危機管理

どんな組織でもマイナスになるイメージを払拭《ふっしょく》したい。できるだけプラスになるイメージを表出して評判を取りたい。このような思考は一般的というより常識であるかもしれない。特に商売をする組織、団体であるならば、売り上げを計算する。しかし、急を要する事象があり、困っている人たちがＳＯＳを発していたならどうするだろうか。

中国・武漢で発生した新型コロナウイルスは、世界中を震撼させた。政府は武漢に住む日本人を救出すべく特別機を飛ばした。が、帰国した邦人を二週間にわたって隔離せねばならない。ウイルスに感染している人がいるかもしれないし、医療上の観察が求められる。突然の新型コロナウイルスの発生、政府は隔離すべき施設を準備できなかったが、千葉県勝浦市墨名にある「勝浦ホテル三日月」が帰国者の受け入れを引き受けてくれた。小高芳宗社長の英断である。「国のために協力するのは当然である」、社長の言葉に頭が下がる。

風評被害を受ける可能性もある。すでに宿泊している客を移動させるホテルもなければならない。ホテル三日月グループは、鴨川ホテル三日月をはじめ他に三つのホテルを経営するだけに、容易に客を移動してもらえた。まさに犠牲的精神の発揮である。

ところが、数人が一部屋二人で泊まることになった。部屋数が足りなかったからである。野党議員は、すぐに国会で問題視したけれど、勝浦ホテル三日月の勇気ある行動に感謝しなかった。安倍総理は、事情を説明して謝意を述べられた。観光業を営む会社が、政府を助けたのである。新聞の投書欄に「心ある勝浦ホテル三日月にいずれ投宿し、少しでも協力したい」とあった。

ホテル三日月グループの創業者は、「観光地は創るもの」という哲学を持ち、「問題がないことを問題」にしてきたという。顧客満足度と従業員満足度の向上に努めてきたと付け加える。この会社の伝統と内実を知ると、突然の政府からの要請に対応できる器量があったと私は読む。意思決定の早さは三日月グループの特徴なのである。ベトナムのダナンに進出するにしても、発案から二年で着工にこぎつけるスピード、その積極性に感心する。

小高芳宗社長をはじめ、役員たちも若いのに驚く。創業者の「英雄型経営」と「参加型経営」の二刀流を実践し、質の高さに挑戦中だという。目標は、ダナンのホテルも五スターホテルにすること、二〇階建て二九四室で屋上には温水プールを設置する計画だそうだ。

本稿は、三日月グループの紹介をするためではない。国はもちろんのこと、どの自治体でも突然、宿舎を求められるケースが起こり得るが、その際、協力してくれる施設を持っているかどうかが問われる。自然災害の際の学校の体育館や教室のような避難所ではなく、今回のような新型コロナウイルスが発生し、集団感染を防止できる施設を確保できるかどうか、準備するために研究しておかねばならない。

勝浦ホテル三日月に隔離されていた邦人たちが、やっと自宅に戻った後、テレビはホテルの消毒の様子を伝えていた。布団や畳は総入れ替えだという。うれしいことに報道は、プラスイメージで捉えていた。三日月の営業を心配していたかに映った。ホテルの従業員や宿泊者に感染者が出なかったのは喜ばしいことであった。

中国の武漢に多くの日本企業があり、多くの邦人も住んでいると教えられた。文字通り国際化社会であり、いつ想定外のことが起こっても不思議ではないと学んだ。それだけに自治体の仕事の範疇《はんちゅう》が広くなってきている。ゆえに突然、隔離施設が必要になる場合も想定しておかねばならないようだ。これも重要な危機管理の一部であろうか。

ところで、今年一月、私はダナン市を二階俊博ミッションで訪れた。ハワイもサイパンもグアムも、ダナンに負けてしまうという印象を持った。三日月グループは、一二〇億円を投資してリゾートホテルを建築中であった。私は成功すると感じ入った。

（二〇二〇・三・一四）

四二、東京都の一斉帰宅抑制策に学べ

さすが東京都だと感心した。いや、直下型の大地震がやって来ると予想したなら、準備しておくのは当然であろうか。災害が発生すれば、人命救助のデッドラインは七二時間。それまでは救命・救助の妨げとならないように、七二時間はむやみに移動されたのでは困る。そこで東京都は、「あなたのために、帰らない」とうたって、「一斉帰宅抑制推進企業取組事例集」を毎年発行し、各所で配布している。

無理に移動せず、安全な場所にとどまって下さい、群衆雪崩等の二次災害に巻き込まれる恐れがあります、との触れ込みだ。

東京都では、平成二五年四月「帰宅困難者対策条例」を制定している。まず、一斉帰宅の抑制。事業者が、従業員に対し施設内での待機の指示を行い、一斉に帰宅することの抑制に努めること。次に、事業者が、従業員・利用者等に対し、安否情報の確認手段の周知に努めること。そして、公共交通機関や百貨店な

どの集客施設が、利用者の保護に努めること。最後には、一時滞在施設の確保についてである。行政が、行き場のない帰宅困難者を受け入れる施設の確保に取り組むこと。公共施設を指定するほか、民間事業者にも協力を要請する。

ともあれ、大規模地震や他の災害発生の際は、むやみに移動を開始せず、職場や安全な場所にとどまることが大切であるゆえ、一斉帰宅抑制を徹底する必要がある。

都は平成三〇年度から「一斉帰宅抑制推進企業認定制度」を創設した。自社の従業員等の一斉帰宅抑制に積極的に取り組んでいる企業等を「推進企業」として認定している。これは広く都民に周知する目的もあろうが、社会的機運を醸成することを目的としている印象を受ける。

平成二三年三月一一日、東日本大震災が発生し、都内において鉄道の多くが運行停止、道路も大規模な渋滞がどこもかしこも続き、バスやタクシーの交通機関の運行もマヒしてしまった。その教訓が条例の下敷きになっている。不幸なことに、三・一一の発生時刻が平日の日中であったために、通勤・通学する人たちの帰宅手段が閉ざされ、約三五二万人（内閣府推計）が帰宅困難者になってしまったのだ。

一斉に人々が帰宅しようとすれば、すべてがマヒしてしまうと東京都は学んだ。が、かかる現象は都だけではなく、都市にあっては同様であろう。ともかく二次災害を招来させてはならない。道路や歩道が多くの人々で埋まってしまうと、警察、消防、自衛隊等の車両が動けなくなってしまい、救命救助活動に支障をきたしてしまう。「公助」が十分にできなくならないように、個人や企業、団体による自主的な取り組みが求められ、「共助」「自助」を盛んにして一斉帰宅抑制を推進せねばならない。

「推進企業」に認定された企業はモデル企業一二社、一斉帰宅を抑制するための取り組み事例を紹介している。このほか三七社が推進企業で防災対策に熱心に取り組みつつ一斉帰宅を抑制し、帰宅困難者対策の推進を図っている。一斉帰宅抑制の普及啓発運動にも都は力を入れていて、動画も作成した。「大地震、災害時はあなたのために帰さない」と言い、人命救助の妨げにならないために、二次災害にあう危険を避けるために、簡潔にまとめて防災ホームページや東京動画で見ることができる。

「推進企業」は、日頃から訓練を行い、さまざまな災害グッズを備蓄している。また停電時も自家発電設備を持ち、三日間程度なら対応できるという。私どもの大学も同様の宿泊グッズや食料品を備蓄しているが、全国の自治体も、多くの帰宅困難者を収容できる対策を練っておかねばならない。

東京都は大都会ゆえ、想像できないような事態を生む恐れがあるが、徹底した準備をしている。人命が最も大切で、それを救うために混乱しないように策を練っている。どの自治体も東京都を手本にする必要があろう。どの企業も区役所等と連携しているのも注目に値する。すべての人たちが協力せねばならない。

（二〇一〇・四・一八）

四三、災害に備え、ボランティア条例を

毎年一〇月末にはヒンズークシ山脈の頂は雪で白く染まる。首都カブールに冬の到来を伝えてくれる。ほとんど秋のないアフガニスタン、この国に私は三年間暮らした。紀元前一五世紀、ヒッタイトにも秋がなかったと教えられたが、長い冬こそが砂漠の民の命を救ってきた。峰々の雪こそが、その溶けた水こそが、荒涼とした、荒漠とした大地に緑のまぶしいオアシスをつくる。川もあるが「カレーズ」（地下水脈）が古代からの水源であった。

アラブ社会では「カナート」と呼ぶ。自然のものもあれば人工のものもある。古代ペルシア人にはカナートを発見する職人もいて、エジプトやアラブに招かれたと歴史書にある。カレーズの水は生活用水であるばかりか農業用水でもあった。〝我田引水〟を許さないためか、多くの農場はアフガニスタンにあっては、ザミンダールと呼ばれる地主が所有し、多くの農家は小作農であった。水の配分の難しさからか、この制度が定着していた。

雨期があり、年中雨が降るアジアのモンスーン地帯では、どんな所でも生活することができる。井戸さえ掘れば水を容易に手中にできるばかりか、何の問題も生じない。水量に限りがないためだ。が、砂漠地帯にあっては、井戸を掘ったところで、水は湧いてこない。カレーズ近辺を掘れば水は出るが、そのカレーズを歴史的に使っている下流に住む人たちは憤慨するに違いない。

水の豊富なわが国にあっても、どの地でも水利組合がある。いかに水の分配が難しいかを物語る。河川や道路といった公共のものは、公共事業に委ねないことには、問題が生じる。限られた水量は、耕作農地をも制限する。誰だって農耕地を増やしたいが、水量がそれを許してくれない。全国に棚田がある。耕作できる地は、私たちの祖先は開拓してきたが水があればこその話。アフガニスタンにも全国に棚田がある。谷から水が引ける地にあっては、彼らも熱心に耕作してきたのだ。

「風土」によって思想、文化、生活、宗教が異なる。約三五年にわたり中村哲医師がアフガニスタンで、井戸掘りや用水路建設のボランティア活動を続けられた。だが、銃弾に倒れてしまった。伝統的な民族の掟であるバダルと呼ばれる復讐《ふくしゅう》であろう、と見られている。一〇年前にも中村医師と行動を共にしていた若者が殺害された。やはりバダルと決めつけられていた。

わが国にあっては、毎年のごとく各地で自然災害の被害に遭っている。活躍し、支援に汗を流す全国から集まってくるボランティアの人たち、私どもの日体大も多数の学生を派遣してきた。しかし、ボランティアのルールが全くない。日当、食事、宿泊、交通費、全て自腹。ボランティアである限り理解することができるが、さらに多くのボランティアに協力を願うためには、各自治体が独自の条例を制定しておくべきだと私は考える。

災害は予告なしにやって来る。十分な待遇など必要ないが、ボランティアが被害地に赴いて心配せずに活動できるように、あらかじめ条例で決めておくべきである。自治体の危機管理上、住民を救う手段として好ましい方策であろう。一つの自治体だけではなく、近隣の自治体が協力して共同の条例も必要である。災害に襲われる地域に区切りがないゆえ、近隣の自治体が互いに協力することが大切である。

自治体には多くの公共事業での復興という大きな仕事がある。個人の住宅、住民の世話といった仕事には限られた役人の人数では対応できない。ボランティアに助けを求め、協力していただく風潮が全国的に定着している。どんな立派な犠牲的精神、公共心を発揮しようとしても、自治体の理解があればありがたい。

ボランティア活動する人の保険だって重要である。ボランティア保険に自治体が加入し、活動してくれる人たちの保障も忘れてはなるまい。もっとも何も期待しないのがボランティア精神であろうが、毎年のように災害に遭う限り、ルールを制定すべし、だ。アフガニスタンにもボランティアのルールがあったなら、大切な日本人の尊い命が奪われることはなかった。

（二〇二〇・五・一六）

四四、「地域おこし協力隊」の活用と充実を

半世紀以上前に発足した青年海外協力隊。若き政治家であった海部俊樹、小渕恵三代議士等によって、発展途上国への支援、協力を目的に設立された。若者が二年間、途上国で現地と同様の生活をしながら仕事をする。

わが国の信頼を高める重要な外交装置。福島県二本松、長野県駒ヶ根の二カ所に訓練所があり、七〇日間の訓練を受けた若者が途上国へ旅立つ。もう顔つきが精悍《せいかん》で、頼もしい。私は、この協力隊の委員を長らく務めた。体育教員やスポーツ指導者の選考委員だった。

そんな関係で、日体大の国際化の柱として、隊員養成に力を注ぐ。この三年間、派遣者数のトップは日体大、立命館大、東農大と続くが、これを私は一種の留学制度だと決めつけている。娘も甥《おい》も隊員として途上国で生活した体験を持つが、文字どおりの人間革命、すっかり国際人として成長してくれた。

この制度は、アメリカの平和部隊をまねたものだが、現在では日本の協力隊の方が存在感がある。韓国も数年前から日本の制度を導入したが、テコンドーの指導者派遣が多い。この地道な協力を今も七五カ国で国際協力機構（JICA）は、熱心に続ける。

己の持つ技術や知識を途上国で指導する若者には、凜《りん》とした決意がある。途上国生活ゆえリスキーな一面もあり、すでに犠牲者も出してきた。が、勇気ある若者が、日の丸を背負って活躍してくれる。近年、女性隊員の方が多く、男性が押され気味だ。

青年海外協力隊の実情を記述してきたのは、二〇〇九年度にスタートした「地域おこし協力隊」について書くため。この総務省の過疎地域の活性化のために考案された協力隊、応募者を増加させる方法を考えねばならない。活動や地域の魅力を理解してもらえば、リスクなき日本社会ゆえ協力隊員が増えるに違いない。

「地域おこし協力隊」とは、過疎地などの自治体が都市部の人たちを募集して、一年から三年間、特産品開発、観光資源の開発とＰＲ、高齢者支援、農林水産などの仕事を委嘱する制度である。隊員の生活費などは、一人年四〇〇万円を上限に、国が自治体に交付する。

青年海外協力隊員よりも厚遇であるが、過疎地の現状からすれば、この施策も有効だ。うれしいことに二〇、三〇代の応募者が多く、約六割の人たちが任期終了後、その地域に定住しているという。問題は、地域協力隊に関心を持ってもらうかにある。各自治体は、県と協力して体験会を開催、自然豊かな地域の魅力を知ってもらうべく努力せねばならない。

総務省によれば、発足時は三一自治体、隊員数八九名でスタート。二〇一七年度は九九七の自治体が制度を活用、隊員数は約五千名に拡大した。都会生活にマンネリ化を覚え、地方での能力発揮と生活を希望する人たちにとっては、いい制度である。国が交付金を出すシステム、隊員を募る自治体が増加中らしいが、迎えた隊員たちを満足させるプログラム作りを忘れては困る。最終の狙いは、隊員たちの任期後の定住にあるゆえ、夢と希望を与える手腕が求められる。

隊員と地域社会の人たちとの交流も大切である。任期途中で去る人たちは、己の希望と異なるミスマッチが多いらしい。青年海外協力隊員には、英語力と技術力、知識の試験があるため、一定水準に達しているのと目的意識が強烈であるからか、リタイアする者が少ない。総務省は、二〇二四年度には隊員を八千名にする目標を掲げる。が、だれでも応募できる条件では、リタイアする者も多数出る。

いずれにせよ、地域社会にとけ込める都会人を募集し、「地域おこし協力隊」の制度を成功させるべきである。自治体は、この制度の補助金を有効活用し、一人でも多くの隊員を募り、定住者へと結びつけてほしい。ＩＴ時代、「田舎暮らしの魅力」を発信して都会人をどんどん呼び込む策が求められている。「地域おこし協力隊」員に、各自治体がそれぞれのインセンティブを与えてはどうか。

（二〇二〇・六・二〇）

四五、「いじめ」の心にサヨナラを

コロナ禍は、さまざまな問題を提起した。特に許しがたいのは、医療関係者やその家族の差別と「いじめ」だ。日本人の精神は、ここまで劣化したのかと悲しむ。立腹の極みだ。

児童・生徒の自殺が、悲しいことに減少しない。これ以上の悲劇はない。たいていは、自殺の原因は「いじめ」。学校内で「いじめ」が起こるゆえ、責任は学校、教育委員会、自治体首長にある。昔は、大人が介入せねばならない「いじめ」なんてなかったのに、現代の陰湿な「いじめ」は簡単に自殺へと導く。

全国の自治体の教育長は、圧倒的に校長経験者が多い。一種の天下り。大きなメリットは、学校問題に詳しく人脈を持ち、教員心理を把握していること。ＰＴＡの動向を理解している。デメリットは、「ことなかれ主義」に拘泥することだ。で、失敗を生み、問題を大きくする。そもそも教育委員会が、本当に機能しているのか、きちんと点検する必要がある。

「教育委員」は、一種の名誉職。人望もあり、社会的地位を獲得した人たちが選考されている印象を受けるが、間違っても個性的な人物が選考されない。で、「ことなかれ主義」委員会となる。「いじめゼロ作戦実施中！」と積極的に取り組む教育委員会であれば、少しでも悲劇を追放できようが……。

私の娘が小学校四年生のおり「いじめ」の標的となった。娘が髪を切られている不自然さに気が付いたので、娘に自白させた。一人一人の名前を吐かせ、私が親に直接電話し、担任にも告げた。もちろん、校長にも報告。「いじめ」の原因も判明したが、私立学校だったので厳しく対応してくれた。

子どもの世界では、「いじめ」の原因は多様である。大人や教員も気付かない場合が多い。「いじめ」でなくとも、本人が「いじめ」られていると決めつけ悩む。そして、自身を追い込み、相談することを忘れる。両親や家族が、わずかな異変にも気付けばいいのだが、ついつい見逃してしまう。

二〇一五年一一月、茨城県取手市で「いじめ」を苦にする書き込みを日記に遺して、女子中学生が自殺した。この件は、いかに教育委員会が無能であったかを私たちに教えてくれた。両親が学校に真相を究明するように求めたにもかかわらず、「死亡事故」として扱われた。教育委員会の調査でも「いじめはなかった」。

納得しない両親は文科省に訴える。同省は「市の対応が不十分」として市を指導した。市は県に調査を委託。その報告書は、「いじめがあったに加え、担任教諭の指導にも問題あり」とし、これらが自殺の引き金になったと指摘。この報告書が出されたのは、三年以上の月日がたっていた。両親の苦悩を容易に想像することができるが、市教育委員会が最初からきちんと対応しておれば、国や県までもが動く必要はなかった。

市教育委員会は、設置した第三者委員会の記録を全て破棄してしまったため、県の調査委員会は円滑な調査ができなかったという。

無能どころか、悪質でもあったかに映る。尊い人命を失った原因を教育委員会と学校が解明できなかった責任は大きい。教育長や教育委員会の任命については、首長は慎重でなければならぬ。最も重要な地域の教育・人づくりに取り組む組織、重視せねばならない。

「いじめゼロの町」「いじめを許さない宣言」、子どもの命を大切にする自治体の覚悟、決意が伝わってこない。現代の子どもたちの心理は、大人たちに十分理解されない時代に突入している。感性のしっかりした教育熱心な首長がリーダーシップを発揮して、子どもを守ってほしいものだ。

学校は、安全で楽しい場所であったのに、現在では危険性をはらむ場へと転じている。通信機器の発達、情報過多、遊び方の変化等は、私たちの想像力を寄せ付けない。

コロナ禍で、家庭にこもりがちとはいえ、日本人が「いじめ」の心、「差別」の心を今も持っているとは、最も恥じねばならない。

（二〇二〇・六・二七）

四六、特色ある条例の制定

スマホは便利すぎる。電車内で新聞を広げる人は希少だ。ほとんどの人たちは車内でスマホを見ている。いや、ゲームを楽しんでいるのか、それともメールを送っているのか判然としないが、コンピューターを持ち歩いているようなもの。かかる万能の機器は、私たちの生活形態までも変え、行動の主役がスマホに移って久しい。

私たち一家は、横浜市の港北ニュータウンに住んでいる。公園が豊富で、あちこちにあるため「ポケモンGO」などの位置情報を使ったゲームを楽しむ子どもや大人の姿を毎日のように目にする。公園で楽しむのなら問題はないが、地図アプリの普及で自転車やバイクでスマホを見ながら目的地を探すのに公道を行く。これは危険である。しかも歩いている人を事故に巻き込む恐れだってあろう。

便利な機器は、時に重大事故を起こさせる。そのためハワイ州のホノルル市では道路を横断する際、歩きながらスマホを使用していたなら罰金を取られる。すでに市の条例が制定されていて、歩きながらのスマホ使用を強くいさめる。公道には段差もあるため、本人もケガする可能性がある。

図書館の立派さと蔵書の量で入館者の多いことで有名な神奈川県大和市は、ホノルル市のごとく歩きながらスマホの使用を禁止する条例を制定すると毎日新聞が報じていた。市は六月の市議会に提案するそうだが、罰則の規定がない。せっかく全国初の進歩的な条例だというのに、制定されてもその効果は疑問だ。タバコの「ポイ捨て」のように罰金を取る条例であっても良かったのではないか。

ただ、市民への大きな啓発になろうか。担当者は、必要があれば罰則の導入も検討すると語る。ちょっと及び腰に映るが、全国で初めて条例が提案されるところに意義がある。ここまでこぎつけた大和市は、十分に調査した上で条例を作ったばかりか、市民からの意見を求めるパブリックコメントでも条例の制定には肯定的だった。

条例案によると、スマホの使用は他の歩行者の通行の妨げにならない場所で、立ち止まった状態でなければならない、という。屋外の公共のスペースでは、スマホの操作は慎重でなければならず、第三者に迷惑をかけないように注意する必要がある。

人間のとっさの行動と判断は均一ではない。スマホを操作しながら歩行、前方から自転車がやって来た場合、右に寄るのか左に寄るのか予測できず衝突する。この場合の責任はどちらにあるのか、あらかじめ条例を制定することによって、スマホ利用者に注意喚起できようか。スマホが普及し、子どもたちまでもが使う時代、大和市の先見性に敬意を表したい。東京消防庁は、二〇一八年までの五年間、都内で一六五人がスマホ歩行事故で救急搬送されたという。

歩きながらスマホの画面を見るのが危険であるのは、視野が狭まり周囲への注意がおろそかになるからだ。携帯電話をしながら運転すれば、キップを切られる。運転中にスマホが鳴れば気になる。ましてや相手が重要な人であれば、とまどう。第三者に迷惑をかけない、事故を起こさない。歩きスマホは、道路の段差でつまずき倒れたり、階段から転落したり、自身が負傷したりする可能性をはらむ。

京都府は、さすがに観光都市である。府の条例が面白い。「交通安全基本条例」の中に、歩きスマホのように車両への注意力が散漫となる行為は慎む、とある。ただ、注意して下さいという内容だが、一歩進めた大和市に続く自治体の出現を期待したい。

各自治体の議会は、条例案を作るのも横並び、オリジナリティに富む条例を制定するのは珍しい。地域の特性もあろうが、観光資源を多くもつ地方にあっては、その資源を守るためにも特色ある条例が求められる。議会が機能しているかどうか、提案される条例で理解できる。

地方議会を活性化させるには、身近な「歩きスマホ禁止条例」のようなものから手をつけてはどうか。

（二〇二〇・七・一一）

四七、自治体は「地方自治法」の研究を

一九九九年七月に「地方自治法」が、大きく改正された。当時、あちこちから地方分権の声が嵐のように吹く。この改正によって機関委任事務は廃止された。で、国と地方自治体の関係は、地方分権を象徴するかのごとく「上下・主従」の関係から、「対等・協力」の関係へと転じた。しかし、総務省は、いまだに地方

自治体を支配する立場にあると錯覚中だ。

その一例は、大阪府泉佐野市の「ふるさと納税」の最高裁判決からも読みとれる。同市が、二〇一八年に「ふるさと納税」で全体の一〇％に当たる四九八億円を集めたが、総務省は返礼品に問題ありとして、この制度から他の三自治体とともに除外した。泉佐野市は、すぐさま高裁に訴えたが不服が理解されず敗訴。そこで最高裁に持ち込み、逆転勝訴したのだ。

同市は「地方自治法」第二五〇条にある「国地方係争処理委員会」に不服の審査を申し出る。委員会は、総務省側に無理があると断じた。そして、最高裁が高裁の判決を覆して泉佐野市に軍配を上げた。明らかに総務省には、地方自治体を支配するというおごりがあったと私は想像する。「ふるさと納税」の制度から除外されたのは四自治体だったが、「国地方係争処理委員会」に申し出たのは泉佐野市だけだった。なぜ、他の三自治体は動かなかったのか。

「普通地方公共団体の長その他の執行機関は、（中略）国に不服があるときは、委員会に対し、当該国の関与を行った国の行政庁を相手方として、文書で、審査の申出をすることができる」（第二五〇条の一三）とありながら、三自治体は泉佐野市の動向に注視するだけであった。多分、国とケンカをするのは得策でないと考えたのか、地方自治体は国と対等の関係にあるとの認識を持たずじまいだったに違いない。総務省の逆襲、仕返しを恐れたとも推考できる。総務省には多くのカードがあるため、地方自治体は行動をためらったのかもしれない。

その証拠には、泉佐野市は、「特別交付税」を約四億円減額されたのである。「いじめ」「仕返し」そのものので、総務省は地方分権の本質を把握せず、主従の関係で地方自治体を見ている。

「ふるさと納税」と「特別交付税」は、使途の目的が異なる。これを削減されたのでは、市民へのサービスが劣化する。総務省は、削減理由をいかに説明するのだろうか。泉佐野市は、再び訴訟に持ち込み、国と対《たい》峙《じ》している。

「地方自治法」の改正では、「地方公共団体の自主性および自立性に配慮しなければならない」と、国の関与の基本原則について記されている。まさに国と自治体は対等であり、余計なお節介を国が自治体にしてはならないのだ。

国としては、特色のある自治体の出現を望み、横一列の金太郎あめのような自治体にならないようにいさめている。だが、地方自治体の首長はじめ、議会人が理解せずにいる。

せっかく地方分権の流れが定着し、個性的で魅力ある自治体づくりを国が後押ししてくれているにもかかわらず、自治体が動かない。国は地方再生・創生のために、数々の政策を立案し、予算も付けているのに自治体が動かない。東京一極集中から、いかに地方へ分散させるかは、国が考えるだけではなく、地方自治体も本気になって取り組まねばならない。過疎化の波に洗われるのは時代の流れと決め込み、諦めている自治体が多すぎる。

明確なのは、地方自治体の議会が機能していないことだ。首長のリーダーシップ、ガバナンスも問われようか。泉佐野市の例にも見られるように、「地方自治法」は地方自治体の発展に寄与する法律である。この法律について各自治体は研究すべきであろう。

法律や制度をきちんとそしゃくし、住民サービスを第一として生かすべく努力が求められる。「ふるさと納税」制度においても、返礼品がなくとも寄付してもらえるような魅力的な政策を明示し、共感を得て協力してもらうがいい。各自治体に自主性が求められていることを知るべし。

（二〇二〇・九・五）

四八、高層住宅に自治体はどう対応するか

眺望もよく居住性の高いタワーマンションが、都市部のシーサイドやリバーサイドに林立する。高級感もあり、投資価値もあるのか人気が高い。が、欧州ではタワーマンションがほとんど建たない。高さ制限があって資産価値を認めていないに加え、居住者間でやがて問題が面倒になると経験上、認識しているからであろう。

二〇一九年の台風で、東京の多摩川が氾濫した。そのリバーサイドに建つタワーマンションに住む友人は、「想定外の災害に弱く、数日間も孤立するしかなかった」と語る。多摩川の水が二階まで届き、エレベーターも階段も使用できなくなったのだ。タワーマンションの住人には、収入格差があるだけではなく、投資対象、都市居住、家族形態など多様性に富む。豪華な共用施設の利用は、想定外の問題が生じた際、集合住宅の宿命か、トラブルを生む。

それでも、タワーマンションの建設は、東京などの都市部に限らず、地方都市にまで波及している。一般的にタワーマンションとは、二〇階建て以上のマンションを指す。一九九七年の建築基準法の改正に伴って、一気呵成《かせい》に都市部の地価高騰の刺激もあり、建築技術の開発もあって普及した。

私は青春時代、ニューヨークのマンハッタンのウェストリバーに建つマンションのボイラーマンのアルバイトを体験した。深夜、各階のゴミをボイラーに投下、重油をかけて燃やす。老朽化したマンションで、経済的に余裕のある住人がいないのか、管理人も正式のボイラーマンも雇用できずにいた感じだった。外壁は

石造りのため問題はなかったが、共用スペースは荒れていた。ニューヨークの古いマンションは、また貸しが多い。しかも一部屋一部屋を貸して、住人を把握するのは難しくなる。スラム化が進み、多国籍の人たちが住みつくようになる。マンションの寿命は一〇〇年、老朽化してからいかに対応するか、集合住宅の諸問題の解決は法をもってしてでも難しい。

神戸市は、三ノ宮駅周辺を「都心機能高度集積地区」に指定し、住宅の立地を禁止した。さらに市の中心部でも住宅の容積率の上限を引き下げ、タワーマンションの建設ができないようにした。阪神大震災を経験し、都市機能のあり方を学んだ神戸市、災害も考慮しつつ、商業機能を衰退させずに魅力的な都市を造る哲学がある。この考え方は、地方都市にも共通していて大きな示唆を与えてくれている。

狭い町にタワーマンションが林立すれば、保育所や学校の問題も浮上する。高層マンションに居住する人たちは、おしなべて地域活動への参加意欲が乏しいといわれるゆえ、コミュニティーづくりが難しい。多様性に富む居住者が高層住宅で共存するのは、新築のうちはいいとしても、やがて管理の問題が生じる。国が、「マンション管理適正化法」を改正し、修繕積立金等を徹底して閉鎖された居住空間を作らないようにしているが、超高層のタワーマンションの住民を行政が把握するのは困難だ。

タワーマンションの人気が高いのは、まず事業者の収益性が高いからだという。立地条件もよく、共用設備も魅力的で二〇〇七年ごろからブームになった。が、ぼつぼつ修繕の時期を迎えている物件も多く、その費用は一般の物件の二倍くらいかかるため、資産価値も値崩れするものもあるらしい。住みやすい上に、資産価値があるという神話は既に崩壊している。

事業者は、地方であっても駅周辺にタワーマンションを、利便性と快適性を売りにして建設しようと計画する。しかし、都市機能を損なう可能性もあるため、各自治体はいかに対応すべきか神戸市に学ぶ必要がある。都市部のタワーマンションは、投資対象にもなっていて中国や中東諸国などの投資家にも人気があるという。また貸しが進む傾向も無視できず、落ち着いた町づくりには貢献しないと思われる。

タワーマンションにとどまらず、マンションをはじめ高層住宅のあり方は自治体の新しい問題であろう。規制すべきは規制し、事業者の進出には目配りが重要だ。

（二〇二〇・九・一九）

四九、若いがん患者を支援すべきだ

新型コロナウイルスを甘く見てはならないが、この感染症にばかり関心が集中している。人々が高齢化するに伴い、確実にがん患者が増加中なのだが、忘れがちのようだ。現在、日本人は一年間で約一〇〇万人超が、がんと診断されているのだ。女性が四五万人、男性が五七万人、恐れる数字だが、すでに私たちはがんに慣れてしまっているようだ。

早期発見、ステージの若いがんであるならば、日本の高い医療技術、薬で完治する。私自身、前立腺がん、悪性リンパ腫、膵臓《すいぞう》がんを経験した「有病者」である。高齢者は時間に余裕があり、少しでも身体の異変を感じると病院へ行く。だが、若い人たちは、少々の異変があろうとも。ついついそのままにしてしまう。相当悪くなって病院へ急いでも手遅れ、末期がん患者になるケースが多いという。

国立がん研究センターと国立成育医療センターが、二〇一九年に発表した報告書によれば、一五歳から三九歳までのがん患者は、一年間でほぼ六万人に上る。この若い世代は、二五歳を過ぎるとさらに増加、三〇代の発症が七五％を占める。その八割が女性だ。子宮頸《けい》がんと乳がんが圧倒的に多い。就職や結婚という人生を左右する時期に、がんと闘う苦労は気の毒だ。

この若い人たちが、四〇歳未満の末期がん患者たちが、在宅療養するとなると、高齢者と異なって「介護保険」を使うことができない。二五歳からがん患者が急増するデータがあるが、国からの支援がない。そこで在宅療養に必要な福祉用具や訪問介護の利用料を助成する自治体が増えつつあるという。特に四〇歳未満の患者には、医療費の公的助成も対象外であるため、家族の負担は大きい。

若い人は、がんにならないと昔は思われていた。ある意味では、がんは高齢者の病気と決めつけられていたゆえ、公的助成がなく、医療制度の「谷間世代」となっている。それにしても若い末期がん患者も、家族のいる自宅で医療を受けながら過ごしたいと考える。そこで、いくつかの自治体は、若いがん患者の在宅療養を支援する制度を始めているのだ。

一八歳未満の小児がん患者には、医療費の助成制度がある。若い両親の負担を考慮したに加え、それほどの患者数が多くなかったので公的な制度を作りやすかったともいえる。

で、「谷間世代」の助成制度の先駆けは、兵庫県である。家族の経済負担を軽くし、安心して家族のいる環境で在宅療養をする。どれだけ心強いだろうか。兵庫県の助成は、一五年度から開始され、月額五万四千円を上限に県と市町村が折半して負担する制度だ。

この兵庫県の取り組みは、若い人の末期がん患者を勇気づける。末期がんといえども、近年の薬品は効果があるので進行を鈍らせる。兵庫県が公的助成を開始すると、この制度は一つのモデルとなって他の自治体も影響を受ける。私の住む横浜市は、一六年度から開始した。横浜市の特徴は、二〇歳未満も助成制度に組み入れている点であろう。

政府が「介護保険」の対象年齢を引き下げれば、さらに大きな助成ができるのだが、現在、その動きはない。そのために各自治体が助成制度を設けて支援する方法が現実的であろう。一八年度から鹿児島県も最大七万二千円を負担している。市町村の財政負担も増大するが、自治体が若いがん患者の立場に立つことができるか、どうかが問われる。

兵庫県モデルがあるとはいえ、まだまだ全国的な広がりが見られない。若いがんの末期患者の在宅療養について、自治体が十分に理解していないのかもしれない。国が「介護保険」の改革を進め、利用できるようになるまでは、自治体が積極的に若いがん患者を支援すべきである。兵庫県モデルのように県と市町村が互いに協力する方法だけではなく、少額であろうとも、各自治体が助成する自主性が見られない。がん患者の側に立つ自治体はないのか。

末期がんの患者をもつ家族は、どれだけ悲しみ苦しんでいるのか、その心を共有する自治体であってほしいものだ。

（二〇二〇・九・二六）

五〇、『型破りの自治体経営』

ふるさと納税で過度な返礼品を出したとして、総務省と裁判をして最高裁で逆転勝利し、ふるさと納税に参加を認められた大阪府泉佐野市。一九九九年七月、地方分権のために地方自治法の大改正が行われた。当時、私も国会議員だったが、「地方分権」の風が吹いていた。泉佐野市は、地方自治法を咀嚼《そしゃく》していたがゆえ、総務省を裁判で破ったといえる。

機関委任事務は廃止され、国と地方自治体の関係は「上下・主従」から「対等・協力」へと転じた。それでも交付税をはじめ各種の交付金を総務省から受けるため、ついつい「上下・主従」の関係を凍結させているかの印象を持つ。自由にモノが言える、そのような自治体でなければ、個性的な特色ある自治体を創ることができない。誰が首長になっても同じ、横並び自治体ばかり、何のための「地方分権」だったのか、法の精神が生かされていない。それほど地方は人材不足なのか。

先日、刺激的な著作を読破した。『型破りの自治体経営』（青林堂）、著者は泉佐野市長の千代松大耕氏。ふるさと納税で注目されたが、一読すれば理解できるが、破綻が時間の問題であった市を魅力的な活力ある市に変えた思想と手腕、突破力が伝わってきた。国と交渉力の背景にある市民の幸福と故郷を愛する人間力、自治体の首長としての資質についても教えられる。役人必読の書であろう。

財政健全化団体から、わずか市長就任三年で脱出。この偉業は、議会と役人の理解と協力が求められたにつけ、ブレない市長の信念が必要であった。大幅な給料カットは、役人にとっては許しがたいテーマだったろうが、千代松市長は公約に近い数字で対応する。役人や組合と迎合する首長が多いのは、ことなかれ主義が選挙に有利に働くという守勢に他ならない。公約を貫通させようと闘う奮闘記こそが、この『型破りの自治体経営』だ。

政治家は、国政、地方議会を問わず、出馬する際、「改革」を念仏のごとく口にする。が、いざ当選してみると改革の難しい壁に突き当たり、ものすごい抵抗に合う。とりわけ財源の必要な政策を実現させるとなると、疲労困憊《こんぱい》するばかりか多くの賛同者と仲間がいる。千代松市長は、当選直後、泉佐野市の市名までも売りに出した。財源不足を内外に知らせる効果があった上、危機感を実感させるのに成功。次なる政策遂行へのプロローグとなった。

政治家には知恵も、手法もなければならないが、深遠な知識を身に付ける学問も大切だ。千代松市長は、市議時代に大阪市大大学院、和歌山大大学院で自治について学び、研究された。この知に対する好奇心と前向きの姿勢があってこそ、総務省と対峙《たいじ》することができたといえる。法治国家である限り、法律を解しつつ慣習を踏まえての理論武装をすることにより、改革するための戦略を練ることができる。

国だから正しいことをする。あたかも法典のごとく信じる自治体も多いが、泉佐野市は信じなかった。関西国際空港の二期工事として、二本目の滑走路を建設した。約一兆円の予算、二階俊博代議士が先頭に立って実現したものだ。すぐに運用開始し、航空時代に対応できるようになり、関空は西の玄関として機能する。ところが、国土交通省は二本目の滑走路の護岸工事を省いたのだ。つまり、海上の埋立地である滑走路は、土地として認められず、固定資産税等の税収を泉佐野市が見込めなくなってしまった。協力してきた、市に報われないくらい、関空の経営も苦しかったのだ。

千代松市長は、総務省に空港と市を結ぶ連絡橋に通行税をかける交渉を行う。これら地方税をなかなか認めない総務省だが、市長の押しに屈する。市の再建のため、収入増加のため、国であれ、府であれ闘う市長の攻勢力に感銘を受ける。地方自治の鏡に映るほどだ。

地方自治体も首長、議会、役人が本気になれば、必ず改革できる。その処方箋がこの『型破りの自治体経営』に記述されている。この若き市長の責任感の強さに感服されようか。

（二〇二〇・一〇・一七）

五一、横浜にＩＲは必要か

カジノを含む統合型リゾート施設（ＩＲ）の誘致合戦も、新型コロナウイルスの感染拡大で下火に見える。IR誘致の目的は、やはり観光客の増大と地域社会の活性化であろう。観光資源が豊富であるならば、IRは不必要である。最後に誘致合戦に名乗りを上げた横浜市、私の目には観光資源が十分にある都市に映り、逆にIRが邪魔になる感じがする。

カジノ誘致は、もともと離島振興の切り札だった。そして、東京都の石原慎太郎知事と大阪府の太田房江知事の折、非公式のカジノ研究会が設置された。私も大阪府側からの委員だった。米国の業界幹部からも話を聴取した。IRではなく、ただのカジノ施設で外国人の観光客を対象とする施設であった。

安倍晋三前首相が、シンガポールをはじめ各国のIRを視察し、いつの間にやらわが国にもIRを、という声が観光立国宣言を境に大きさを増した。観光資源は、当然ながら多様性の幅の広さが好まれる。一つ二つの特徴だけではなく、より多くの観光客を招くためにはIRが魅力的になる。わけても大資本の投下が必要となるため、都市部やその近郊の地域が誘致に立候補、決定には至っていない。

横浜市の歴史は、幕末から維新政府誕生、明治から航空機時代に入る昭和四〇年以前までは、わが国の代表的な玄関都市であった。それだけに名物や有名な昔からの店が多いばかりか、横浜で生まれた品や料理も多い。で、それらが今日まで脈々と受け継がれてきている。大阪の堺市にも同様の伝統的、歴史的な店々が多くある。が、これらが観光資源として生かされていない。文字通り灯台下暗し、その魅力を認識していないのだ。

現在のように早いテンポで社会が変化していて、どの都市も大資本によって同じ店が並んでいたが、コロナ禍はチェーン店を追いつめた。ファミリーレストランは、すでに使命を終え規模を縮小させる傾向にある。これらチェーン店は、観光資源にならず料理の質を低下させてきた。老舗は長年の味と信用で繁盛し、代々ののれんを守る。かかる老舗は、全国どの自治体にも存在するが、埋もれている場合が多い。いや、老舗への評価が低い。

横浜市は、老舗の宝庫である。「泉平」という井形のマークを使用する天保一〇年創業のすし屋がある。当時の住友家に認められ、井形の家紋の使用が許されたという。市の中央にある馬車道に店があり、独特のいなりずしの長さに驚く。これでもか、という伝統が伝わってくる。味は文句なし。昔は屋台で人夫相手に売っていたが、今もテイクアウトだけ。

横浜市と耳にすれば、中華街を連想しようか。大きな観光資源だ。しかし、横浜には、「泉平」級の老舗がゴロゴロある。牛鍋屋の「荒井屋」も面白い。スキヤキ発祥の店といわれる。「荒井屋」の創業者の息子が始めた「登良屋」というテンプラの店も古典的、いつも満席。文明開化の香りをかぎながら、あちこちに老舗が散らばる関内を行く。

ペリーの来航以来、幕府は日米修好通商条約を結び、横浜を開港。急ピッチで入江を埋め立てる。川を挟んで関内と関外に分けて、関内は商店や飲食街とした。関外は貿易関係の街とし、地方からの生糸商人や仲買人、外国人が集まった。この歴史が横浜には残っている。関内には棟方志功の絵で有名な「勝烈庵」で肉料理を食べたりして元町へ行く。さまざまな老舗が昔ながらの営業をしている。

だが、市自体が、これらの老舗をあまり誇りとせず宣伝もしない。住民になってしまうと老舗の存在が、市の原風景の中に埋没してしまうのだろう。観光客からすれば、維新の時代を満喫することができる魅力的な都市であるといえる。

果たして、この横浜市にＩＲが必要だろうか。立派な武道館を建設し、文化体育館も建て直すらしいが、これらの施設も全国からの集客に寄与する。ＩＲの賛否両論がある今、横浜市は観光資源を再調査してほしい。この際、全国の自治体も「老舗」の再発見に努力すべきである。


（二〇二〇・一〇・二四）

五二、自転車利用者の保険加入義務化を

以前、小杉隆という文部大臣経験者が、世田谷区の自宅から自転車で国会に通っていた。自転車好きの議員も多く、自民党の総裁まで務められた谷垣禎一氏は、自転車事故で政界を引退された。五輪担当大臣の橋本聖子議員は自転車競技の五輪選手でもあっただけに、道路の自転車レーン設置に熱心に取り組まれた。欧州では自転車が日常生活上注目されていて、多くの競技レースがある。

新型コロナウイルスの感染拡大をきっかけに、自転車を利用する人たちが日本でも増加した。移動手段としては、「三密」を避けられるにとどまらず、時間的にも余裕ができる。電車の混雑が恐くなり、健康にも自転車による通勤・通学の方がいいとなれば、利用者が増えて当然である。レストラン等がテイクアウトの客のために、宅配のために自転車が重宝されている。ところが、事故も増加傾向にあるのだ。

谷垣禎一氏の事故は、日常生活に支障がでるくらいの重傷だったが、他人にケガをさせるとなると、多額の賠償を覚悟せねばならない。そこで、自治体によっては条例で保険への加入を義務づけている。自転車事故を軽くみる人も多いが、谷垣氏の例を引くまでもなく、自動車事故並みの重大案件も多数ある。自治体の保険加入を義務づける条例は、もはや珍しくなく当然視されている。

とりわけ都市部にあっては、自転車と歩行者、自転車と自転車、自転車と自動車、あらゆるケースを想定せねばならないため、どうしても保険が必要だ。自転車の種類も多様化していて高価なものもあり、弁償も大変だ。一二段階変速の自転車は、バイク並みのスピード、これで事故を起こせば大ケガ。自転車好きにな

れば、高級車へとエスカレートする。

自転車保険に加入する人たちが増え、このコロナ禍の影響でどんどん増加中だという。もちろん自治体によっては義務化しているので、加入者が増える。罰則規定がないとはいえ、東京都や奈良県は保険加入の条例を施行した。全国あちこちの自治体も努力義務を含めて保険加入を勧める。すでに三〇以上の自治体が保険を重視し、加害者になろうとも、被害者になろうとも事故の賠償を心配する。

自転車による交通事故では、加害者側に九千万円を超す賠償を命じる判決が出たことがある（日本経済新聞）。自転車事故を軽視せず、各自治体は、保険加入を条例で勧めるべきである。主な自転車保険は、以下の通りである。保険料が一年で一二〇〇円の損害保険ジャパン、この保険は自転車事故で一億円の賠償金が支払われる。楽天損害保険のサイクルアシスト、保険料は三千円で一億円の賠償金だ。

上記の二社はラインや楽天ポイントで支払いは可能だから簡便。支払い金は一億円だが、ａｕ損害保険の保険料は三七九〇円と若干高いが、賠償金は本人のみとはいえ二億円である。また、三井住友海上火災保険の保険料は三九九〇円と高いが、賠償金は実に三億円である。医療や介護などのサービスもあるらしいが、自転車事故の恐ろしさを伝えてくれている。個人賠償責任補償は一億円以上が標準だというから、自転車に乗る際は相当な注意が求められる。

自身のケガによる入院や死亡時の補償のための傷害保険ではあるが、相手のケガや損害に対する個人賠償責任補償に加え、相手側との交渉を保険会社が代行してくれる。事故を経験（自動車）したことがある私は、示談交渉がいかに難しいかを知っている。第三者が交渉しないことには、感情が入ってまとまらない。このサービスがあるのがありがたい。

いずれにせよ、自転車利用者が増加するにつれて事故も増える。個人的問題であろうとも、各自治体は事故防止と事故解決、補償のためにも保険加入を義務づけるべきである。都市部では自転車保険は、かなりなスピードで普及しつつあるが、地方にあってはその必要性を認識していないかに映る。中高生の自転車通学に加えて、通勤者までもが自転車を利用する今、各自治体は条例によって保険加入を推進させるべきだ。

（二〇二一・一・一二）

五三、政治が人の命を奪ってはならない

人の死は悲しい。死因によって悲しさも異なるが、自然災害による死は犠牲、自治の責任だけにやるせない。自治、つまり政治が人の命を奪うことだ。とはいえ、自然災害は予告なしに突然やってくる。で、そのための防災のために準備を進める。だが、平時、巨額の金を使って工事を推進すると無駄づかいという批判が湧き上がる。反権力側の人たちの声。

欧州ではダム造りをやめる。今あるダムをなくし、自然を守る、環境を守るという耳に響きのいい政策が、当時の民主党に影響を与えた。

「コンクリートから人へ」というスローガンは、国民の心を動かし、ダムや堤防、道路整備に力を入れる自公政権を打倒する。国民受けした、このスローガンが国民を悲劇のどん底に落とす。あの三・一一だ。欧州の政策は、まったく異なる風土下では役に立たない証明をしてくれたと同時に、国土強靭《きょうじん》化の大切さを私たちに教えてくれた。

熊本県・球磨川の最大支流である川辺川にダムを建設すべきかどうか苦しんでいた蒲島郁夫知事は、二〇

〇八年九月にダム計画の白紙撤回を表明。一九六五年の球磨川大水害から四三年がたっていた。水没予定地の五木村長が建設に同意したものの、流域市町村で賛否が二分、知事も決断できなかった。白紙撤回をすれば失敗がない。次の選挙を考慮すれば、敵を作らないことだ。

しかし、二〇二〇年七月、九州豪雨で球磨川が氾濫、かつてないほどの被害を出した上に六〇名を超す犠牲者を出した。知事への風当たりは強まり、ダム造りに翻弄《ほんろう》されてきた県民の人たちの怒りは大きく、蒲島知事の心をゆさぶる。東大教授からの知事への転出、学者の目からの判断ではなく、現実の政治家として県民の命を守る立場からの決断が求められるようになったのだ。二〇二〇年一一月、知事は県議会で川辺川の「流水型ダム」建設を容認すると表明、六〇数名の人身御供をだした結果だ。

「脱ダム」政策が、自然環境の保護という美名のもと、巨額な予算を必要とするゆえ、幅をきかせる。が、犠牲者を出して自然の想像以上のパワーに気づく。こんな政治では人の生命は守れない。政治に求められるのは先見性と万が一に対応できる能力である。球磨川の大水害は、六五年だけではなく三年も続いたのだから、政治は機能していなかった。

自治体の責任は大きい。豪雨被害の教訓が生かされず、いけにえたる犠牲者を出してから政策決定をするのでは悲しい。

政治の貧困は、民衆を苦しめる。蒲島知事がダム計画を白紙撤回した翌年、民主党の前原誠治国交大臣はダム建設中止を表明した。まさに「コンクリートから人へ」の政策、群馬県の八ツ場ダムの中止も民主党の政策実現であった。

熊本城が大被害を受ける地震が熊本県を襲った。以来、蒲島知事は作業服姿で県民に寄り添う。大自然の恐怖を体験した知事は、日本の風土を解したに違いない。

その頃、文部科学省は「大学スポーツの振興」を考える委員会を発足、私は蒲島知事と同じ委員として席を並べた。元教授だけあって、幅広の知識をもち、情熱的に大学スポーツを語られた。毎回の出席は作業服姿、熱心に取り組まれたことを思い出す。

蒲島知事が赤羽一嘉国交大臣に要請したのは、「流水型ダム」の建設である。増水した時にだけ水をためる治水専用のダムだ。ダムの底に水を流す穴があり、普段は穴を通って水が流れる。雨量が多いと、穴を流れる水量が多くないためダムは貯水の役割を果たす。が、ダムより下流が集中豪雨に襲われれば心配なので、堤防等の工事も求められ費用がかさむ。

知事は、「流水型ダム」ならば、安全と環境を守れると考えたらしい。「清流を守ってほしい」という流域住民の声を反映させた印象を受けるが、この種のダムは日本ではたったの五例しかなく未知数というしかないのだ。

日本の川は急流が多い。諸外国の例は参考にならない。自治体の決断が住民の生命と直結している。フラフラした自治体の政治では、自然災害から住民を守れない。早い決断が求められている。

（二〇二一・二・一五）

五四、「障害者」にかわる言葉「ＨＣＰ」を提案する

五年前に北海道網走市に日体大は高等支援学校を設置した。以来、「障害者」なる語をよく使うばかりか、記述する場面も多い。

しかし、この「障害者」と書く場合、なんとなく、しっくりしない。自治体によっては、「障がい者」と表記している。「害」の字の印象が、あまりにも悪すぎる。それで「害」をひらがなにしているのだ。「障害者」と表現する日本語は、ひどすぎる。人間を人間として表さず、二等品の物品であるかの扱いに心ある人なら立腹するだろう。もっと人間らしい日本語はないのだろうか。私は「障がい者」の表記も良いとは思わない。「障」も良い意味を表す字ではない。で、「害」だけをひらがなに改めたとしても、わずかな気休めでしかあるまい。

運動会を想起していただきたい。「障害物競走」が、人気高いプログラムの一つだった。この際の「障害」を、身体の不自由な人たちと同列に扱っている日本語、ひどすぎると感じて当然である。「健常者」を障害のもたない人として表現するが、この表現も最適だとは思えない。外見だけの表現で、内臓諸器官に欠陥や病気があろうとも「健常者」なのである。「障害物競走」の障害は、ランナーの走りを邪魔する物を指す。辞書では、「障害」は、さわり、さまたげ、じゃま、とある。こんな意味をもつ語を人間の呼称に用いるのは、時代に合致していないのではないか。法律でも、「障害者基本法」「障害者自立支援法」等があり、「障害」なる語は悲しいことに定着してしまっているのだ。

「障がい者」の障害は多岐にわたる。英語では、ハンディキャップッド・パーソンで、総称はザ・ハンディキャップド。それほど嫌みを感じさせないし、理解しやすい。加えて人間としての温かみを感じさせ、日本語のごとく「物」扱いで「邪魔」とは異なる。

今日まで、政府や自治体でも「障害者」にかわる日本語を研究したのだろうが、悲しいことに新しい表現の語が出てこないのだ。果たして、いつになれば、新しい呼称たる日本語が生まれるのだろうか。

いずれにせよ、「障害者」の表記についての議論は十分とはいいがたい。最適な日本語が見つからないのも理解できるが、この際、英語の頭文字を用いたらいいと私は考える。ハンディの「H」、キャップッドの「C」、そしてパーソンの「P」、続けて「HCP」カタカナ読みで「ハクプ」ではどうだろうか。「障害者」よりはいいと思う。

私たちは、「障害者」の立場に立って、表記について考えてこなかった。自治体によっては、「障がい者」としているにつけても、「障」をひらがなにできなかった。「非健常者」なる表記も考えられるが、しっくりこない感じがする。「HCP・ハクプ」の方が、いい印象を与えるように思われるがどうだろうか。

かつての日本語の中で「からだ」の障がいを、現在ではラジオ、テレビ、新聞では用いることができない語がかなりある。古い小説や映画では一般的に使われていたが、今では使用しない。人権の問題もあろうが、ハンディをもつ人に対して、日本語はやさしさを欠いていた。とはいえ、適当な日本語がなく、改めることができずに「障害者」が使われてきた。

パラリンピックが人々の興味を高め、ハンディを背負う人たちに対しても理解を深め、共生社会が当然視されるようになった。どの役所、企業、学校でも「障がい者」を雇用しなければならない法律ができた。各ハローワークでは、そのチェックを厳しくしていて、真の共生社会の確立を政府は目指しているのだ。「しょうがい者」にかわる漢字、日本語がなく、各省庁や自治体も困っている。ならば、私の提案する「HCP・ハクプ」の使用を検討していただきたい。漢字が適当でないのでひらがなにするという発想ではなく、「障害者」を使用しないと決めるべきである。

自治体が思い切って「HCP・ハクプ」を用いてくれれば、全国に普及する可能性がある。「HCP・ハクプ」を広めたいものだ。

（二〇二一・二・二五）

五五、戦死者の遺骨収集を一日も早く

ここ数年、東京・九段ライオンズクラブの新年会に招かれ、卓話をする。その前に全員で靖国神社に参拝する。私にとっては初詣で、心を洗いながら平和を祈念してさまざまな願いごとをする。九段ライオンズクラブの地元でもある関係で、クラブは神社に多様な貢献をしている。

私は一九四六年の生まれ、戦後の人間だ。小学生の頃、父親を戦争で失った上級生の数人が、靖国神社に参拝するというプログラムがあった。毎年、上京する上級生を羨ましく思ったが、戦死された父親と対面するための行事だったのだ。どの家族にも親族を含めて戦争の犠牲者のいない一族はなかった。第二次大戦の犠牲者は三一〇万人だが、悲しいことに七六年前の話となると風化してしまった感じがする。

八月一五日の終戦記念日には、国をはじめ各自治体も戦没者追悼式を開催する。代議士時代には招待を受けたので出席させていただいたが、さすがに高齢者ばかりの式典となり、参加者数も減少の一途をたどる。孫たちは平和な時代しか知らないばかりか、戦死した祖父の顔も知らないため、追悼式に興味を示さない。もはや日本国民の若者たちは、戦争についての意識を失せていると私たちは心配する。

昨年末、大晦日の毎日新聞の一面トップ記事は、「海の戦没遺骨収容」という政府方針を伝える内容だった。撃沈された艦船の乗員など、今も海底にある遺骨を収容するというのだ。二〇一六年に成立した「戦没者遺骨収集推進法」により、遺骨収容が国の責務となったため、厚生労働省は海没遺骨についても収容するために本格的に取り組むというのだ。実に海外の海に三〇万体もの日本兵が眠っているのである。

私の友人である米津等史氏（元衆議院議員）は、政界を引退後、戦没者の遺骨収容をライフワークにしている。純然たるボランティア活動で、立法される以前から中部太平洋の島々に行き遺骨収容という戦後と戦っている。私は幾度も米津氏から日本政府の遺骨を放置してきた無策ぶりについて知識を得てきた。米国の遺骨収容の取り組みに比して、日本政府は戦死者に対してどれほど冷たいかを学んだ。完全に戦争はおろか、戦死者までも私たちは風化させてしまっている。

第二次世界大戦の日本兵の海外戦没者は約二四〇万人とされる。一九五二年から政府は遺骨の収容を主権回復後に始めたが、あまりにも戦域が広大であり、膨大な遺骨が残っているため、それほど熱心に取り組まずにいた。それは、遺族たちが生活するのに必死で、支給される遺族年金等に遠慮してか、「遺骨を戻して欲しい」と声を出す人たちが多くいなかったからであろう。遺骨なき墓に花を供える虚しさ、この非人道主義に私たちは諦めるしかないのだろうか。この問題も風化させてはならず、遺族たちと共に各自治体も声をあげて欲しい。遺骨収容は「国の責務」であるのだから。

シベリアに抑留された日本兵は、約五七万五〇〇〇人で奴隷的強制労働を極寒の地で、満足な食料も休養も与えられずに強いられていたのだ。この悲劇は、想像しただけでも心が凍てつく。で、約五万八〇〇〇人が命を落としたのである。氏名の判明しているのは約四万、遺骨収容もそれほど進んでいないのが現状である。

遺骨が外国人なのか日本人なのか、それとも動物なのか、科学の進展で分別できるようになってきた。米国の技術力には及ばずとも、一日も早く先進国として戦死者の遺骨を収容すべきだ。各自治体は、戦没者の名簿を保持している。遺骨の有無調査は、それほど困難ではないはずだ。遺伝子によって遺骨の遺族を容易に判明するともいう。英霊を一刻も早く遺族の手に戻す作業を本格化させるべきだ。

日本遺族会（水落敏栄会長）の人たちも高齢化している。が、サイパン島をはじめ、あちこちの島で野ざらしになっている遺骨も多くあると米津氏が悲しむ。身元が判明せずとも、せめて千鳥ヶ淵戦没者墓苑で眠れるようにしてあげて欲しい。各自治体は、地元の犠牲者のためにも声をあげて、国を動かす必要がある。

（二〇二一・四・二四）

Ⅴ　この人を見よ！

一、先人たちのおもいをかみしめ

もう一五年も前の話になる。当時、私は衆院文部科学委員会の理事。質問に立つべく早朝から党の控室で準備をしていた。そこへ、ひょっこり登場したのは二階俊博代議士。

「どんな内容の質問をするのかね?」

「今朝、東京オリンピック(一九六四年)招致の立役者である和田勇氏が死去されたんです。大変な功労者であるのに、勲四等だけですから、国としてもっと顕彰すべきだと大臣に質すつもりです」

二階代議士は、和田氏のことを私よりも詳しくご存知であられたのには、スポーツ専門の私も舌を巻くしかなかった。

「オレの母親は和田さんの母親の主治医だったんだ。御坊市(和歌山県)の産んだ偉人。東京オリンピックがなかったら、今のような先進国日本になっていたかどうか判らんよ。和田さんは、国の発展に大きな貢献をされた立派な人物だからなあ」

海外渡航が自由でなかった時代、和田氏は連合軍総司令部(GHQ)のマッカーサーに書簡を送り、出国許可を取りつける。古橋広之進氏、橋爪四郎氏ら日本の水泳選手たちのアメリカ初遠征であるロサンゼルスでスーパーマーケットを経営して成功した。水泳王国・和歌山県の出身者らしく、水泳に着目したのだ。旧敵国であったため想像以上の差別を受けホテル宿泊も拒否された時代、和田氏が孤軍奮闘、全ての面倒をみてくれた大恩人。

和田氏はスポーツの祭典こそが友好親善と平和に役立つと悟り、私財を投じて六四年の東京五輪招致に奔走した。五九年春の国際オリンピック委員会（ＩＯＣ）総会に向けた集票活動で正子夫人（和歌山県出身）同伴で各国を歴訪、招致活動を成就させて立役者となった。戦後、わずか一四年後のことだ。

古橋広之進氏には、私が日大大学院時代にかわいがっていただいた。日大教授であられた古橋先生は「和田氏がいなかったなら、日本のスポーツ界の発展はなかった」と語られたことを記憶している。

先日所用で和歌山県の御坊市を訪れた。市役所前に和田フレッド勇氏（一九〇七〜二〇〇一年）のレリーフがある。地元のロータリークラブが建立した記念碑たる立派なレリーフ。が、悲しいかな周辺は雑草がボウボウ。戦後ニッポンを先進国の仲間入りする種をまいてくれた大恩人に申し訳なく、大ショック。その状況を二階代議士に伝えると、「よし、明日早朝六時、草引きに行こう」。二階代議士はカマできれいに草を刈り、布でレリーフをふかれた。

平和の祭典、若人の祭典であるオリンピックの招致が、どれほど困難であるか、すでに私たちは学習した。一人のアメリカ在住の日本人が、私財を投じて敗戦国を先進国へと脱皮した様子を伝える功績を残されたのである。

私の国会質問はテレビを通じて国民に伝えることができた。どの自治体にも出身の偉人の像や碑がある。まさか、放置されてはいないだろう……。

（二〇一六・一〇・八）

二、ベトナムとの友好に一役

先日、自民党の二階俊博幹事長のミッションに同行させていただき、ベトナムへ行ってきた。二階幹事長は友好議員連盟の会長であられ、日本とのＯＤＡでハノイに「日越大学」を開設、その開学式の出席が目的での渡航。多くの議員や観光業界の人たちも随行された。

いい国である。ほのぼのとした印象を受ける。活気に満ち満ちた国だ。日本のような老人大国ではなく、若者が独占しているかの若々しい国、大いなる期待感を抱かせてくれる国。

メコン河流域諸国の開発協力に熱心だった議員が多数いた。その中にあって、武部勤元自民党幹事長の熱心さは特筆すべきものがあった。引退後、ベトナムに的をしぼり、日本の有効な協力は何かを模索し、ついに「日越大学」の設立にたどり着く。

が、当然ながら一朝一夕には進展しない。外務省、国際協力機構（ＪＩＣＡ）と交渉を重ね、安倍総理を説き伏せ、財務省を動かせて、やっと話が前進した。私は側で傍観する身であったが、二階・武部ラインは、ついに開学まで漕ぎ着けたのである。

日本を理解する優秀な人材をベトナムで育成し、この国の発展に寄与して欲しいという願いが、出席者たちに伝わってきた。

立派な式典で礼節にとんだベトナムの国らしい雰囲気をかもし出しながら進んだ。

ベトナムは、単なる観光国だけではなく、経済的にも日本とパイプは太くなる可能性をもつ。道路を埋めつくすバイクの群れ、すべて日本製のバイクだ。日本製の車も数年前とは異なり、渋滞を生むほどに増えていた。

ハノイは美しい町。仏教国としての静かなたたずまいを残しながらも、経済力が右肩上がりであることを肌で感じる。日本の人たちはベトナム人の国民性がいい、日本企業での勤務ぶりが素晴らしいと絶賛する。企業のベトナム進出は、フルスピードで進行中だとも耳にした。

本当はゆっくり観光を楽しみたいところだが、二階ミッションというのは、仕事につぐ仕事、まったく遊びがないのに閉口する。首相、大臣、書記長などの会談に加え、昼食会、夜は招待パーティーと切れ目なく続く。食事はいい、日本人の口にあう。時にフランス料理の香りあり。

ホーチミン市や訪れたい地は、ベトナムには山ほどある。世界遺産だって多数あり、ゆっくりと観光したい国であるのは言を俟たない。三度目のベトナムだったが、国家の首脳陣と会談する二階幹事長一行に同行させていただいて、議員外交の重要性を再認識させられた。

それにしても、絹製品が安いこと。しかもなかなかのデザインと色彩だ。これだけは買わねばならぬ。

（二〇一六・一〇・一五）

三、ＩＯＣバッハ会長を迎えて

先日、国際オリンピック委員会（ＩＯＣ）のトーマス・バッハ会長が来日された。東京オリンピック組織委員会（森喜朗会長）との打ち合わせが主目的であったが、小池百合子都知事の会談が注目された。連日、バッハ会長の動向が報じられ、国賓並みの扱いだった。

二年前の国連総会でＩＯＣが提唱した「オリンピック・ムーブメント」が全会一致で採択された。フェアプレーの精神、スポーツマン精神、人々の規範となるべく高潔性など、この「オリンピック・ムーブメント」は人類共通の「心」の国際法ともいえる。バッハ会長の功績である。

人種、国土、宗教、文化、政体が異なろうとも、ＩＯＣの主張は共有できる大切な人間の心構えを説いている。また、貴重な平和運動である。

日体大は、バッハ会長のこの功績を高く評価し、名誉博士号を授与することを決定。バッハ会長は「光栄なことです」と快諾、来日の折に授与式を行うことにしていて、やっと実現した。日本オリンピック委員会（ＪＯＣ）の竹田恒和会長から連絡を受け、私どもは式典準備に入る。

博士の象徴たるアカデミック・ガウンを三越に注文すべく、会長の体形、サイズをＩＯＣに問い合わせる。次に記念品を文化勲章受章者の彫刻家・中村晋也先生に製作していただく。また、大学のシンボルであるライオン像を陶芸家の加藤幸兵衛氏にお願いする。

記念植樹をキャンパスで行う。古代ギリシア時代から「恵みの木」として重宝されてきたオリーブを植えることとなった。平和と人々の平穏な暮らしを表すオリーブ、ＩＯＣ会長には最適で歴史的な木であろう。しかし、普通のオリーブでは芸がなさすぎる。そこで、大阪植物取引所内のバラ園という会社が、諸外国から古木を輸入していると知る。樹齢三五〇年の太い古木があるというではないか。

早速、バラ園の金岡信康社長と交渉、幕張での植物フェアに出品するスペイン産の元気な古木を購入することとなった。

金岡社長は名だたる庭園家で又右衛門という名門の四代目社長。私どもの心意気を理解して下さった。オリーブは一本だけを植えても実がつきにくいとは知っていたが、近くにトンガ王国首相の手植えのオリーブがあるため好都合。

当日（二〇一六年一〇月二一日）がやってきた。深紅のペルシャ絨毯を玄関前に敷き、森元総理、竹田JOC会長らと大勢の関係者で出迎えた。式典は吹奏楽部のオリンピック賛歌と国歌演奏を皮切りに進む。取材申し込みは二二社、テレビカメラと記者たちで、記念講堂はムンムン。私と森元総理（日体大名誉博士）が祝辞を述べ、記念植樹。終始、バッハ会長は満面に笑みを絶やさない。

翌日、テレビはもちろん、各紙も報じてくれた。私どもは式典を重視する。服装も厳しく律し、格調を心している。

活性化は、己たちの心の中から始めるべきで、様式、形式、作法を大切にすべきであると考える。

（二〇一六・一一・三）

四、「無名の人たち」を顕彰すべき

私の故郷である大阪府泉佐野市は、柔道日本一に輝いた選手を「名誉市民」として顕彰した。市民を勇気づけ、子どもたちに夢を与える市の行政に拍手を贈る。どの自治体にもかかる表彰規程があるのだろうが、どうもハードルが高い印象を受ける。

各自治体に特徴があってしかるべきだが、国や都道府県の後追い表彰が目に付く。「日本一」の座に就くのは、何であれ容易ではない。柔道選手を生んだ泉佐野市は、彼の修業結果をたたえ、その栄誉を市民に報《しら》せるべく表彰したのだ。名誉市民や名誉町民を作るのに、名だたる著名人でなくとも業績主義で行うべきで、ハードルを下げた方がいい。

あの三・一一の大悲劇、私どもは永久に忘れない。福島原発が大変な状況に陥り、「全員退却」命令が発出された。しかし、吉田昌郎東京電力の所長は、その命令に背いて五〇人の部下と共に原発の冷却装置を回復すべく努力し、冷却の必要性を説いて現場に残った。で、自衛隊、消防署の協力を引き出して、チェルノブイリのごとく大惨事を回避したのである。私に言わせれば、彼らこそが「英雄」だ。が、政府は吉田所長に賞を贈らずじまい。国民栄誉賞ものだったのに残念、吉田所長はガンに倒れ世を去った。それだけに残念でならぬ。

日本人魂を発揮したにとどまらず、彼らの犠牲的精神は世界中に誇れる勇気ある行動であった。従った五〇名の部下たちも立派であった。所長はじめ、この五〇名を国が顕彰しないのなら、彼らの出身地の自治体が名誉をたたえるべきではなかったか。今の時代、彼らのような日本人が存在することを誇りに思わない感性に疑問を持つのは私だけだろうか。

ときに報道で鉄道の路線に転落した人を救助したというニュースに接する。水泳中の事故での人命救助の記事もある。勇気ある人、犠牲的精神を発揮した人など、日本人の行動に胸がしめつけられる。国や自治体は、かかる無名の人たちを積極的に顕彰すべきではないか。警察署や消防署の範疇《はんちゅう》として表彰するのが一般的だが、命の重みを考慮すれば、小規模すぎやしないか。対象とされる人々の行為は、日本人の誇りであり、国民の心を撃つ。

私たち日本人の心奥には、武士道が宿っている。主君や国のために己の命を懸けるという心構えや執念、思想は武士道そのものであろう。とはいえ、現代では主君は己の働く組織や家族等を指すが、犠牲的精神こそが武士道であると私は考える。つまり、犠牲的精神を心の中に宿らせている者が、サムライなのである。このサムライを再評価する社会にしないことには、日本人が日本人でなくなる。

震災をはじめ、あらゆる災害の折でも、日本人は暴動を起こさず、略奪等を行う国民ではない。諸外国から見れば、これは奇跡であり、日本人の道徳観や秩序の正しさは不思議に映るという。日本人には、国民性として自分さえ良ければいいという思想はなく、礼儀作法に則って社会秩序を守る。これぞ、武士道なのである。

スポーツ選手や文化人等に国民栄誉賞を贈ってきた政府だが、その解釈と理解の枠をもっと拡大すべきである。また、各自治体は広く住民を顕彰することを考え、サムライを増加させることを考えてほしい。人間は、名誉を重んじる動物であることを忘れてはならぬ。特に日本人は、その傾向が強いのだ。で、私たちには武士道を後世に伝えていく義務がある。新渡戸稲造の『武士道』は、明治三二年に記され二二カ国語に訳され出版された。

偉大な哲学者や思想家を生まなかった日本、その背景には武士道を国民が解し、日常生活でその実践を行っていたからであろう。立派な「論語」を持つ国民のマナーの悪さ、国民性とはいえ、日本人を誇りに思う。

平成二四年より、中学校では武道が必須となった。強さよりもサムライの心を教えることに重点を置くことを望む。必須化のために汗を流した一人として、その期待は大きい。

（二〇一八・六・三〇）

五、小泉元首相の話

武部勤元自民党幹事長が創設した「東亜総研」の創立五周年記念で開催された講演会、講師は小泉純一郎元首相、だから会場は超満員。私も役員の一人で、元首相のアテンド役を任された。控室で待機、なんと小泉さんが早々と到着、二人きりで時間つぶしをする。久しぶりに小泉元首相とお会いできてうれしかったが、小泉さんのホンネを聴くまたとない機会を得た。みごとな白髪、ダンディだ。

「なぜ脱原発論に熱心なのですか」と問うと、「福島原発事故から教えられたね」との応答。理由は他にもあったが、使用済み核燃料の処理場が日本にないこと。原発建設、廃棄費用が莫大であること。「安全」ということがあり得ないこと等を主張された。地球温暖化による異常気象、化石燃料の取引上のメリット等よりも「安全」を最重視だ。

原発の建設に携わる企業は、逆に原発廃棄技術を研究、開発すれば、世界中の原発廃棄に貢献できるだろうし、大きな収益を上げられるとも語られた。いまだ原子力発電所の廃棄方法が確立されていない。福島原発でも暗中模索の態であるが、日本人なら開発すると信じたい。

CO2を排出せず環境によい、石油、天然ガス、石炭等の化石燃料の高騰に対応することができる。安定した電力を供給し、電気料金を安定させることができる。気象条件の変化にも心配せずに済む。原発のメリットは多くあるにつけても危険であることに変わりはない。小泉元首相は重ねて言う。「絶対安全なんてあり得ないし、自然現象を人間は予想できない。登り坂、下り坂、そしてマサカがある。そのマサカを想定すれば、原発以外で電力を供給すべきだ。日本国中の原発が止まったって、一度も困らず、停電もなかったじゃあないか」。

小泉ブシは明快である。そして政治哲学めいたホンネを語って下さった。「企業であろうが、役所であろうが、人間社会というのは、二〇年単位、一〇年単位で大胆な改革をしないとその組織がもたなくなる。中曽根内閣の国鉄民営化、竹下内閣の消費税、橋本内閣の行政改革、私の郵政民営化、これらは時代の節目に必然性があっての改革だった。次は原発廃止だよ」。小泉さんは引退されたとはいえ、まだまだ政治家であられ、その影響力は大きいばかりか、鋭い発想力に魅力を覚えるしかない。

小泉さんの饒舌《じょうぜつ》が続く。「改革すれば、異なったビジネスが始まる。惰性で生きようとする姿勢がよくない。今のままというヌルマ湯を好む人が圧倒的に多いが、それが組織や社会をダメにしてしまう。役所なんかも局や課を見直し、活力を注入すべきだね」。

小泉さんは、国会議員の年金を廃止された。実は私も犠牲者なのだが、議員に特権意識を持たせるべきではないし、お手盛りは許されないだろう。あの郵政民営化を成し遂げられ、人気があったにもかかわらず、あっさりと息子の進次郎氏と交代された。

小泉さんが自民党森派の事務総長だった折、私が小泉さんに声を掛けられた。「マツナミ君、森派に来ないか。面倒を見るよ」。その誘いに私は乗らなかった。「二階先生と行動を共にする決心をしていますので、動くつもりはありません」と答えたことを忘れない。

さて、小泉元首相の話を持ち出したのは、どの組織も役所も企業も現状を把握して、大胆なナタをふるう改革をする必要性があるということを書きたかったに他ならない。私たちには、常識を疑う視点が求められる。順調な時に満足するのではなく、新しいことを考えねばならない。時代を読むと同時に未来を予見する能力が問われている。

ＪＴが冷凍食品を売ったり、近畿大が銀座にレストランを出店するなど、生き残り戦略は各分野で実行されている。自治体もかかる戦略を練り、独自性を打ち出すべきであろう。私の日体大も日本橋にキュアセンター（整体院）を開設した。最後に小泉さんの一言。「マツナミ君は教育界より政界向きだと思ってたけどなぁ」。それにしても、プルトニウムの話はなし、外交さえなければ、小泉ブシは正論なのだが……。


（二〇一八・一一・一〇）

六、年賀状をやめる人が増加中

「来年から年賀状をやめることにしました」と書かれた年賀状を何通もいただいた。高齢のせいもあるらしいが、どうも面倒くさくなってきたようだ。しかもブームのごとくやめる人が増加中だという。私も相当数を減少させたが、今年も自筆でしたためた。

年の瀬に面倒くさいのは理解できる。が、それぞれ凝った図案や個性的な文章が楽しいから、私は続ける覚悟でいる。年賀状は、その差出人の人間性と芸術センスを表出させる。また、知人であるがゆえ、共通の話題や近況を報《し》らせていただけるのがうれしい。

年末、喪中ハガキをいただくが、私は恐れず、知らぬフリして年賀状を出す。もちろん「おめでとう」なる文言は入れず、近況を伝えたり、新年の話題などを添えることにする。喪中であっても、知人からハガキをいただくのはうれしい。幾度も私も喪中を体験したけれど、一度も喪中ハガキなど出さず、年賀状を送り通した。第三者に、己の悲しみを押し売りしたくなかったからである。

印刷だけの年賀状はやめてほしい。味気ないだけではなく、その人の個性とセンスのなさに失望させられるからである。結婚、出産、転居、退職、叙勲等、多様な報告を伝えられると、じっとしておれない性格、年賀状は知人の情報源となり新たな行動を起こさせてくれる。

そもそも数が多くて書き切れないため、ついつい印刷屋さんに世話になってしまう。私は、手書きですべて自分で書く。一人一人の顔を想起しつつしたためる。多忙であっても自身で書かないと落ち着かない。だから、どうしても枚数に限界がある。下手クソな字であろうとも、本人自筆であれば、受取人も納得、満足してくれるに違いない。

作家の池波正太郎も自分で書いたと著作『男』に書いておられたが、印刷物では相手の心をうつのは難しいと思う。直木賞作家の出久根達郎もエッセイに書いていた。「私は年賀状が大好きなので、例年欠かさない」と。年賀状は、こちら側から差し出さないと返信していただけない。私の枚数は七〇〇、これが手書きの限界で、かなり減らしたことになるが、お年玉の抽選番号を調べる際、当選そっちのけで再び差出人を想い浮かべる楽しさは、また格別であろう。

ネット社会となり、ペンを走らせない時代となった。メールでこと足りる対人関係、いよいよ人間らしさを喪失させ、個性というオリジナルも無となり、おしなべてＪＩＳマーク人間集団の社会へと転じてしまった。便利こそがすべて、役所や組織の連絡はメール、住所は不要でメールアドレスがすべて。

こんな社会に反旗を翻す自治体はないのだろうか。合理性だけを追求するのは、人間性を無視することにつながる。ペーパーレス社会も進む。資源を大切にすることと、ネットでこと足りる時代が到来、定着してしまった。いよいよ「字」を書かずにキーをたたくだけ。大学入試の願書だってネット出願、どこもかしこもペーパーレスに支配されつつある。

お見合いのための履歴書をあずかった。中を見ると、手書きではなくてワープロ、こんなのアリなのかと疑問に思いつつ相手に渡したが、やはりペケだった。「字」には書き手のヌクモリがある。通信簿に、そっと担任の先生の手書きの追記は、どれだけ勇気づけてくれただろうか。

私は古い人間なのかもしれぬ。いくら機器が嫌いとはいえ、手紙やハガキをペンで書く。郵便局でお気に入りの記念切手を買う楽しみなんて古いのだろうか。「絵手紙」にも根強い人気があり、水彩のスケッチに添えられた絵文字が私たちの心を揺さぶる。

時代に逆行するかに映るが、合理性を追求するばかりでなく、人間性復活をうたい、書類等に文字を手書きにすることを励行する自治体は出現しないのだろうか。個性的な自治体の出現を望む。最後に、「年賀状コンテスト」を開催する自治体もあっていいのではないか。

（二〇一八・一一・一七）

七、教え子の社長のアイデア

私が「観光経済新聞」に連載を始めて二年がたつ。好き勝手に自由に執筆できるので、楽しく原稿用紙のマス目を埋めている。時に知人や関係者のことも記述するから、そのコピーを当人たちに送る。すると、全く観光や地方創生・再生と無関係であるのに、うれしいことに購読者になってくれる人たちもいる。

その一人に専大教授時代の教え子である藤井徳昭君がいる。馳浩元文科相の一年先輩で、私の厳しい指導に耐えた名レスラーだ。彼は熱心な九段ライオンズクラブのメンバー、そのアクティビティーについて記した号を送付したら、読者になってくれたのである。

彼は伊勢湾周辺の漁船を造る会社の息子で、松阪工高時代には全国に名を轟《とどろ》かせるレスラーとなった。専大入学後も稽古に励み頭角を現す。卒業後、就職せず、壁紙張りやさまざまな仕事を体験した。で、若くして株式会社アイガー産業という建設会社を起業する。著名な建築家が設計する面倒な建造物を専門に扱い、事業の基礎を築き、立派な会社へと成長させた。

藤井社長の一代記を述べてきたのには理由がある。彼が本紙の読者として社会のトレンドを学び、建設業者として仕事のヒントを得たというからだ。成功する人物は、ただでは起きてこないと再認識するしかあるまい。

「民泊」の記事が紙面を飾ることが多かった。民泊法が成立、施行、どうしても民泊に関する話題が記事となる。私たち素人は、民家やマンション等の民泊しか考えず、そのあっせん業者や民泊客のマナー、自治体の条例等について思考するだけ。が、藤井社長の着眼点は目からウロコ、感心するしかなかった。

アイガー産業は、東京都大田区田園調布に本社を置く。大田区は唯一の「特区民泊」の町で、年中民泊客を招き入れることができる。しかも、会社は東京都から「経営革新計画に係る承認」を得る。そのテーマは、「コインパーキング等の上空有効活用として民泊施設等を建築し運営する」というものだ。

「都内の住宅街には、有料駐車場が山ほどあります。その駐車場の上に簡便な民泊施設を建てれば、土地の有効利用にもなります。緩い土地を固める際に用いる強度のある杭《くい》の活用です」と、熱く語ってくれる。駐車場の上の空間利用策こそが民泊施設、簡易ホテルだという。二カ月間、駐車場を休むだけで工期が終了する。新たな土地の活用案であろう。

藤井社長の設計図によれば、強固な杭を支柱として建てるため基礎工事は不要、工費も安くつくに違いない。この発想こそは、「特区民泊」の大田区に住み、羽田空港をもつ町であるがゆえのもの。観光客が増え、ホテル不足が、本紙を購読してアイデアを湧出させた。意外なところにヒントが転がっている。

コイン駐車場を経営する優良企業が多数ある。これらの企業が、藤井案によって観光分野に参入してくる可能性がある。形の悪い土地、商売に適さない場所にある土地、日の当たらない半端な土地等が駐車場に利用されている。これらが民泊施設に転じる予感がする。

高級住宅街の田園調布、土地の高価な所にいると、土地の有効利用を考える。その土地を観光、インバウンドと結び付ける発想は、専門紙を購読した御利益であろう。私たちは、あらゆる分野にも興味を募らせ、好奇心を盛んにせねばならないのだと痛感する。

この原稿を執筆している今、藤井社長から電話あり。「来春の九段ライオンズクラブでの講演日を決めさせていただきました」と。毎年、年頭にこのクラブで講演をするのだが、その担当者が藤井社長に変わったらしい。教え子が、各界で活躍してくれ教師冥利に尽きるが、いつも連絡してくれてありがたい。彼が誠実人間であるのは、学生時代のままだ。

日本中のコインパーキング上に民泊施設や小規模ホテル等の建物が建つようになれば、藤井社長のアイデアが生かされたことになる。「コロンブスの卵」のような話だが、民泊施設不足を救う最良策となるかもしれない。


（二〇一八・一一・二四）

八、「がん発見日本一」を目指そう

久しぶりに自民党本部へ行き、二階俊博幹事長とお会いした。幹事長室へ行くまで、多くの国会議員と出くわしたが、誰一人として「松浪健四郎」に気づかずじまい。幹事長室には多くの副幹事長たちがたむろしているのだが、私に気づく議員は不在だった。

議員でもない人間が、幹事長室の中で大きな顔をしているので不思議に思ってもいいようなものだが、もし幹事長の大切な客であったりするから、おいそれと声をかけることはしない。私も長い間、副幹事長を務めたからこの特殊な部屋の習慣について熟知している。そこへ、変身した私を知る林幹雄幹事長代理が入ってきた。で、私と親密な話をする。全員、国会議員の皆さんは、私であるとやっと認識する。

本稿は、「ちょん髷《まげ》理事長モノ申す」で連載してきたが、今年から「松浪健四郎モノ申す」へと転じた。その理由は、「ちょん髷」が私の頭から消失したからに他ならない。三〇数年も髪を後ろで束ね、トレードマークとしてきた私にとって、医療用のカツラに変化したのでは、「松浪健四郎」と気づく人はいなくなった。全くの無名人になったのは、若干の寂しさを感じるが、気軽さもいいものだと思う。

「悪性リンパ腫」と診断され、入院してRチョップ療法の治療を受けた。この抗がん剤治療の影響で、自慢の「ちょん髷」が見事に落下してしまったのである。二人に一人は、間違いなくがん患者になるといわれているが、まさか自分もがん患者になるとは驚くしかなかった。しかも、最初は前立腺がんが発見され、ホルモン注射の治療で喜んでいた矢先、「悪性リンパ腫」ときた。早期発見だった。それでもビックリしたのは申すまでもない。

入院して治療を受け、ＣＴ検査やＭＲＩの検査を受けている過程で、膵臓《すいぞう》もおかしいと判断された。全身麻酔、管を胃に入れ、それを破って膵臓の一部組織を取り、病理で検査。「膵臓がんです」と医師から告げられた時には、さすがの私もうろたえるしかなかった。

「前立腺がんも悪性リンパ腫も膵臓がんに比べれば心配ありませんが、膵臓がんは命取りになりますので手術をしましょう」と医師の声。私は即座に「手術して下さい」と答えた。仲の良かった名横綱・千代の富士の九重親方も膵臓がんだった。症状が出てからの治療は難しく、「隠れた臓器」と表現される膵臓、そのがんは一〇人に一人しか手術のできないがんだという。

手術のできた私は、がんとはいえラッキーだったとがん知識の豊かな知人がのたまう。ともかく膵臓がんは発見は容易でないらしい。日進月歩の医療界にあって、早期発見であれば、がんも恐れる病気でなくなっている。手術技術も進歩し、医薬品も改良されている。

ノーベル賞を受賞した本庶佑京大特別教授が開発したオブジーボは、三割のがん患者を救ってくれるらしいが、私の場合は「ダメです」と一蹴されたのは悲しかった。九時間の手術、「膵頭・十二指腸切除手術」は終わった。名医だったのだと思う。手術後から退院するまで、一度も痛さを感じることがなかった。

さて、厚生労働省は、昨年、新たにがんと診断された患者数は約一〇〇万人だと発表した。男性は胃、前立腺、大腸、肺、肝臓と続き、女性は乳房、大腸、胃、肺、子宮と続く。がんと診断された人の割合（罹患《りかん》率）は、人口一〇万人当たり四〇二人で毎年新たにがん患者になっているという。自治体が住民の健康を気づかいさまざまなプログラムを準備しているがゆえ、がん患者を発見できているのだが、この数字は、まだまだ不十分だとされる。

住民一人一人に、それほどの危機感がないのだ。症状が出てからでは遅いのだから、熱心に検査を受けるように宣伝せねばならない。年に一度は「人間ドック」に入って、身体全身を検査する必要がある。早期発見であれば、がんも恐い病気でなくなりつつあるため、自治体は今以上に住民が受診するプログラムを準備してほしいと思う。「がん発見日本一」を競う自治体でなければならないと痛感する。

九、ザ・デストロイヤー氏の功績

（二〇一九・二・二三）

プロレスのファンならずとも、「ザ・デストロイヤー」という白覆面のレスラーを日本国民なら知っている。二〇一九年三月、八八歳で死去された。その大きな報道ぶりが示すように、この覆面レスラーの存在が大きかった。政府は二〇一七年秋の叙勲で旭日双光章を授与、日米交流のみならず、日本での活躍を評価した。

スポーツ新聞をはじめ、各マスコミの記事を読んだが、ザ・デストロイヤーの日本での大きな功績を漏らしていたので、私は残念に思った。名レスラーとしてテレビの視聴率六八％という数字をはじき出したがために、彼の活躍と功績が陰に隠れてしまった印象を受けた。

力道山、ジャイアント馬場、アントニオ猪木等と名勝負を演じながらも、日本テレビの「金曜一〇時！うわさのチャンネル‼」に出演し、歌手和田アキ子とコンビを組んで人気を博した。悪役レスラーというキャラクターを超えて、人間・デストロイヤーが異彩を放って、茶の間の人気者にもなったのだ。

彼はもともとインテリである。シラキュース大の大学院で体育学と教育学を学んで修士号を得ていた。学生時代からアマチュアのレスリングに取り組み、レスラーとしての基本は身に付いていたゆえ、レスリング関係者がプロレスを見ても安定感があった。最初、彼は高校の体育教師をしつつ、プロレスラーを兼ねていたのだが、人気が出て兼業は困難になったのは当然であろう。

一九七三年、G馬場が全日本プロレスを旗揚げしたころ、米国から羽田着のＪＡＬでザ・デストロイヤー選手と会った。覆面姿ではなく旅行者風の米国人、私は「ザ・デストロイヤーさんですね」と質した。もちろん彼は否定したが、頭の形と体つきで私には判断できた。税関を出る際、急いで彼は私の前から姿を消した。が、数年後、彼は私のことを記憶していた。

東京町田市玉川学園で友人の法政大ＯＢの木口宣昭氏が、日本最初の少年少女レスリング教室を一九六〇年代に開いた。本人は元日本代表選手で英国留学経験のある国際人。ザ・デストロイヤー氏とも親しかった。木口氏の影響で全国に少年少女レスリング道場ができ、日本協会の重鎮である今泉雄策氏が組織化を図り普及に拍車がかかった。大小を問わず、少年少女の大会には必ずといってもいいほどザ・デストロイヤー氏の姿があった。

日本レスリングの強さは、この少年少女たちの幼少時からの取り組みによると断言してもよい。私たちのごとく、高校や大学から始めるレスラーの成功は現在では珍しくなった。全国各地に散らばった指導者たちは、多くの子供たちにレスリングを教え、あちこちで開催される大会へ出場させる。そこにザ・デストロイヤー氏の姿は珍しくなかったのだ。

彼自身が「フォーギア・スクール」というレスリング教室を開き、日本の子供たちにレスリングを指導した。いつも白覆面姿、有名人のプロレスラーというより体育教師そのものだったと述懐する。彼は職業としてのプロレスラーと指導者・教育者の二つの顔を持っていた。

木口宣昭氏の木口道場に籍を置いて大会に出ていた私は、ザ・デストロイヤー氏と度々、顔を合わせ話をした。彼は、子供たちにレスリングを教えるのが一番楽しいと語っていた通り、少年少女レスリング普及の功労者であった。覆面顔のＴシャツは飛ぶように売れていたが、そんな商売よりも指導に定評があった。

た、強いレスラーが地方からどんどん輩出されるようにもなった。大阪府泉佐野市の場合、市が中心になって道場を作り、指導者を求めた。子供たちの健全育成には、多くの方法があるだろうが、自治体の熱心度によって左右される。ザ・デストロイヤー氏が、気軽にどこへも出掛ける伝道者だっただけに永眠されたのは残念で悲しい。それにしても、誰にも素顔を見せなかったザ・デストロイヤー氏、空港で素顔を見た私は、その記憶を大切にしている。

（二〇一九・三・三〇）

一〇、「地方の在り方」を歴史に学ぶ

読書が趣味であるので毎日本を読む。最近読んだ本に『荘直温伝《しょうなおはるでん》』（吉備人出版）がある。この地方の出版社の刊行といえど、著者は東大名誉教授・放送大学教授の松原隆一郎氏という一流の社会経済学者である。

なぜ、この一流学者が岡山県の高梁市《たかはしし》の一地方政治家の伝記を書いたのか、私には興味が湧いたので読破する。四〇〇ページの大作だが読みやすく、また面白い記述もあるので一気に読んだ。観光経済新聞に「地方再生・創生論」を連載させていただいているため、地方に関する資料に興味を持つ必要もあり、『荘直温伝』を手中にした。

「彼ら町の名士たちは、金や権力を自分のために使うただの金持ちや権力者ではなく、自腹を切ってでも町に繁栄をもたらそうとする人々、すなわち地方自治の担い手を自認していました」と本の帯にある。この帯

の記述に魅力を覚えた私は、一気に読破した。

一番面白かったのは、直温が晩年に情熱を燃やした鉄道（伯備線）誘致だ。鉄道敷設に関する請願を重ね、高梁町長として倉敷・岡山を結ぶ鉄道の実現を目指す。地方の不便な地にある高梁町を大都市との交流を盛んにし、発展させようと考える。進歩的に映るのは、大正時代の話であり、備中高梁駅が開業したのは大正一五年であった。

さらに面白いのは、作家・石川達三が父親の仕事の都合で青春時代に高梁町に住み、伯備線が誘致された際の運動を回顧して、短編小説を「改造」（一九三九年一一月号）に発表している箇所だ。若き石川達三は、鉄道誘致に反対で、古き良き高梁町が大都市との交流で失われ、大変化が起こり高梁町にとって有益ではないと書き、今で言うならノンフィクションの作品となっていると松原が書く。

大店舗に関する法律ができて、商店街がシャッター通りに転じてしまったことを想起させられた。大資本が小さな店々を潰してしまい、商店街が瞬間的に次々と店を閉め、その街の中心が郊外の大店舗へと移ってしまった。

子どもたちの遊び場まで完備され、大きな駐車場もあれば、人々は便利な大店舗へとなびく。この現象を石川達三が看破し、鉄道誘致に反対した。現に高梁町は鉄道で大変貌を遂げた。文化的には向上しようとも、経済的には、人々は大都市へとなびいていくのだ。

一九六八年、私は米国に留学した。驚いたのは、すべからく郊外の大店舗で買い物をするか、通信販売を利用するかであった。現在の私たちの生活が、半世紀前には米国では常識だったのだ。

車社会となり、利便性が地元の人と人とのつながりを断ち、街の姿を一変させた。大正時代、鉄道が敷設されると地方は、人も物も都市へ流れて衰退の一途をたどり、石川達三の予想が現実のものとなってしまう。

鉄道という交通文明に懐疑の目を向けた石川達三は、汽車が来れば町の良いところはなくなると予言したのだ。

で、馬車や人力車、高瀬舟でしか外部と交流できなかった高梁の経済が、鉄道によって巨大な経済圏である岡山や倉敷の商品市場、労働市場と接続したのだ。紡績工場の女工さんたちも、倉敷の待遇の良い会社へと殺到したり、地元で作っていたしょうゆなども醸造場は閉鎖に追い込まれる。

岡山や倉敷から大量に流入する商品を扱う新興商人たちが駅前に店舗を構える。旅館や料理屋、映画館ができたりしたが、昔からの地元の人たちの商売は行き詰まる。時代の流れとはいえ、荘直温という人物は、結局、己の郷土の近代化に貢献したといえようか。この人物は、高梁という岡山県の不便な町の村長・町長を務め、矜持《きょうじ》と手腕を発揮した。

一地方の政治家の資料の乏しい中、丹念にこつこつと足で伝記を書かれた筆者に敬意を表するしかないが、地方政治の在り方を多方面にわたって示唆される図書である。私たちは歴史に学び、地方の在り方を探らねばならない。

（二〇二〇・一一・二二）

あとがき

一九六八年春、私はアメリカのミシガン州にある州立東ミシガン大学に留学した。驚いたのは、どんな地方に行こうとも、トイレは水洗だった。地方に住んでも都会と同じ住環境にあり、これが先進国なのだと感じいった。日本も二一世紀に入って地方の近代化も進んだ。

地方の特色、これを表出させて魅力的な地方を創って、人的交流が生まれ、移住者も出てくれれば、地方が元気を取り戻す。その方策がないだろうか、地方自治の一つ一つを見直して活性化させたい、その思いを多方面からアプローチしてきた。地方の活力があってこそ、国家も元気になる。

各専門紙や雑誌、そして日刊各全国紙を読み、ヒントを得て、また参考にさせていただいて私見を入れて執筆をした。可能な限り出典を明確にしたつもりだが、論文でもないうえに出版も考えていなかったので、このようなスタイルになった。ご理解をいただきたいと思う。

本のタイトルが「地方再生・創生」では、なんとなく重い印象を与えるためこの本は『自治体元気印のレシピ』に決めた。私の提案を各自治体が一つでも二つでも取り入れてくれれば、元気の出る自治体に変化すると信じている。役人の皆さんや住民の皆さんが、今後、どのような街づくりを考えているのか、参考にしていただければ幸いである。

私は、今年で七五歳になる。四度のガンと闘ったが元気である。入退院を繰り返し、ムチ打って執筆したこともあった。が、このように一冊の本になると、労苦が報われた気がする。いずれにせよ、個人であれ、団体、自治体であれ特色、個性が求められている。それをいかに創造するか、この本のレシピが役立ってくれれば嬉しい。

私の海外生活は、主にイスラム文化圏が多かった。さらに発展途上国での暮らしも長かった。これらの体験が、変わった視点を生んだかもしれない。『観光経済新聞』の連載は、まだまだ続く。改訂版を出したいと願っている。

本文イラスト：松浪邦子

著者執筆刊行書籍一覧

『アフガニスタン褐色の日々』（講談社　一九七八年九月　のちに『アフガン褐色の日々』中公文庫　一九八三年一一月　改版　二〇〇一年五月　中央公論社）
『シルクロードを駆ける』（玉川大学出版部　一九七八年一一月）
『シルクロードの十字路』（玉川大学出版部　一九七九年一〇月）
『誰も書かなかったアフガニスタン〜シルクロードの国の現実〜』（サンケイ出版　一九八〇年一二月）
『僕は元祖シンデレラボーイ』（太陽企画出版　一九八四年一一月）
『おもしろスポーツ史』（ポプラ社　一九八四年一一月）
『身体観の研究〜美しい身体と健康〜』（共著　専修大学出版局　一九八一年三月　新版　一九九五年七月）
『長州力・野獣宣言』（芙蓉書房出版　一九八六年一〇月）
『格闘技バイブル』（ベースボール・マガジン社　一九八八年一月）
『古代宗教とスポーツ文化』（ベースボール・マガジン社　一九八九年四月増補版一九九一年）
『新・格闘技バイブル』（ベースボール・マガジン社　一九八九年八月）
『逆玉宣言』（勁文社　一九八九年九月）
『最新レスリング教室』（ベースボール・マガジン社　一九九〇年九月）
『体育とスポーツの国際協力』（ベースボール・マガジン社　一九九一年四月）

『古代インド・ペルシァのスポーツ文化』（共著　ベースボール・マガジン社一九九一年六月）
『格闘技の文化史』（ベースボール・マガジン社　一九九三年三月）
『ペアワーク・～誰かとどこかでリラックス・トレーニング』（共著　ベースボール・マガジン社　一九九二年四月　後に改題　ＰＨＰ研究所　一九九五年）
『もっと「ワル」になれ』（ごま書房　一九九二年一〇月）
『「ワル」は女でデカくなる』（ごま書房　一九九二年一二月）
『「ワル」の行動学』（ごま書房　一九九三年五月）
『男の結婚処方箋』（日本文芸社　一九九三年七月）
『ハンパに生きるな』（ごま書房　一九九三年一〇月）
『スポーツの伝播・普及』（共著　創文企画　一九九三年一一月）
『松浪健四郎のプロレス人類学』（ＰＨＰ研究所　一九九三年一一月）
『本と私』（共著　三省堂　一九九四年四月）
『日本を変える二〇〇人の直言』㊤（共著　産経新聞編　東洋堂企画出版社　一九九四年四月）
『受験は気合いだ』（ごま書房　一九九四年五月）
『冒険しなけりゃ「ワル」じゃない』（ごま書房　一九九四年一一月）
『新入社員に贈る言葉』（共著　経団連出版編　日経連　一九九四年一一月）
『スポーツ史講義』（共著　大修館書店　一九九五年三月）
『シンポジューム　盆地の宇宙・歴史の道』（共著　善本社　一九九五年五月）
『松浪（ちょんまげ）先生　アフガンの秘境を行く』（大日本図書　一九九五年五月）

『キーワードで探る二一世紀』共著　三省堂　一九九五年六月）
『スポーツ・フィールドノート』（大修館書店一九九五年八月）
『元気モリモリ解体新書』（三省堂　一九九五年一一月）
『デキの悪い子が大成する』（ディ・エス・シー　一九九六年二月）
『裸一貫勝負しろ！』（チクマ秀版社　一九九六年三月）
『集中力の強化書』（ＫＫベストセラーズ　一九九六年一一月）
『松浪健四郎先生のワルの法則』（ごま書房 一九九七年二月）
『松浪健四郎アフガンを行く』（五月書房　二〇〇一年一二月）
『折々の人類学』（専修大学出版局二〇〇五年四月）
『私の肖像画～いろいろありました』（産経新聞出版　二〇一九年一〇月）
『窮策活論』（ＣＡアーカイブ出版）二〇二一年三月

著者略歴：

松浪健四郎（まつなみ けんしろう）

一九四六年大阪府泉佐野市生まれ。大阪府立佐野高卒。日本体育大学在学中の一九六七年全日本学生レスリング選手権優勝。米国東ミシガン大学留学中の一九六九年全米レスリング選手権優勝。日本大学大学院博士課程を経て、一九七五年アフガニスタン国立カブール大学で体育学とレスリングを指導、研究に従事。一九七九年より専修大学に勤務、一九八八年教授となる。東京外国語大学アジア・アフリカ言語文化研究所共同研究員。一九九六年衆議院議員初当選。外務政務官、文部科学副大臣（二回）などを歴任しその後、自民党外交部会長や副幹事長の任に就き、三期務める。二〇一一年より日本体育大学理事長。体育科学博士。二〇一四年八月、韓国・龍仁大学より名誉博士号を授与される。二〇一六年三月、アルバート・シュバイツアー賞受賞（オーストリア・シュバイツアー財団）。二〇一六年一一月、旭日重光章（日本政府）。二〇一六年一一月、日本ペンクラブより表彰を受ける。二〇一七年三月、日本体育大学名誉博士号を授与される。二〇一七年八月、日本体育学会名誉会員となる。日本レスリング協会副会長、東京都レスリング協会会長。日本オリンピック委員会評議員、大学スポーツ協会（ＵＮＩＶＡＳ）顧問、全国体育スポーツ系大学協議会会長、日本私立大学協会理事等を歴任する。

自《じ》治《ち》体元《たいげん》気《き》印《じるし》のレシピ

令和３年（2021年）10月14日　第１版第１刷発行

著　者　松浪健四郎《まつなみけんしろう》

発行者　手塚栄司

発行所　株式会社体育とスポーツ出版社
〒135-0016　東京都江東区東陽2-2-20 3F
TEL 03-3291-0911
FAX 03-3293-7750
http://www.taiiku-sports.co.jp/

印刷所・組版　株式会社光邦

装　丁　トサカデザイン（戸倉 巌、小酒保子）

表紙・扉イラスト　久保夕香

※乱丁、落丁はお取り替えいたします。
※本書の無断複製（コピー、スキャン、デジタル化など）並びに無断複製物の譲渡及び配信は、著作権法上での例外を除き禁じられています。また、本書を代行業者などの第三者に依頼して複製する行為は、たとえ個人や家庭内での利用であっても一切認められておりません。
※定価はカバーに表示してあります。
©2021 Kenshiro Matsunami, Printed in Japan
ISBN978-4-88458-358-3　C0036